权威·前沿·原创

皮书系列为
"十二五""十三五"国家重点图书出版规划项目

甘肃蓝皮书

BLUE BOOK OF GANSU

甘肃商贸流通发展报告（2019）

ANNUAL REPORT ON THE DEVELOPMENT OF BUSINESS TRADE CIRCULATION OF GANSU (2019)

主　编／张应华　王福生　王晓芳

社会科学文献出版社
SOCIAL SCIENCES ACADEMIC PRESS (CHINA)

图书在版编目(CIP)数据

甘肃商贸流通发展报告.2019 / 张应华,王福生,王晓芳主编. -- 北京:社会科学文献出版社,2019.1
（甘肃蓝皮书）
ISBN 978 - 7 - 5097 - 7310 - 9

Ⅰ.①甘… Ⅱ.①张…②王…③王… Ⅲ.①地区贸易经济 - 经济发展 - 研究报告 - 甘肃 - 2019 Ⅳ.
①F727.42

中国版本图书馆 CIP 数据核字（2018）第 286893 号

甘肃蓝皮书
甘肃商贸流通发展报告（2019）

主　　编 / 张应华　王福生　王晓芳

出 版 人 / 谢寿光
项目统筹 / 邓泳红　吴　敏
责任编辑 / 张　超

出　　版 / 社会科学文献出版社·皮书出版分社（010）59367127
　　　　　 地址：北京市北三环中路甲29号院华龙大厦　邮编：100029
　　　　　 网址：www.ssap.com.cn
发　　行 / 市场营销中心（010）59367081　59367083
印　　装 / 三河市东方印刷有限公司

规　　格 / 开　本：787mm × 1092mm 1/16
　　　　　 印　张：18.25　字　数：275千字
版　　次 / 2019年1月第1版　2019年1月第1次印刷
书　　号 / ISBN 978 - 7 - 5097 - 7310 - 9
定　　价 / 128.00元

本书如有印装质量问题，请与读者服务中心（010 - 59367028）联系

▲ 版权所有 翻印必究

甘肃蓝皮书编辑委员会

主　　任　王福生　陈富荣

副 主 任　范　鹏　王成勇　梁和平　石培文　赵喜泉
　　　　　马虎成　苏海明　张应华　陈　波　张安疆
　　　　　罗凤存　王大睿　马建东

总 主 编　王福生　陈富荣

成　　员　朱智文　安文华　马廷旭　王俊莲　王　琦
　　　　　董积生　高应恒　刘玉顺　周小鹃

甘肃蓝皮书编辑委员会办公室

主　　任　董积生
副 主 任　王彦翔

《甘肃商贸流通发展报告（2019）》
编辑委员会

主　　任	张应华　王福生
副 主 任	任福康　张世恩　安文华　李　春
委　　员	张应华　王福生　任福康　张世恩　安文华 李　春　董积生　王晓芳
主　　编	张应华　王福生　王晓芳
首席专家	王晓芳

主要编撰者简介

张应华 甘肃省商务厅党组书记、厅长,文学学士,工商管理硕士。1988年7月参加工作以来,历任甘肃省中医学校学生科、组织科干事,甘肃省委组织部组织处科员、主任科员、干部三处副处长、政策法规处处长、副地级组织员、干部一处处长,天水市委副书记,金昌市委副书记、代市长、市长。主编出版了《甘肃商贸流通发展报告》(2017~2018年)等。

王福生 甘肃省社会科学院院长、研究员,兼任甘肃省宏观经济研究会名誉副会长、甘肃省哲学学会副会长等。主要研究领域为改革学、经济体制改革。参加和主持《甘肃省"十二五"规划前期重大问题研究》,获"甘肃省科学技术进步奖二等奖";主编出版了《甘肃文化发展分析与预测》(2015~2018年),《甘肃酒泉经济社会发展报告》(2015~2018年)、《甘肃住房和城乡建设发展分析与预测》(2015~2018年)、《甘肃商贸流通发展报告》(2016~2018年)、《丝绸之路经济带研究》、《大变法:中国改革的历史思考》等;发表《论社会主义核心价值体系与中华优秀传统文化的对接路径》《推动丝绸之路经济带构建应立足西北省区》等论文。

王晓芳 甘肃省社会科学院区域经济研究所所长、研究员,甘肃省领军人才。主要从事区域经济学、信息经济学、流通经济学研究。主要著作有《西部欠发达地区县域经济研究》《西北地区少数民族信息资源开发与阅读文化构建》《西北地区信息用户满意度与信息素质教育》等十多部,在《中国农村经济》《甘肃日报》《甘肃社会科学》等报刊发表论文60多篇。先后主持完成国家社科基金项目、甘肃省社科规划项目、甘肃科技基金软科学项目、"陇原青年创新人才扶持计划"项目、兰州市科技基金软科学项目、福特基金项目等20多项。先后获第十届、第十一届、第十三届甘肃省社会科学优秀成果奖,中国社会科学情报学会论文奖,甘肃省图书情报学会论文奖等奖项十多项,主编出版了《甘肃商贸流通发展报告》(2016~2018年)。

总　序

"甘肃蓝皮书"从2006年诞生之初的《甘肃经济社会发展分析与预测》《甘肃舆情分析与预测》，发展到如今已有13种，成为全面反映甘肃经济社会文化建设的系列蓝皮书，走过了13年历程，其社会影响力日益扩大，已由最初的省社会科学院科研平台发展成为如今服务党委政府决策和全省经济社会发展的甘肃省内智库的重要品牌、甘肃社会科学界的学术品牌、甘肃文化领域的标志品牌，以及甘肃部分重要行业及市州工作的展示品牌。

"甘肃蓝皮书"的诞生与发展，既生动记录了甘肃省经济社会的巨大变迁和人民群众关注点的细微变化，又充分展现了传统社会科学研究机构向现代特色智库、高端智库、数字智库转型的发展历程。2006年，我院编研的《甘肃经济社会发展分析与预测》《甘肃舆情分析与预测》面世，标志着"甘肃蓝皮书"的正式诞生。至"十一五"末，《甘肃经济发展分析与预测》《甘肃社会发展分析与预测》《甘肃县域发展分析与预测》《甘肃文化发展报告》陆续面世，"甘肃蓝皮书"由原来的2种增加到5种，覆盖了经济、政治、社会、县域、文化等研究领域。此后，我院首倡甘肃、陕西、宁夏、青海、新疆西北五省区社会科学院联合编研出版"西北蓝皮书"，2011年首部《中国西北发展报告》面世。"西北蓝皮书"的编研和出版发行，使我院系列蓝皮书的研究拓展到了"丝绸之路经济带"的国内主要相关区域。

从2014年起，我院持续发挥"甘肃蓝皮书"品牌效应，加强与省上重要部门和市州的合作。先后与省住房和城乡建设厅、省民族事务委员会、酒泉市政府、省商务厅、省统计局等积极合作，共同编研出版住建、民族、商务、酒泉等蓝皮书。2018年又与省精神文明办、平凉市合作，新增了《甘肃精神文明发展报告》《平凉经济社会发展报告》。2018年7月，省委常委、省委宣传部部长陈青来我院调研，要求我院编研出版《甘肃文化建设成果报告》，并在第三届丝绸之路（敦煌）国际文化博览会上发布，在圆满完成任务的同时，我院"甘肃蓝皮书"的编研规模也由此扩大到"5+7+1"共计13种。

"甘肃蓝皮书"在十三年的编研过程中形成了稳定规模、稳定机制，提升质量、提升影响的编研理念。今年是改革开放40周年，"甘肃蓝皮书"在选题和框架设计上紧密结合我省40年来发展成就，做到了紧跟时代、反映当下。这也体现了"甘肃蓝皮书"始终坚持的基本编研理念和运行机制：一是始终坚持原创，注重学术观点和科研方法的创新。坚持研究在先，编写在后，在继承中创新，注重连续性；从源头上抓质量，注重可靠性；在深入研究上下功夫，注重科学性；在服务上抓效果，注重影响力。二是始终坚持追踪前沿，注重选题创新。追踪前沿就是让专家学者更多地参与社会实践，发现问题、研究问题、解决问题，最终通过蓝皮书为人们提供正确的指导，显示社科专家服务社会的能力和实力，提高蓝皮书的知名度和美誉度。三是始终坚持打造品牌，创新编研体制机制。十三年来，我们始终把蓝皮书的质量看作蓝皮书的生命线，组织有研究能力的专家开展深入研究，向社会提供事实根据充分、分析深入准确、结论科学可靠、对策具体可行的研究成果。

展望未来，作为地方社会科学研究机构，我们将按照党的十九大关于"加强中国特色新型智库建设"的要求，进一步围绕甘肃经济社会发展的实际，开展应用对策研究，发挥好决策咨询、资政建言、服务地方的作用。"甘肃蓝皮书"作为我院打造陇原特色新型智库的核心载体，也将开启服务省委、省政府决策，为甘肃改革发展提供智力支撑的新航程。相信在各方共同努力下，"甘肃蓝皮书"将继续提升品牌影响力，成为服务党委、政府决策的更有作用的参考书，成为对社会各方面更有参考价值的应用成果。

此为序。

王福生

2018年12月6日

摘　要

《甘肃商贸流通发展报告（2019）》，由甘肃省社会科学院与甘肃省商务厅共同协作、通力合作完成。深入研究分析甘肃在全面深入推进"一带一路"建设进程中商贸流通业运行现状、措施成效、困难问题，为甘肃商务系统积极完善市场体系、加快建设对外开放平台、全力提升对外贸易水平、巩固招商引资和对外投资成效、积极扩大内需、促进国内贸易稳定持续发展、强化商务服务功能、营造商务发展环境等方面提供基本的理论分析与应用对策建议。

《甘肃商贸流通发展报告（2019）》以国家有关经济发展政策措施及省内经济发展规划和商务战略部署为背景，重点研究了甘肃国内贸易、对外贸易、招商引资、市场体系建设等问题，分析和总结了2018年甘肃商贸流通业发展现状和问题，预测和展望了2019年甘肃商务发展走势与前景，针对现状、问题、发展目标提出了理论与实践相结合的对策建议，并着重对甘肃商务"十三五"发展规划中期指标完成情况进行了分析和评价，提出了具体的调整方案建议。

全书共分总报告、国内贸易篇、对外贸易篇、招商引资篇、市场建设篇和专题研究篇六大部分，共十五篇专题报告。总报告概括了2018年甘肃商务运行的变化、亮点及重大项目建设进展，分析了存在的突出问题及面对的机遇与挑战，提出了促进甘肃商务发展的对内消费和对外贸易两方面的应用对策建议。同时，针对"十三五"发展规划进行了中期发展评估。国内贸易篇对甘肃消费品市场动态、住宿和餐饮业、批发和零售业运行状况，电子商务发展，大型会展商务成效等领域进行了现状分析、问题剖析，并提出了相应的发展对策。对外贸易篇对甘肃进出口贸易、外贸基地建设等领域进行了分析总结,并提出若干对策建议。招商引资篇对甘肃招商引资、利用外资、对外投资状况及营商环境建设等领域进行了深度调查分析,提出了扩大吸引外来投资尤其是利用外资发展的基本思路和着力点、改善营商环境的对策建议。市场建设篇主要就甘肃供应链体系建设、物流基地建设及物流行业发展、乡村振兴战略下农村物流配送体系建设等问题进行了深入调查分析。专题研究篇主要针对甘肃融入"南向通道"战略取向、进展、成效进行了分析并提出对策建议,针对甘肃中小微商贸流通企业融资问题进行了调查分析研究。

本书认为,2018年甘肃商务总体上显现"四三三五"的运行态势,即国内市场产生了四项明显变化、对外贸易呈现三个突出亮点、双向投资出现三个重要转向、通道物流项目建设取得五大进展等。展望2019年,面对两大突出问题,即国内贸易内需低迷、消费动力不足,对外贸易逆差扩大、出口动能不强,把握出现的三个新时态,即国内贸易迎来发展新契机、对外贸易出现转型新危机、双向投资遇到提升新挑战,并在此基础上,结合内部现实问题和外部环境政策变化,本书对2019年甘肃商务发展的各个方面走势进行了分析和展望,提出了若干基础性、战略性、应用性的对策建议。

本书秉承客观务实、严谨科学的原则,深入分析了2018年甘肃商务发展态势,深入剖析了甘肃在全面深入推进"一带一路"建设的背景下,甘肃商务发展的现状和走势、差距和问题,提出了理论对策和战略建议,体现了专家视野,突出了田野调查的应用价值,具有学术性、前瞻性和权威性。

Abstract

Annual Report on the Development of Business Trade Circulation of Gansu (*2019*) is accomplished by Gansu Academy of Social Sciences and Gansu Provincial Department of Commerce. Around the national development strategy of "One Belt and One Road", we make an in-depth analysis on the current operation situation, the effectiveness and the problems of Gansu's commercial circulation development, and provide basic theoretical analysis and application countermeasures on Gansu's business system to improve the market system actively, to accelerate the construction of the open platform, to enhance the level of foreign trade, to consolidate the effectiveness of investment attraction and outbound investment, to expand domestic demand actively, to promote the stable development of domestic trade, to strengthen business services and create a business development environment.

Annual Report on the Development of Business Trade Circulation of Gansu (*2019*) which is based on the national economic development policies and the province's economic development program and business strategy deployment, focus on Gansu domestic trade, foreign trade, investment, market system construction and other issues, analyzes and summarizes the development state and problems of Gansu's commerce and trade circulation in 2018, previews and perspectives the developing trend and future of Gansu's commerce in 2019. Finally, we put forward some suggestions which combine theory and practice about the current situation, problems and development goals. The completion of mid-term targets of the 13th five-year plan were emphatically analyzed and evaluated, and we also put forward specific adjustment program proposals.

The book is divided into six parts: General Report, Domestic Trade Reports, Foreign Trade Reports, Investment Invitation Reports, Market

Construction Reports and Special Study Reports. And there are 15 topics in the book. The General Report summarized the operational dynamics, bright spots and progress in the construction of major projects, analyzes the problems and opportunities and challenges of Gansu business development. Put forward countermeasure proposals for promoting domestic consumption and foreign trade in Gansu commercial development. At the same time, we estimate the medium-term development of the 13th five-year plan. The Domestic Trade Reports analyzed the current situation and problems of consumer goods market dynamics, accommodation and catering industry, wholesale and retail industry, e-commerce and large-scale exhibition business in Gansu, then put forward the corresponding development countermeasures. The Foreign Trade Reports analyzed and summarized Gansu's import and export, foreign trade base construction and puts forward some countermeasures and suggestions also. The Investment Invitation Reports made in-depth investigation and analysis on investment attraction, utilization of foreign capital, overseas investment status and business environment construction in Gansu. Then we offered countermeasures so as to invest and use foreign capital and improve business environment. The Market Construction Reports carried out an in-depth investigation and analysis mainly on construction of supply chain system, logistics base construction and logistics industry development and urban and rural market system construction under "Rural Vitalization" strategy in Gansu. The Special Study Reports mainly about analysis and researches on strategic orientation, progress and effects of Gansu integrating into "South Passage", and financing problems of small, medium and micro business circulation enterprises in Gansu province.

The book argues that the overall business of Gansu in 2018 showed the trend of "4335". Specifically, there are four significant changes in the domestic market, three bright spots in foreign trade, three important shifts in two-way investment and five major progress in channel logistics project construction. Now we face two prominent problems, one is sluggish domestic trade demand and insufficient consumption motivation, another one is widening external trade deficit and weak export momentum. Three new tenses appear in commercial development that domestic trade ushered in a new opportunity for development, a new crisis of transformation in foreign trade and two-way investment faces new challenges of upgrading. On these basis, combining with the internal reality and external environmental policy change, the book analyzes and prospects all aspects of the business development direction in Gansu province in 2019, and puts forward some basic and practical countermeasures finally.

With an objective, pragmatic and rigorous scientific principle, this book makes an in-depth analysis on business development trend of Gansu in 2018, deeply analyzes Gansu business's current situation and trend, distance and problem under the opportunities of "One Belt and One Road" strategic. In the end, the book proposes countermeasure suggestions. This book has academic foresight and authority, which reflected the expert's vision and highlighted the value of field investigation and application.

目 录

Ⅰ 总报告

B.1 2018年甘肃商务发展报告 …………………………… 王晓芳 / 001
B.2 甘肃商务"十三五"发展规划中期评估报告 …………… 刘伯霞 / 026

Ⅱ 国内贸易篇

B.3 甘肃消费品市场运行分析报告 …………………………… 尹小娟 / 043
B.4 甘肃住宿和餐饮业、批发和零售业分析报告 …………… 吴燕芳 / 058
B.5 甘肃电子商务发展态势、问题、成效调查报告 ………… 胡圣方 / 075
B.6 甘肃大型会展商务成效评价及对策建议 ………………… 魏学宏 / 088

Ⅲ 对外贸易篇

B.7 甘肃对外贸易运行分析报告 ……………………………… 王军锋 / 108
B.8 甘肃外贸基地建设状况调查报告 ………………………… 吴燕芳 / 132

001

Ⅳ 招商引资篇

B.9 甘肃利用外资与对外投资状况分析报告 …………… 索国勇 李 伟 / 148

B.10 甘肃营商环境建设状况调查报告 ………………………… 张晋平 / 178

Ⅴ 市场建设篇

B.11 甘肃供应链体系建设报告 ………………………………… 王 荟 / 197

B.12 甘肃物流基地建设及物流行业发展报告 ………………… 尹小娟 / 209

B.13 乡村振兴战略下甘肃农村物流配送体系建设报告

………………………………………………………………… 胡圣方 / 227

Ⅵ 专题研究篇

B.14 甘肃中小微商贸流通企业融资问题调查分析报告 ……… 王军锋 / 239

B.15 甘肃省构建"一带一路"南向通道研究 ………………… 张晋平 / 253

皮书数据库阅读使用指南

CONTENTS

I General Reports

B.1 Gansu Business Development Report in 2018　　　*Wang Xiaofang* / 001
B.2 Interim Assessment Report of Gansu Commerce's "13th Five-year"
　　　Development Plan in 2018　　　*Liu Boxia* / 026

II Domestic Trade Reports

B.3 Analysis Report of Gansu Consumer Goods Market Operation
　　　　　　　　　　　　　　　　　　　　　　　Yin Xiaojuan / 043
B.4 Analysis Report of Gansu Accommodation and Catering Industry,
　　　Wholesale and Retail Industry　　　*Wu Yanfang* / 058
B.5 Investigation Report of Gansu Electronic Commerce Development
　　　Situation, Problem and Results　　　*Hu Shengfang* / 075
B.6 Effectiveness Evaluation and Countermeasures on Gansu Large-scale
　　　Exhibition Business　　　*Wei Xuehong* / 088

III Foreign Trade Reports

B.7 Analysis Report of Gansu Foreign Trade Development　　*Wang Junfeng* / 108

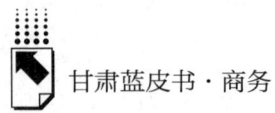

B.8 Survey Report of Gansu Foreign Trade Base Construction Status

Wu Yanfang / 132

Ⅳ Investment Invitation Reports

B.9 Analysis Report of Utilization of Foreign Investment and Investment Invitation Situations in Gansu *Suo Guoyong, Liwei* / 148

B.10 Survey Report of Gansu Business Environment Construction Status

Zhang Jinping / 178

Ⅴ Market Construction Reports

B.11 Gansu Supply Chain System Construction Report *Wang Hui* / 197

B.12 Report of Logistics Base Construction and Logistics Industry Development in Gansu *Yin Xiaojuan* / 209

B.13 Survey Report of Gansu Rural Logistics Distribution System under "Rural Vitalization" Strategy in Gansu *Hu Shengfang* / 227

Ⅵ Special Study Reports

B.14 Investigation and Analysis Report of Financing Problems of Medium, Small and Micro Business Circulation Enterprises in Gansu

Wang Junfeng / 239

B.15 Research on Construction of "One Belt And One Road" South Passage in Gansu *Zhang Jinping* / 253

总报告

General Reports

B.1
2018年甘肃商务发展报告

王晓芳*

摘 要： 2018年，甘肃商务系统从多个方面发力，商务运行显现"四三三五"的运行态势，即国内市场产生了四项明显变化、对外贸易呈现三个突出亮点、双向投资出现三个重要转向、通道物流项目建设取得五大进展等。展望2019年，面对两大突出问题，即国内贸易内需低迷、消费动力不足，对外贸易逆差扩大、出口动能不强，把握出现的三个新时态，即国内贸易迎来发展新契机、对外贸易出现转型新危机、双向投资遇到提升新挑战，并提出了促进甘肃商务发展的对内消费和对外贸易两方面的应用对策建议，即对内练功，促消费，充分释放内需市场新活力；对外蓄力，促出口，充分激发出口新

---

* 王晓芳，甘肃省社会科学院区域经济研究所所长，研究员，研究方向为区域经济学、制度经济学、流通经济学。

动能。

关键词： 甘肃商务　国内贸易　对外贸易　双向投资

一　2018年甘肃商务运行动态分析

2018年上半年，甘肃省实现社会消费品零售总额1655.8亿元，同比增长7.9%；实现进出口200亿元，同比增长40.2%；实施招商引资项目2521个，到位资金1659.3亿元，同比下降29.4%。[①] 总体看来，甘肃商务系统从多个方面着力，国内市场产生了四项明显变化，对外贸易呈现三个突出亮点，双向投资出现三个重要转向，通道物流项目建设取得五大进展。

（一）着力推动消费转型升级，国内消费品市场产生了四个明显变化

2018年上半年，甘肃省商务系统以《甘肃省消费升级行动计划实施方案（2018~2022）》为指导，落实消费升级行动计划，成立贯彻落实行动计划工作协调领导小组，研究制定印发《餐饮住宿等生活性服务业转型升级促消费项目实施方案》，引导住宿、餐饮等传统生活服务行业转型升级促消费，落实《商务部关于加快城乡便民消费服务中心建设的指导意见》等文件，全省实现社会消费品零售总额1655.8亿元，同比增长7.9%，对消费品市场产生了四个明显变化（见图1）。

1. 城乡消费增速出现转移变化，城镇增长快于乡村

城镇实现社会消费品零售总额1329.8亿元，同比增长8.0%；乡村实现社会消费品零售总额326.0亿元，同比增长7.4%。近年来首次出现城镇社会消费品零售总额增长快于农村社会消费品零售总额增长，城镇高于农村0.6个百分点。

---

① 数据来自甘肃省商务厅综合处。

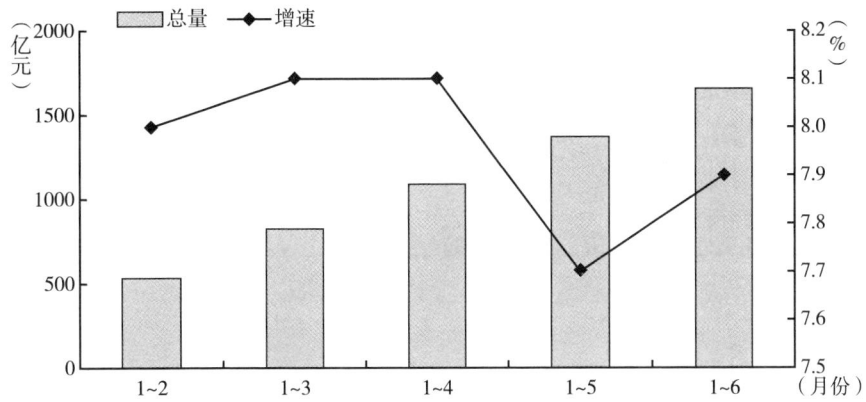

图 1　2018 年上半年社会消费品零售总额总量及增速

资料来源：甘肃省商务厅综合处。

2. 主要商品消费出现冷热变化，旅游和药品成为主要消费热点

一是基本生活类商品销售平稳增长。粮油、食品类同比增长4.8%，日用品类同比增长3.3%，服装、鞋帽、针纺织品类同比增长1.6%。

二是消费升级类商品销售增长较快。体育娱乐用品类同比增长10.7%，同比提高了2个百分点；文化办公用品类同比增长22.8%，同比提高了2个百分点；中西药品类同比增长26.1%，保持了较高的增长速度。

三是石油及其制品类增速回升。石油及其制品类同比增长7.2%，比1~5月提高1.4个百分点；汽车类同比下降6.8%，比1~5月降幅扩大0.1个百分点（见图2）。

四是旅游市场持续活跃。随着旅游产品多样性不断提高和旅游市场消费环境日趋改善，旅游市场持续活跃。2018年上半年，全省共接待国内外游客1.3亿人次，实现旅游综合收入865.8亿元，分别比上年同期增长21.5%和28.1%。

3. 行业销售出现分层变化，批发业和住宿业趋旺

一是批发业实现销售额3006.6亿元，同比增长13.5%，增速比上年同期提高了1.2个百分点，比第一季度提高了2.5个百分点。其中：限额以上批发业实现销售额1974.4亿元，同比增长13.4%，比1~5月提高0.8个百分点。

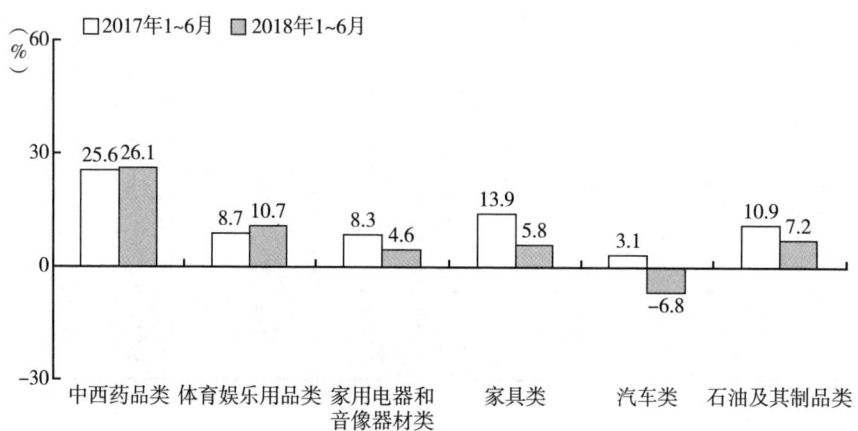

图 2　2018 年上半年与 2017 年上半年部分商品销售增幅比较

资料来源：甘肃省商务厅综合处。

二是零售业实现销售额1635.5亿元，同比增长11.0%，比上年同期回落了1.6个百分点，比第一季度回落0.8个百分点。其中：限额以上零售业实现销售额409.9亿元，同比增长2.9%，比1~5月提高了0.5个百分点。

三是住宿业实现营业额52.3亿元，同比增长12.8%，比上年同期提高了1个百分点，比第一季度提高0.5个百分点。其中：限额以上住宿业实现营业额15.8亿元，同比增长7.8%，比1~5月回落了1.1个百分点。

四是餐饮业实现营业额364.1亿元，同比增长13.2%，比上年同期回落了2.5个百分点，比第一季度回落1.5个百分点。其中：限额以上餐饮业实现营业额17.0亿元，同比下降4.3%，比1~5月降幅扩大了1.2个百分点（见图3）。

4. 电子商务发展有了典型模式

一是陇南电商模式。陇南市是国家级"双示范市"，即全国电商扶贫示范市和国家电子商务示范市。在电商扶贫的实践中，陇南市又探索出5种典型的模式，即电商网店带动、电商产业带动、电商创业带动、电商就业带动和电商入股带动，极大地激发了群众创业热情，提高了贫困农民收入，加快了地区脱贫进度。

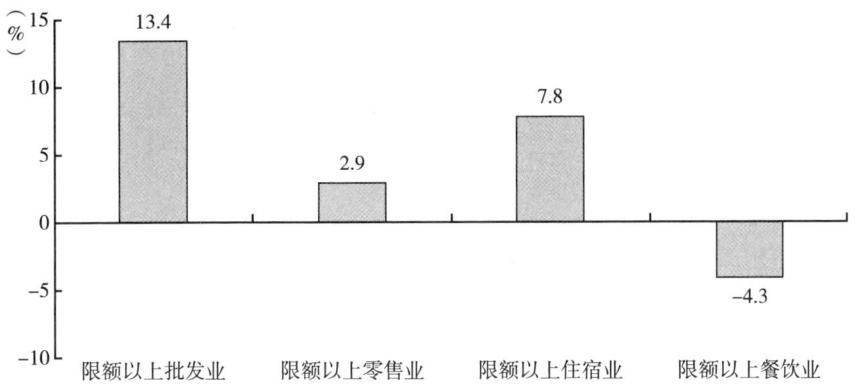

图 3　2018 年上半年限额以上行业销售同比增速状况

资料来源：甘肃省商务厅综合处。

二是环县农产品网销模式。环县经验主要体现在搭建平台、完善服务、品牌打造、示范带动和媒体宣传等方面，强化完善农产品质量标准，制定了环县燕麦、环县大豆等地方性农产品标准 15 项，7 种产品取得了绿色食品认证，在此基础上探索农产品网销模式，形成了订单、加工、品牌、包装、监管、配送"六统一"的发展模式和农产品质量追溯体系。

三是广河电子商务与传统优势产业融合发展模式。广河县的主要做法是"三结合"，一是传统产业与新型产业相结合，广河充分利用皮革、毛纺等传统特色产业，推动传统企业融合电子商务，拓宽销售渠道，增强企业发展活力。二是网上营销与线下经营相结合，广河积极挖掘地方特色，并对接第三方电商平台，拓宽特色产品销售渠道。目前全县电商企业中有皮革毛纺类 18 家，虫草、中药材类 26 家，食品加工类 35 家，创业个体及其他类 11 家。三是电商扶贫与促进就业相结合，通过采取"电商企业+贫困村+贫困户"的模式，带动贫困户从事家庭作坊加工，吸纳未就业的大中专毕业生和社会青年开设网店和在电商企业就业。

（二）着力实施外贸突破行动计划，进出口领域呈现三个突出亮点

2017 年，甘肃省政府在促进对外贸易稳定增长的政策基础上，2018 年

实施了外贸突破行动计划、国际市场开拓行动计划等，通过加强基地化建设、成立农产品出口企业联盟、筹备首届进口博览会、加快跨境电商发展、提高贸易便利化水平等具体措施的实施，积极推进外贸稳增长调结构，加快培育外贸竞争新优势，推动外贸发展实现新突破，对外贸易领域出现三个突出亮点。

1. 进出口总额出现持续性高速增长态势，主要指标止跌反弹

一是外贸增长指标跃居全国前三名。2018年上半年，实现进出口200亿元，同比增长40.2%，高于全国平均水平32个百分点，增速居全国第3位。其中，出口67.8亿元，增长42.9%，增速高居全国第2位；进口132.2亿元，增长38.9%，增速列全国第3位。

二是进出口总额连续6个月保持两位数增长态势。1月、2月、3月、4月、5月、6月当月分别同比增长11.1%、31.2%、47.1%、36.0%、32.7%、64.3%，这是自2015年来第一次出现这样一个持续性、高速度增长局面，表明甘肃对外贸易回稳向好基础不断巩固，止跌回升势头明显（见表1）。

表1 2018年与2017年进出口额对比

单位：亿元

月份	2018年当月进出口额	2017年当月进出口额	2018年当月进口额	2017年当月进口额	2018年当月出口额	2017年当月出口额
1	32.1	28.9	20.4	19.8	11.7	9.1
2	24.4	18.6	14.7	11.7	9.7	6.9
3	37.5	25.5	25.8	16.8	11.7	8.7
4	33.6	24.7	21.5	15.1	11.1	9.6
5	37.3	28.1	25.9	18.4	11.4	9.7
6	35.0	21.3	23.8	13.8	11.2	7.5
7	—	22.4	—	14	—	8.4
8	—	27.2	—	19.4	—	7.8
9	—	28.9	—	20.5	—	8.4
10	—	31.8	—	21.8	—	10
11	—	35.9	—	21.7	—	14.2
12	—	39	—	19.4	—	19.6

资料来源：甘肃省商务厅综合处。

2. 三大类商品同步增长，进出口结构调整加快

一是三大类商品进出口同步增长。2018年上半年，机电高新产品进出口54.8亿元人民币，增长24.3%，其中进口14.1亿元，下降21.1%；出口40.7亿元，增长51.3%。资源性产品进出口127.7亿元，增长59.4%，其中，进口114.7亿元，增长60.9%；出口12.9亿元，增长46.6%。农产品进出口10.3亿元，增长10.4%，其中，进口1.2亿元，增长50.4%，出口9.1亿元，增长6.7%。

二是进口结构中原材料产品的主导地位日益走强。2018年上半年原材料类产品占进口总额的87%，同比提高了13个百分点；机电高新类产品占进口总额的11%，同比下降了7个百分点；农产品仅占进口总额的1%，没有变化，其他产品占进口总额的1.8%，同比下降了5.2个百分点。

三是出口结构中机电高新产品占比进一步提高。2018年上半年机电高新类产品占出口总额60%，同比增加了7个百分点；原材料类产品占出口总额的19%，同比提高了4个百分点；农产品占出口总额的13%，同比下降了4个百分点；其他产品占出口总额8%，同比下降了7个百分点（见表2）。

表2 2018年上半年与2017年上半年进出口结构变化对比

单位：亿元，%

主要指标	2018年上半年	2017年上半年
出口产品结构		
资源性产品出口额	12.9	8.8
占比	19	15
机电高新产品出口额	40.7	27.3
占比	60	53
农产品出口额	9.1	9.0
占比	13	17
其他产品出口额	5.1	8.8
占比	8	15
进口产品结构		
资源性产品进口额	114.7	71.3
占比	87	74

续表

主要指标	2018年上半年	2017年上半年
机电高新产品进口额	14.1	16.8
占比	11	18
农产品进口额	1.2	0.8
占比	1	1
其他产品进口额	2.2	5.0
占比	2	7

资料来源：依据甘肃省商务厅综合处提供的2018年上半年数据与《甘肃商贸流通发展报告（2018）》中所提供的2017年上半年数据整理而来。

3. 向西开放与南向通道建设成效明显，市场布局趋于改善

一是与"一带一路"沿线国家贸易持续快速增长。2018年上半年，"兰州号""天马号"国际货运班列共发运73列（3267车），累计货运50680.83吨，货值15581.65万美元。其中，中亚共发运44列（2025车），累计货运33290.43吨，货值9371.65万美元；南亚共发运29列（1242车），累计货运17390.4吨，货值6210万美元。截至6月底，中新南向通道国际货运班列累计发运15列（426车），累计货运12409吨，货值13946.4万元人民币。在向西和南向国际货运班列稳定运行的基础上，甘肃与"一带一路"沿线国家实现贸易额89.3亿元，增长46.6%，占全省进出口总额的44.6%。其中，进口62.1亿元，增长29.9%；出口27.2亿元，增长107.4%。

二是向西开放带动对外贸易增长的成效持续扩大。与中亚国家进出口40.6亿元，增长31.4%，占比为20.31%，其中进口39.79亿元，增长44.4%；出口8505万元，下降74.8%。与西亚国家进出口6.2亿元，增长117.8%，占比为3.1%，其中进口8308万元，增长24.8%；出口5.4亿元，增长146.1%。与中东欧国家进出口7.6亿元，增长244.3%，占比为3.82%，其中进口1.6亿元，增长94%；出口6.1亿元，增长331.6%（见图4）。

三是南向通道建设成效初步显现。与南亚国家进出口4.5亿元，增长88.1%，其中，进口2589万元，增长近14倍，出口4.2亿元，增长

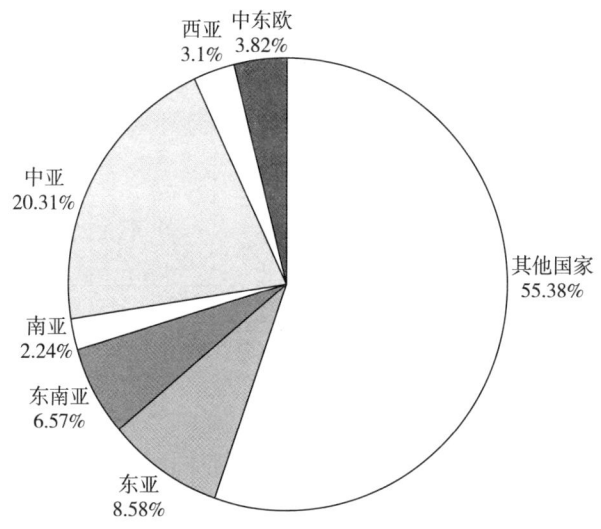

图4 2018年上半年甘肃省与"一带一路"沿线国家进出口额占比状况

资料来源:甘肃省商务厅综合处。

78.6%;与东南亚国家进出口13.1亿元,增长18.9%,其中,进口2.6亿元,下降64.1%,出口10.5亿元,增长184%。从进出口总额看,印度尼西亚、新加坡、泰国位列前三名,分别占与东盟国家贸易总额的41.7%、25.5%、9.5%;从进口来源地看,新加坡独占鳌头,占与东盟国家进口总额的84.1%,其次为马来西亚和泰国,分别占9.6%和2.7%;从出口市场看,印度尼西亚占与东盟国家出口总额一半以上,达51.6%,其次是泰国、越南、新加坡,分别占11.3%、11.0%、10.8%(见表3)。

表3 2018年上半年甘肃与东盟10国进出口总额及占比状况

单位:万元,%

国家	进出口总值	占比	进口总值	占比	出口总值	占比
马来西亚	4580	3.5	2543	9.6	2038	1.9
新加坡	33569	25.5	22224	84.1	11345	10.8
印度尼西亚	54799	41.7	597	2.3	54203	51.6
越南	11519	8.8	7	0	11512	11.0

续表

国　家	进出口总值	占比	进口总值	占比	出口总值	占比
泰　国	12554	9.5	709	2.7	11844	11.3
缅　甸	6990	5.3	319	1.2	6670	6.3
菲律宾	3287	2.5	30	0.1	3257	3.1
老　挝	0	0	0	0	0	0
柬埔寨	483	0.4	0	0	483	0.5
文　莱	3688	2.8	0	0	3688	3.5
合　计	131469	100	26429	100	105040	100

资料来源：依据甘肃省商务厅综合处提供的基础资料整理。

（三）着力化解招商引资瓶颈问题，双向投资出现三个重要走向

编制《2018年甘肃省重点招商项目册》，对通道物流、加工制造、循环农业、中医中药、文化旅游、基础设施等行业共166个项目进行重点推介，在全面推行准入前国民待遇加负面清单管理模式、外商投资企业设立商务备案与工商登记"一口办理"申报系统正式上线的基础上，继续强化各项大型会展品牌效应，完善招商引资平台，化解招商引资困难点，补强招商引资薄弱点，放大招商引资效应。2018年上半年，共执行省外、境外招商引资项目2521个，累计到位资金1659.3亿元，同比下降29.4%，降幅较1~5月收窄2.4个百分点。截至2018年6月底，第二十二届、二十三届"兰洽会"累计资金到位率分别为39.1%、34.0%，开工率分别为75.8%、51.8%。新设立外商投资企业9家，合同外资额2.1亿美元，实际利用外资2019万美元。

1. 持续做精做专招商引资平台，会展商务走向规模化和专业化

一是持续放大"兰洽会"招商引资效应。第二十四届"兰洽会"共有42个国家和国际组织、8个国家部委、22个省区市和新疆生产建设兵团、12个重点城市以及港澳台地区的嘉宾参会，境内外参会参展企业达1400多家，嘉宾和客商达3万人，邀请新加坡和韩国担任主宾国、广东省担任主题省，同时还成功举办了丝绸之路合作发展高端论坛等5项国际性论坛（峰会），以及中亚—中国（甘肃）经贸合作洽谈会等32项双边、多边性投资

贸易促进和文化交流活动。"兰洽会"期间进馆观众累计达26万人次,展览商品展销总成交额16.27亿元,其中订货7.98亿元、现货销售8.29亿元,成功签约471个项目,签约资金1659.3亿元(见表4)。

表4 第二十二届、二十三届、二十四届"兰洽会"招商引资状况对比

项　目	签约项目（个）	签约额（亿元）	开工项目（个）	开工率（%）	到位资金（亿元）	资金到位率（%）
第二十二届	1435	7607.6	1087	75.8	2975	39.1
第二十三届	920	3129	477	51.8	1063.9	34.0
第二十四届	471	1659.3	—	—	—	—

资料来源：根据甘肃省商务厅经济合作局、协作处提供的有关材料整理。

二是持续做深"敦煌国际文化博览会"。作为中国国内目前唯一以"一带一路"国际文化交流为主题的综合性博览会,敦煌文博会为丝绸之路沿线国家和地区合作交流提供了重要平台。2018年9月,第三届丝绸之路(敦煌)国际文化博览会在甘肃敦煌开幕,近100个国家和地区及国际组织的代表、1000多名海内外嘉宾出席,乌克兰担任主宾国。本届敦煌文博会策划了32个专题展览项目,包括专项论坛、文艺展演、文化贸易、人文交流、国际合作等内容,吸引了海内外58家单位及企业参展,展品7000余件,深入挖掘丝路沿线60多个国家和港澳台地区艺术精品,举办绘画雕塑、平面设计、版画摄影、新媒体技术等展览,精品荟萃,相得益彰,全面展示丝路文化的多元性特征。① 文化贸易方面,协调调动深圳文博会、义乌文交会资源,全面展示文创领域最前沿的成果,为各国知名文化品牌和文化企业搭建平台、促进交流。

三是持续做专"中国(甘肃)中医药产业博览会"。2018中国(甘肃)中医药产业博览会由国家卫生健康委员会、国家中医药管理局和甘肃省政府联合主办,甘肃省定西市、张掖市、陇南市联合承办,邀请了12个省级代

---

① 吕霞：《第三届敦煌文博会续写别样辉煌》,《甘肃经济日报》2018年9月27日。

表团、10个国际机构、全国500强企业中的200家企业和有关专家学者共3000多名嘉宾前来参会,分陇西县主会场和渭源县、民乐县、武都区三个分会场,主分会场共有1092家企业参展,并举办了主题论坛、中医药发展国际论坛、中医药助推大健康产业论坛、中药材产业发展论坛、陇药大品种大品牌培育推进会、中医药产业招商会、中药材交易采购大会、现场观摩等系列活动。本次博览会已签约投资项目35个,签约总金额125.3亿元,签约交易采购协议20亿元。①

2. 突出构建生态和战略产业体系,招商引资走向区域化和品牌化

一是突出以构建生态产业体系为目标进行招商引资。主要围绕节能环保、通道物流、数据信息等十大绿色生态产业,策划举办了生态产业项目对接洽谈活动,并通过创新洽谈形式、精准对接产业项目、提升对接洽谈效率,促成了一大批合作意向,展现了一个正在以绿色发展崛起的甘肃新形象,成为第二十四届"兰洽会"的一大亮点。从签约项目类别看,通信工程、循环产业、现代农业、装备制造、通道物流、生态旅游等重点发展的绿色生态产业成为投资热点。从第二十四届"兰洽会"签约项目的产业分布看,第一产业资金98.4亿元,占5.9%;第二产业资金510.4亿元,占30.8%;第三产业资金1050.5亿元,占63.3%。从资金投向细分行业看,城市综合体、商务服务业、建筑业、农业、电力业到位资金分别为368.9亿元、176.1亿元、91.2亿元、68.4亿元、62.1亿元,占比分别为22.2%、10.6%、5.5%、4.1%、3.7%,其中,城市综合体、商务服务业、建筑业是吸引资金最多的行业。

二是突出以"引大引强"为重点进行招商引资。将招商引资重点放在世界500强、中国500强和中国民营500强企业上,引进大型企业,落地实力强的企业,加快开工行业龙头企业。第二十四届"兰洽会"引进了上海宝钢化工、广州宝洁、广药集团等行业龙头企业。

三是突出以长三角、珠三角、京津冀地区为重点区域进行招商引资活

---

① 牟健:《2018中国(甘肃)中医药产业博览会发布阶段性成果》,人民网—甘肃频道,2018年10月13日。

动。从第二十四届"兰洽会"签约项目投资来源地看，投资前五位的地区依次是北京市、陕西省、广东省、上海市、浙江省，投资资金分别为177.1亿元、163.2亿元、120.6亿元、61.5亿元、58.2亿元，占比分别为10.7%、9.8%、7.3%、3.7%、3.5%。投资的主力依然集中在长三角、珠三角、京津冀三大区域。

3. 全力推进重点项目进展，对外投资走向规范化、风控化

一是推进重点对外投资项目进展。酒钢集团牙买加氧化铝项目顺利实施，累计投资5.26亿美元，2018年2月第一批氧化铝（共计34237吨）从牙买加运抵国内。金川集团投资并购印度尼西亚红土镍矿项目，完成厂区和生活区的基础设施建设，累计实际投资1.09亿美元。白银公司分阶段并购南非第一黄金公司，完成对第一黄金集团有限公司的整体并购，累计实际投资8.1亿美元。酒泉常庆种苗有限公司在美国新成立海伟斯特国际种子（美国）有限公司，协议投资额5000万美元。

二是加强境外企业安全风险防控。加大对"走出去"企业风险保障宣传教育力度，不断健全境外安全风险预警和处置机制，实时掌握和通报国别投资环境及风险信息，编制更新《境外投资合作政策汇编》《境外重点国别投资指南》，为企业对外投资合作提供基础性信息服务。跟进服务重大对外投资合作项目，对在加纳、津巴布韦投资企业风险管理进行实地调研督查。推动对外劳务合作持续有序发展，着力提高外派企业的经营管理水平，重视做好监督管理和服务保障工作。

三是进一步规范企业"走出去"投资经营行为。加强境外投资真实性、合规性审核工作，全面梳理全省对外投资业务，明确新形势下境外投资管理的工作流程、审查范围和标准，积极引导境外企业审慎决策、合规经营，防范对外投资风险。

（四）着力完善商贸流通平台建设，通道物流重点项目建设取得五大进展

按照《甘肃省通道物流产业发展专项行动计划》（甘政办发〔2018〕87

号）文件要求，甘肃省在率先建立和完善重点项目库与继续稳步推进三大空港和三大陆港建设、稳步推进海关特殊监管区和各类指定口岸建设、稳步推进南向通道建设的基础上，确定了兰州国际港务区多式联运综合体、兰州高原夏菜副食品采购中心、天水国际陆港三个重点项目作为发展通道物流产业的标志性项目。

1. 围绕现代通道物流和农产品物流，建立起商贸物流重点项目库

落实省政府"工作项目化、项目清单化、清单责任化"的要求，省商务厅组织各市州上报，汇总建立了现代商贸物流业、通道物流产业、市县乡农产品物流体系和冷链物流体系三个项目清单，编辑成册印发各市州和项目单位。其中，现代商贸物流业重点项目258个，总投资1240亿元；通道物流产业重点项目82个，总投资590亿元；市县乡农产品营销体系建设项目162个，总投资190亿元；农产品冷链物流项目131个，总投资79亿元。

2. 打造南向通道西北区域中心，兰州国际港务区多式联运综合体建设进展加快

兰州国际港务区多式联运综合体项目已列入全国首批多式联运示范工程，重点建设完善基础配套设施、物流信息中心、多式联运物流园、保税物流中心（B型）、跨境电商产业园、冷链物流配套设施及进出口加工产业园等项目，计划投资170亿元，打造南向通道的副中心和西北区域中心。

一是多式联运物流园项目开工建设。项目占地约511亩，总投资约22.85亿元，是全国首批16个多式联运示范工程之一，预计2020年底前建成。目前，项目物流配套设施和信息平台正在全面建设，已与郑州陆港、西安陆港等全国首批16家示范港口签订了多式联运企业联盟合作框架协议。

二是保税物流中心（B型）项目基本建成。项目占地约474亩，总投资约11.87亿元，计划2018年底前完成基础设施和项目主体工程建设，力争通过海关总署等部门验收并投入运营。目前，项目综合服务楼主体、海关查验库、标准仓库钢结构全部完成，快件中心钢结构梁柱全部完成，跨境电商库桩基正在施工。已向国家相关部门致函申报并提交申报要件，兰州海关已受理并正式上报。

三是跨境电商产业园项目启动实施。该项目投资6亿元，项目建成后将具备电商、智慧物联网、智能分拣、电子商务、云计算、大数据配套等功能。2018年底前计划完成公司注册、项目立项备案，主体工程开始施工。

3. 扩大市场覆盖辐射功能，兰州高原夏菜副食品采购中心项目进入建设期

该项目是省上确定的大型商品交易市场，位于兰州市高新区定远镇，计划总投资约100亿元，分两期进行建设；其中现已建设并相继投入运营的项目一期占地面积2230亩，建筑面积100万平方米，项目建成后预计年交易量在500万吨以上，交易额在250亿元以上，能带动产业链内近10万人就业。

一是加快项目基础设施和配套设施建设。截至目前已完成蔬菜交易区、水果交易区、物流配载区、粮油交易区的建设任务，并正在进行园区商业配套区、进出口服务区、清真市场、水产交易区等建设工作，现已形成近35万平方米交易区域及配套设施。

二是加强市场销售覆盖辐射功能。目前蔬菜市场进场交易商户200余户，张掖、武威、酒泉、定西、白银、临夏、哈密、西安、银川等地的采购商纷纷入场采购，园区产销地集散中心、物流运输调度中心、全球市场信息中心、全园区电子汇兑结算中心的作用初步显现。兰州高原夏菜副食品采购中心先后与阿里巴巴集团进行合作洽谈，开展电商合作；与兰州国际港务区签订战略合作框架协议，推动"中新南向通道"建设；与广西北港物流有限公司签订合作协议，打通海运南下通道。

4. 打造重点物流节点城市，天水国际陆港项目完成前期规划布局设计事项

天水国际陆港项目选址位于天水市麦积区三阳川，规划面积18.12平方公里。项目功能按"3+3+2+1"布局，即建设三个中心（铁路物流中心、公路物流中心、保税物流中心）、三个配套产业园（电子商务产业园、高新技术产业园、农产品深加工及冷链物流产业园）、两个生活配套区（生活配套区北区、南区）、一个综合服务区（行政与商务综合服务区）。项目分三期建设，其中近期（2016~2020年）投资总额约为60亿元，主要用于建设铁路物流中心、公路物流中心、保税物流中心（B型）、生活配套区等基础设施项目。

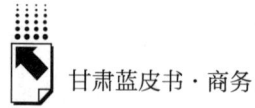

一是成立天水国际港务区管委会。2018年1月正式获批成立，为正县级事业单位；4月管委会领导班子配备到位，13名工作人员全部到岗工作；甘肃天水陆港建设开发有限公司已经注册成立。

二是推进项目前期各项工作。启动编制天水国际陆港基础设施方案，正在进行秦州—三阳川城市隧道工程施工企业、监理企业招标前期准备工作。

三是积极开展征地拆迁和棚改项目。陆港规划区内的34.73公顷土地（521亩）土地征收各项手续正在积极衔接办理。目前规划区内的500户棚改项目已列入国家2018年度棚改计划。

5.加大资金扶助力度，拟定通道物流产业发展子基金设立方案

按照省政府办公厅印发的《甘肃省绿色生态产业发展基金设立方案》（甘政办发〔2018〕78号）文件精神，商务厅组织研究拟订了《通道物流产业发展子基金设立方案（初稿）》，力争在母基金设立和运营后，尽快完成子基金的设立和募资工作。基金首期规模拟定为50亿元，申请母基金首期投入10亿元，社会资本按1:4募集40亿元。子基金通过股权投资方式，投资省内通道物流园区、口岸发展、临空产业园区建设以及培育壮大开放型产业体系等重点项目。

二 2018年甘肃商务发展中的突出问题

通过对2018年上半年甘肃商务运行状态分析，甘肃商务发展中仍存在国内贸易内需低迷、消费动力不足，对外贸易逆差扩大、出口动能不强两大突出问题。

（一）国内贸易内需低迷、消费动力不足

2018年上半年，甘肃省社会消费品零售总额增速一直在8%上下徘徊，持续低于全国平均水平。居民收入水平较低，社会保障制度和救济体系不完善，医疗、卫生、教育等社会服务成本偏高，在一定程度上抑制了消费信心。房价居高不下，削弱了居民消费能力，增强了支出预期，挤占了消费空间。

一是CPI上涨对消费心理产生负面影响。1~8月，甘肃省居民消费价格（CPI）总水平同比累计上涨2.2%。在统计居民消费价格指数的八大类商品中涨声四起：食品烟酒类上涨0.6%、居住类上涨3%、生活用品及服务类上涨0.8%、医疗保健类上涨10.8%、其他用品和服务类上涨1.4%、交通和通信类上涨1.4%，只有教育文化和娱乐类与上年持平。在收入没有明显增长的情况下，物价水平的提高意味着居民实际购买力的下降，削减了居民的消费能力，影响了居民的消费热情，对人们的消费心理带来了一定程度的冲击，从而影响了消费需求的扩大，导致零售业和餐饮业增长明显回落。

二是汽车销售下降显著。汽车购置税减半政策的退出和城市交通拥堵、停车难等问题的影响，在一定程度上抑制了汽车消费。加之近期由于中美贸易摩擦，我国对进口汽车关税态度发生了较大变化，增加了经销商与需求方的观望情绪，造成汽车消费大幅下降。2018年上半年汽车类实现零售额116.1亿元，同比下降6.8%，比上年同期回落9.9个百分点，占限额以上零售额比重达26%，下拉限额以上零售额增速1.9个百分点。

三是居住类商品销售继续回落。家具类同比增长5.8%，增速比上年同期回落8.1个百分点；家用电器和音像器材类同比增长4.6%，比上年同期回落3.7个百分点。

（二）对外贸易逆差扩大、出口动能不强

当前，对外贸易形势更加复杂，美国推波助澜的一股"反全球化"逆流正加剧世界贸易摩擦，中国主要出口市场北美、欧盟、东盟等国家随之也收紧进口政策，纷纷祭出关税壁垒"法宝"，中国的对外贸易企业正处在改革开放以来最困难时期，挑战和压力陡升。除此之外，甘肃省还要面对传统出口市场需求减弱、进出口成本上升、产品技术含量低等因素的影响，向西开放与南向通道带来的新的外贸增长点尚不能弥补传统外贸下降的巨大缺口，对外贸易逆差持续扩大，出口动能不强。

一是贸易逆差持续扩大。2018年上半年进口额比出口额多64.4亿元，与上年同期比又增加了36.6亿元，进出口失衡问题愈发严重，扩大出口仍

是外贸发展的关键环节。

二是出口对经济增长的贡献率降低。2018年上半年出口对经济增长的贡献率只有1.9%。与沿海出口导向型省份50%左右的贡献率比,差距很大;与前三年比,2015年为5.3%,2016年为3.8%,仅好于2017年的1.6%。

三是以一般贸易为主的对外贸易结构容易受到较大冲击。2018年上半年,一般贸易出口占出口总额的72.0%,一般贸易进口占进口总额的77.1%。同时,服务贸易发展步伐极为缓慢,自2015年来,一直徘徊在进出口总额15%左右,而且仍没有改观迹象。

三 2019年甘肃商务发展走势展望

针对2018年上半年甘肃商务运行动态和运行特点及存在的突出问题,结合甘肃经济社会发展现状,依据国际经济复苏走势和国内宏观经济政策的导向变化,2019年甘肃商务发展应以稳发展为大方向,在此基础上精准调整确定商务发展新目标。

(一)国内贸易迎来发展新契机

中共中央、国务院于2018年9月出台《关于完善促进消费体制机制,进一步激发居民消费潜力的若干意见》,指出消费是中国经济稳定运行的"压舱石",也是推动经济增长的"主力军",社会各界普遍认为,这一文件和政策有利于激发消费潜力,为高质量发展注入强劲动力。

在承受巨大的对外贸易压力下,中国经济以及甘肃经济发展的视角将更多地转移到刺激内需、扩大国内市场消费层面上。伴随着各类消费政策刺激和消费环境的改善,整体消费将有所回升,2019年甘肃省社会消费品零售总额增长率有望突破10%。

(二)对外贸易出现转型新危机

依据目前对外贸易发展的国际国内环境走势判断,随着WTO贸易体制受到严重挑战,贸易保护主义在甘肃传统的出口市场,包括北美、东盟、东亚等地区和国家渐次兴风作浪,西亚、中亚市场也蕴藏着不小的市场风险,2019年甘肃外贸将面临巨大的转型危机,出口受阻,压力空前,进口有望保持强劲增长,出口难免有大的起伏,全年进出口总额增长估计会回落到6%以下,机电高新产品出口会快速回落。

(三)双向投资遇到提升新挑战

自经济新常态以来,在"一带一路"带动下,甘肃省对外投资迅速攀升,对内招商引资快速进入下行通道,预计2019年对外投资和对内招商引资增长的空间都已经十分有限,招商引资会继续以30%左右的幅度回落。

四 2019年甘肃商务发展对策建议

2019年,甘肃商务应围绕目标导向和问题导向,将重点放在对内促消费、对外促出口两个主要方面。

(一)对内练功,促消费,充分释放内需市场新活力

波士顿咨询公司(BCG)与阿里巴巴联合发布的《中国消费趋势报告:三大新兴力量引领消费新经济》提出,未来五年,中产及富裕阶层消费者、新时代消费者以及网络购物这三大新兴力量将深刻改变中国的消费市场。[①]甘肃商务系统应在落实党中央和国务院有关促进消费政策的前提下,把握消费新动态,围绕居民吃穿用住行和服务消费升级方向,适应居民分层次多样性消费需求,保证基本消费经济、实惠、安全,培育中高端消费市场,形成若干发展势头良好、带动力强的消费新增长点。

1. 精准把握消费领域的新变化,积极拓展消费新领域

一是精准把握三大新动力催生的五大新客群现象。在中产阶层及富裕人

---

① 《中国消费趋势报告:三大新兴力量引领消费新经济》,http://www.199it.com/archives/420464.html。

群、新时代年轻消费者以及线上线下融合消费这三大消费马车推动下,越来越多新的细分消费客群被催生出来。例如,全民消费时代的社会变迁催生出了"都市潮流男士"和"活跃的银发老年"等消费客群;单身潮流的兴起让"都市单身贵族"的新客群呈现与其他消费者截然不同的独特需求;对体验和感受的注重与紧跟潮流风尚造就了"体验至上主义"和"渴望成为大师者";高度联接和数字化的浪潮下,诞生了热衷"二次元"和"虚拟社交"客群等。每种客群都有其独特的差异化需求,希望获得定制化产品和服务。消费流通领域企业必须深入洞察每一细分客群,充分考虑它们的独特需求,才能准确定位产品和服务,根据多样化的价格、细分的场景和差异化的功能,判断其增长潜力,并制定适合自己的战略决策。

二是精准把握新的消费趋势。过去数年,中国消费热点主要聚焦在出行产品和住宅产品两大项。据专家分析,未来在这两大领域将会出现新的变化。出行领域表现为越来越多的人已经或计划购买电动汽车。全球性汽车产业咨询公司 LMC Automotive 预计,2018年全球纯电动汽车销量将从2017年的58万辆暴增70%,或达100万辆。住宅领域表现为长租公寓将成为市场新宠。2017年7月,国家九部门联合印发住房租赁新政,要求在人口净流入的大中城市加快发展住房租赁市场,并选取了12个城市开展住房租赁试点。2018年中央经济工作会议和中共中央、国务院出台的《关于完善促进消费体制机制,进一步激发居民消费潜力的若干意见》,都提出要发展住房租赁市场特别是长期租赁。

2. 围绕吃住行领域,促进实物消费不断提挡升级

一是大力发展有机食品产业,促进食物消费水平升级。随着消费者对农产品特别是蔬菜、水果等"菜篮子"产品消费观念的转变,有机农产品越来越成为消费者追逐的目标之一。2017年底,甘肃省公布首批省级有机产品认证示范区名单,武威市民勤县、张掖市甘州区、民乐县等3个县区成为甘肃省首批省级有机产品认证示范区。2018年9月1日,第五届丝绸之路国际生态产业博览会暨绿色有机产品交易会在全国五大"西菜东运"基地——张掖市举办,来自德国、英国、法国、新西兰、巴西、印度等17个

国家,以及台湾、香港等地区的400多家企业组团参展,世界各地有机农产品汇集张掖,共同聚焦"舌尖上的安全",蔬菜外运量约为150万吨,占总产量一半左右。从省内消费市场看,大众对有机蔬菜、果品的消费欲望极其强烈,但市场上真正的有机产品还存在供应量不足、供应渠道少、产品价格高、消费者识别难等问题,2019年在扩大有机产品认证示范区的基础上,在积极大力发展有机农业和农产品冷链物流产业的同时,在农产品流通领域,还要加强市场监管、市场监测和有机农产品标识管理,不断扩大有机农产品消费圈。

二是大力发展住房租赁市场,促进房地产市场转型升级。甘肃住房租赁市场尚处在起步和探索阶段,应以房价增长较快的兰州市和天水市为重点,总结推广住房租赁试点经验,加快培育和发展住房租赁市场。同时,甘肃还要放松限购、限贷政策,刺激改善型住宅成交量,使房地产市场稳定发展。客观地看,甘肃房价总体水平仍处在全国低位,还处于初级发展水平,一味与东部沿海经济发达地区比较,跟风出台严厉的调控措施,会延缓消费者住宅消费升级换代步伐。

三是调整和完善汽车消费政策。在落实国家有关汽车消费政策的基础上,首先,要重点解决"行车难"问题,大力发展畅通工程,特别是兰州市及其陇东南诸市,交通拥堵现象愈发严重,道路新、改、拓建还常被市民诟病,道路不畅是影响汽车消费的一大因素。其次,要优先解决"停车难""停车贵"的问题。兰州市主城区车位少的情况还没有得到明显改观,许多车主常常转好几圈,找不到一个停车位。同时,主城区一个停车位收费基本都在50元左右,如此高的收费,让大多数工薪阶层只好"望车兴叹",不敢购车。再次,规划部门应要求新建住宅车位配备率提高到100%,新建商业和办公楼车位配备率提高到300%以上。最后,要严格规范汽车修理、保养行业,制止乱收费、高收费等行业现象。

3. 围绕时尚和文化旅游,提高服务消费层次和水平

一是重视发展壮大时尚消费产业。时尚产业从过去的单一化转变为现在的多元跨界,人们从追求趋同消费转向追求个性消费,时尚消费已经演进为

一种消费新态势，要把握这种时尚化消费新态势，积极发展时尚消费产业，满足年轻消费者和女性消费者消费需求，不断释放和扩大消费品市场需求。

二是开展全域旅游示范区创建工作，推动主题公园和乡村旅游发展。甘肃省内主题公园极少，目前仅有嘉峪关水上乐园和兰州新区恐龙园有规模、有层次、运营良好，其他主题公园仅有广告"噱头"，无实质性内容。各个市州都应依据当地历史文化资源，积极发展城市主题公园，增加市民和旅游者观光、体验、消费景点。甘肃省应借鉴国内成熟的田园农业旅游、民俗风情旅游、农家乐旅游、古村镇宅院旅游、休闲度假旅游等多种模式，重点发展乡村旅游，拓展旅游领域，加快乡村旅游景区餐饮一体化建设，促进旅游、文化与餐饮住宿业的相互融合，提高旅游消费层级。

（二）对外蓄力，促出口，充分激发出口新动能

在国际贸易进入冲突加剧、国际贸易格局面临重大调整的重要时期，对于甘肃这样一个对外贸易依存度不高且长期依赖于工业原材料和初级农产品开展对外贸易的省份来说，机遇大于挑战，希望多于困难。2019年，应在加大力度落实国家、省市支持外贸稳增长的有关政策的基础上，将重点放在加快提升甘肃出口新动能上来，而出口新动能提升的关键在于重视战略布局、优化产业布局、优化国际市场布局、改善政策举措激活出口企业活力等方面。

1. 持续深化"向西开放"与"南向通道"建设，优先重视战略布局

一是推动"一带"与"一路"的有机衔接。通过深化"向西开放"与"南向通道"建设，促进中国西北与西南等地区的连通、中西亚与东南亚地区的连接，实现沿线国家与地区资源、产能、市场等要素共享，使甘肃成为优势叠加（"丝绸之路"黄金段和"南向通道"）的"贸易通道"。由此，形成国内北上南下、东进西出，国际直达中亚、南亚的货运网络布局，让甘肃的区位优势更加凸显：向西，在推进丝绸之路经济带建设中，形成面向中亚、南亚、西亚的战略通道、商贸物流枢纽和人文交流基地；向南，实现我国西南与西北、中亚与东南亚、"一路"与"一带"的三个联通，促使甘肃早日形成东进西出、南来北往的"大通道"格局。

2. 着力于资源和产品优势，优化核心产业和新兴产业布局

一是立足资源、能源和产业优势拉动出口。在丝绸之路经济带框架下，中国与中亚地区的经济互补性强，经济合作潜力巨大，经贸合作领域成果斐然。如开通与哈萨克斯坦、吉尔吉斯斯坦、塔吉克斯坦农产品口岸快速"绿色通道"，合作建设中哈霍尔果斯国际边境合作中心、中塔工业园、中乌鹏盛工业园等，陆续建成"安格连—帕普"隧道等交通项目，与哈萨克斯坦签订边境本币结算协议，成立中哈产能合作基金等，与中亚国家的经贸合作进入了前所未有的新时代。同时，国内的一些省市与中亚城市结成友好城市，积极推进城市外交，加强彼此的联系，为进一步合作共赢奠定了更加坚实的基础，如北京与哈萨克斯坦的阿斯塔纳市、上海与乌兹别克斯坦的塔什干市、陕西省与哈萨克斯坦的江布尔州等。应鼓励支持有能力、有条件的企业开展对外投资活动，有序推进冶金、石化、建材、电力、材料、新能源等行业的国际产能合作，融入全球产业链和价值链。

二是进一步培育农产品出口集聚新动能。甘肃优质特色农产品蔬菜、小杂粮、果品、药材、肉食品等出口有较大优势，如静宁的苹果、张掖的小米、瓜州的棉花、陇南的中药材、甘南的牛羊肉、临夏的清真食品等。应从出口市场、出口产品结构集聚新动能，努力形成差异化竞争优势，培育国际品牌，使其成为农产品出口行业转型升级的主要方向。同时，争取到2020年再建设10个中药材产地市场、40个蔬菜水果等农产品产地批发市场，形成农产品分拣、加工、包装、发运的集散地；建设100个农贸市场；新增各类冷链仓储静态库容500万吨，总量达到1000万吨，帮助解决农产品销售和存储问题。

三是积极开拓服务贸易出口新局面。服务贸易是下一步对外开放的重点，也是甘肃对外贸易发展的短板。商务部提出的《深化服务贸易创新发展试点总体方案》，重点在电信、旅游、工程咨询、金融等领域推出服务贸易开放举措，对服务出口实行免税，推动以"互联网+"为先导的新兴服务出口。目前，天津、上海等的服务贸易创新发展试点，在完善服务贸易管理体制、促进机制、政策体系、监管模式，培育贸易新业态、新模式等方面

形成了29条可复制可推广的经验,甘肃可以借鉴该模式和路径,积极向西开拓服务贸易的出口市场。网络信息技术进步催生了大量新服务、新业态,服务贸易的领域不断扩展,内容日益丰富。作为一个服务贸易后起的追赶型经济体,抓住新一轮技术革命和产业变革的战略机遇,完全可能在服务贸易特别是新兴服务贸易领域后来居上。

3. 进一步拓展国际市场,优化出口市场布局

一是积极开拓特色优势产品国际市场。产品出口上,在现有装备制造、农产品、矿产品、化工产品、塑料橡胶产品、纺织产品、动植物产品、食品等20大类200多个品种的基础上,不断扩大甘肃出口产品的种类,优化产品结构,提高优势特色产品国际竞争力;市场占有上,巩固日韩、欧美等传统市场,拓展中西亚、东南亚等"一带一路"新兴市场,巩固好现有的4100家具有外贸资质的企业和有经贸往来的180多个国家或地区的联系。

二是努力培育新技术、新产业、新业态"走出去"能力。充分发挥兰州丝路跨境电商产业园、兰州跨境电商公共服务平台、兰州海关地方数据分节点、兰州新区跨境电商监管场所的作用和功能,不断壮大市场主体,培育自主品牌,建设出口基地,参加国际重点展会,举办外贸促进活动,为甘肃外贸经济结构新业态蓬勃发展和外贸经济结构转型提供有效支撑。

三是加强国际投资合作。以对外投资、境外工程承包为抓手,支持金川、酒钢、白银等资源加工型骨干外贸企业,充分利用两个市场、两种资源,建立生产加工基地,开辟资源供给渠道;支持兰州海默、天水星火机床等民营企业"走出去",建立境外销售服务网络;对外工程承包以"非洲为主,发展亚洲,拓展欧美、大洋洲"多元化市场为布局,打造甘肃工程品质。

四是进一步畅通国际物流通道。将发展通道经济作为甘肃省开放型经济发展的新增长点,加强与周边省区的物流网络协作,建设面向中东欧、中西亚、南亚和东南亚,以及连接西北、西南地区的现代物流基地。运营好国际货运班列,建设中新南向通道,全力打造南下东进、北上西出的国际物流大通道。

4.精准帮扶支持出口企业，释放和扩大企业出口能力

一是积极落实已出台的促进外贸稳定和高质量发展的相关政策文件，大力推进跨境电商等外贸新业态，大力促进口岸通道开放升级，完善国际贸易"单一窗口"功能和外经贸运行监测系统，提升通关便利化水平，为外贸进出口稳定增长做好全方位的、扎实的基础工作。

二是扶持外贸新业态发展、培育外贸自主品牌、强化金融信贷扶持，实施以"一地一策、一厂一策、一品一策"为主要内容的精准帮扶行动。重点从企业快速备案、对标提升以及外贸出口转型等方面开展有针对性的帮扶，不断提升出口企业的质量管理水平，促进产品、产业转型升级，提高出口产品国际市场竞争力；继续稳定传统的优势出口产业，出台政策帮助中小企业积极开拓俄罗斯、中东、中南、南亚、非洲、南美等新兴市场以及中东欧等转型国家市场，提高国际市场的分散度和均匀度，避免市场过度集中带来风险；加大出口退税力度，重点扶持在中美贸易摩擦中受影响的出口企业，进行市场多元化布局，加大新产品研发、技术升级力度，提高产业附加值和国际竞争力。

三是继续在贸易转型升级、促进技术进步、增加出口附加值等方面下功夫。当前，实现外贸增长的核心在于加快、切实、有效降低进出口企业运营成本，包括制度成本、税费成本、物流成本等，提高国际市场竞争优势。发挥比较优势，促进甘肃省资源深加工产品、机电高新技术产品和特色农产品出口。支持企业建立境外资源生产加工基地带动机电设备出口。

四是有效激活民营经济在对外贸易中的作用。民营企业出口空间和潜力巨大，应该努力为其创造更为公平有利的市场环境，激发企业活力。尤其要有效激活"不懂不敢不会"做外贸的中小微企业，在拓展多元出口市场上下功夫，其中既包括继续深化与发达国家的贸易往来，也包括拓展与"一带一路"沿线国家的合作，培育更多的出口增长点。

B.2 甘肃商务"十三五"发展规划中期评估报告

刘伯霞*

摘　要： 2018年《甘肃省商务发展第十三个五年规划》实施进入中期阶段，我们依据两年多来甘肃商务的实际运行情况，采取目标导向与问题导向相结合、客观评价与理论分析相结合的评估方法，对甘肃省商务发展"十三五"规划实施两年多来各主要指标的完成情况和重点工作的进展情况进行了中期评估，分析了实际运行值与目标值的差距，以及规划实施中存在的问题，在对"十三五"后期甘肃商务形势分析与判断的基础上，提出了规划修订的建议方案，并针对规划实施中存在的问题，从国家和省级两个层面提出对策建议。

关键词： 甘肃省　商务　"十三五"规划　中期评估

2018年《甘肃省商务发展第十三个五年规划》的实施进入中期阶段，我们依据两年多来甘肃商务的实际运行情况，采取目标导向与问题导向相结合、客观评价与理论分析相结合的评估方法，对甘肃省商务发展"十三五"规划实施两年多来各主要指标的完成情况和重点工作的进展情况进行了中期评估，分析了规划实施中存在的困难和问题，对"十三五"后期的商务形势进行了分析与判断，并提出对策建议。

---

* 刘伯霞，甘肃省社会科学院农村发展研究所研究员，研究方向为区域经济、城市经济、农村经济。

一 主要指标完成进度分析与评价

"十三五"规划实施两年多来,全省商务系统围绕提升商务工作对全省经济社会发展贡献度这一目标,对照全省"十三五"规划纲要确立的总体思路与发展目标,以及规划部署的重点工作任务,以五大发展理念为指导,着力推进内贸流通现代化、促进消费提质升级、加快培育外贸竞争新优势、加快"引进来""走出去"布局和深入实施"一带一路"倡议,商务发展稳中向好,各项工作稳步推进,为规划的全面完成奠定了坚实的基础。

(一)社会消费品零售总额

"十三五"规划目标是2020年社会消费品零售总额达到4680亿元,年均增长10%左右。2016年、2017年及2018年上半年分别实现社会消费品零售总额3184.4亿元、3426.6亿元和1655.8亿元,同比增长9.5%、7.6%和7.9%;分别低于预期值77.2亿元、189.6亿元和329.6亿元,均未完成目标任务(见表1)。总体看,社会消费品零售总额指标距"十三五"规划目标还有一定的差距,但在全省经济面临多年少有的严峻形势,GDP、工业、投资等宏观经济指标大幅回落的情况下,甘肃省社会消费品零售总额能始终保持西北五省第二名(仅次于陕西省)的位次亦属不易。

表1 甘肃省"十三五"中期商务发展目标的实现情况

指标名称	2015年基期值	2020年预期值	2016年预期值	2016年实际值	2017年预期值	2017年实际值	2018年6月预期值	2018年6月实际值	中期完成情况
社会消费品零售总额(亿元)	2907	4680	3261.6	3184.4	3616.2	3426.6	1985.4	1655.8	未完成
货物贸易进出口额(亿美元)	80	120	88	65.26	96	52.52	57	30.22	未完成
"一带一路"沿线国家进出口占比(%)	18.5	30	20.8	23	23.1	42.3	25.4	44.62	完成

续表

指标名称	2015年基期值	2020年预期值	2016年预期值	2016年实际值	2017年预期值	2017年实际值	2018年6月预期值	2018年6月实际值	中期完成情况
服务贸易进出口额（亿美元）	12.4	20	12.9	12.5	13.4	14.3	7.45	7.6	完成
招商引资实际到位资金（亿元）	7093	11100	7874	7939.79	8656	5500	4718.6	1659.2	未完成

资料来源：根据《甘肃省商务发展第十三个五年规划》目标值和当前商务运行数据计算而来。

（二）货物贸易进出口额

"十三五"规划目标是2020年货物贸易进出口额达到120亿美元，年均增长8%左右。2016年、2017年和2018年上半年货物贸易进出口实现总额65.26亿美元、52.52亿美元和30.22亿美元，分别低于目标值22.74亿美元、43.48亿美元、26.78亿美元；2016年、2017年同比下降18.4%和19.5%，2018年上半年同比增长40.2%，高于全国平均水平32个百分点，货物贸易进出口总额居全国第28位，增速居第3位。尽管2018年外贸下滑的局面已经扭转，但是仍然比目标值低26.78亿美元，并且由于前两年的负增长，外贸进出口实际完成值与"十三五"规划目标值差距较大，要完成规划目标，任务还十分艰巨。

（三）"一带一路"沿线国家进出口占比

"十三五"规划目标是2020年"一带一路"沿线国家进出口占比达到30%。2016年、2017年和2018年上半年"一带一路"沿线国家进出口占比分别达到23%、42.3%和44.62%，分别超过目标值2.2个、19.2个、19.22个百分点，超额完成了"十三五"的规划目标。

（四）服务贸易进出口额

"十三五"规划目标是2020年服务贸易进出口规模达到20亿美元，年均增长10%左右。2016年、2017年和2018年上半年，甘肃省服务贸易进出口总额分别实现12.5亿美元、14.3亿美元和7.6亿美元，2016年和2017年同比增长0.8%和14.4%，除2016年低于目标值0.4亿美元外，2017年和2018年上半年分别超出目标值0.9亿美元和0.15亿美元，达到了中期进度，能完成"十三五"规划确定的目标。

（五）招商引资实际到位资金

"十三五"规划目标是2020年招商引资实际到位资金达到11000亿元，年均增长10%左右。2016年，共执行招商引资新建、续建项目6629个，累计到位资金7939.79亿元，同比增长11.93%，基本完成了当年的预期目标，但2017年，实现招商引资实际到位资金5500亿元，同比下降30%左右；2018年上半年，全省共实施招商引资项目2521个，到位资金1659.2亿元，同比下降29.4%；2017年和2018年上半年招商引资实际到位资金分别与目标值相差3156亿元和3059.4亿元，未完成"十三五"的中期目标。

（六）实际利用外商直接投资额

"十三五"规划目标是2020年实际利用外商直接投资额达到6亿美元，年均增长5%左右。2017年，甘肃省实际利用外资4356万美元，同比下降62.4%。到"十三五"中期，甘肃省累计实际利用外资预计达到1.85亿美元，距"十三五"规划确定的目标值差距较大，按时完成目标任务有一定困难。

（七）对外承包工程完成营业额

"十三五"规划目标是2020年对外承包工程完成营业额达到22.6亿美元，年均增长15%左右。到"十三五"中期，甘肃省累计对外承包工程完成营业额达到5.8亿美元，与"十三五"规划确定的目标任务差距较大，完成目标任务压力较大。

（八）对外直接投资额

"十三五"规划目标是2020年对外直接投资额达到8.6亿美元，年均增长10%左右。到"十三五"中期，甘肃省累计实现对外直接投资额预计达到11.84亿美元，已提前完成"十三五"规划确定的目标任务。

二 "十三五"中期存在的主要问题

（一）主要指标完成状况差距较大

从指标完成情况看，八项主要指标，五项未完成。

1. 社会消费品零售总额预期指标未完成

2016年、2017年及2018年上半年分别完成了预期目标的97.6%、94.8%、83.4%（见表2），且实际值与预期值的差距有拉大趋势。预计到2020年，全省社会消费品零售总额只能达到4300亿元左右，年均增长8.5%左右，低于规划目标1.5个百分点。

表2 五项未完成指标的实现程度

单位：%

指标名称	2016年	2017年	2018年6月
社会消费品零售总额	97.6	94.8	83.4
货物贸易进出口额	74.2	54.7	53.0
招商引资实际到位资金	100.8	63.54	35.2

资料来源：根据《甘肃省商务发展第十三个五年规划》目标值和当前商务运行数据计算而来。

2. 货物贸易进出口额预期指标未完成

2016年、2017年及2018年上半年分别完成了预期目标的74.2%、54.7%、53.0%，且实际值与预期值的差距逐年拉大。2016年、2017年均为负增长。

3. 招商引资实际到位资金预期指标未完成

虽然 2016 年，100% 完成了预期目标，但 2017 年和 2018 年上半年分别只完成了当年预期目标的 63.54% 和 35.2%，与预期目标值相差甚远。

4. 实际利用外商直接投资额预期指标未完成

2017 年实际利用外商直接投资额只完成了当年预期目标的 3.61%；截至 2018 年 6 月，甘肃实际利用外商直接投资额累计完成中期目标的 62%，完成总目标的 30.8%。预计到 2020 年，累计实际利用外商直接投资额只能达到 3 亿美元左右。

5. 对外承包工程完成营业额预期指标未完成

截至 2018 年 6 月，甘肃对外承包工程完成营业额累计完成中期目标的 51.3%，完成总目标的 25.4%，仅完成了"十三五"规划确定目标的 1/4。预计到 2020 年，累计完成对外承包工程营业额只能达到 12 亿美元左右。

（二）"十三五"规划实施中存在的问题

1. 内贸流通方面

（1）市场体系建设还需进一步完善。在市场规划滞后、布局不合理、市场基础薄弱、整体功能发挥不足等问题存在的同时，还存在以下三个问题。一是市场交易规模小，交易模式单一落后，发展水平参差不齐。甘肃成交额在亿元以上的交易市场占比较小，大型龙头企业缺乏，产品成交量小，个别市场经营条件简陋，交易手段单一落后，主要采取现货交易方式，拍卖、网络交易等现代化交易方式较少，连锁经营、配送服务等比例也比较低，农村商品流通信息化建设尚处于起步阶段，市场功能亟须进一步完善提高。二是现有市场服务功能单一。目前，甘肃大多农产品市场只是简单提供交易场所，市场在公益性方面的实现形式不到位，特别是在缓解"卖难"、"买贵"、有效应对市场供应和价格波动等方面的作用发挥不够。三是市场管理手段落后，管理人才缺乏。甘肃大多数市场管理手段单一，还仅限于提供交易场所，收取管理费用，不重视市场的管理和服务。市场化运作的机制、管理模式、人才、标准都较为缺乏。

（2）商贸物流需进一步提升。一是商贸物流的理念需要进一步提升。商贸流通对国民经济的基础性支撑作用和先导性引领作用日益增强。但受经营观念、体制机制及经济发展水平的影响，传统运输业以仓储业务为主，物流业以自营物流和供货商物流为主，既不利于提高商贸企业整体运作效率，又不利于发挥商贸企业核心业务优势。二是物流基础设施不足，技术装备水平低，交通基础设施总量不足。与周边省份相比，甘肃省公路、高速公路、铁路密度及基础明显不足，严重阻碍物流业发展。物流需求区域分布不均衡，仓储设施设备陈旧，资源分散，规模小，现代化程度低，网络化水平低。三是商贸物流业组织化程度低，信息化、专业化水平低。目前全省拥有各类专门从事物流服务的企业3000多家，户均额约200万元，其中达到国家2A级以上标准的物流企业仅20家，占企业总数的比例仅为0.6%。货运业主户均拥有货车3.26辆，拥有10辆车以上的业主户仅占1.5%，货运物流企业竞争激烈，"小、散、弱、乱"现象严重，资源分散，缺少能够统领行业发展的龙头企业。四是城市共同配送体系不健全，"最后一公里"难题待解。由于社会共用型配送节点少、配送组织效率低下、仓储利用效率不高、设备闲置严重和城市配送通道限制等问题，大型的商业聚集区和重要物流节点的配送拥堵现象严重。当前城市共同配送物流管理体系不健全，管理机制落后，管理制度不完善，配套政策不到位，极大影响了城市共同配送物流的发展。五是法律制度体系不健全，多头管理，很难有效监督。物流市场管理的法律、法规体系不健全，对社会性的物流服务缺乏有效的外部约束；部门化管理的体制性障碍尚未打破；市场管理政出多门，物流运作效率降低；企业参差不齐、车辆运营状况差、服务质量低。

（3）电子商务扶贫存在一些短板。一是部分地区特别是临夏州、甘南州等一些贫困乡村农村物流"最后一公里"还存在配送难、配送贵的问题。二是贫困地区特色农产品取得"绿色"、"有机"、"无公害"、"地理标志保护"和"甘肃名牌产品"等认证较少，标准化程度低，农产品网货知名品牌较少。三是全省特别是深度贫困地区缺乏电商龙头企业和电商人才。

2. 消费方面

流通效率低、成本高等问题很突出，消费环境亟待改善。以当前为例，尽管消费品市场基本面平稳，但影响消费增长的制约因素仍然较多。一是CPI上行对消费产生一定的负面影响。2018年以来，全省居民消费价格指数同比上涨较快，3月和4月分别上涨2.3%和2.1%，在全国31个省份中涨幅排第12位。1~4月，甘肃消费者信心指数为91.2，环比下降4.6%。高物价与低收入将持续影响居民消费预期和消费信心。二是新的消费增长点还未形成。占比较大的成品油和汽车销售逐渐趋于平缓，旅游业等新的消费增长点对消费的带动作用尚不显著。三是传统实体行业向技术驱动零售变革转型的前瞻性和能力依然欠缺，在同质化竞争和网购分流的压力下，经营难度日益加大。

3. 对外贸易方面

（1）开放型经济发展基础较弱。外贸总量少，企业规模小，出口产业产品结构单一，各类园区外向型经济水平低，口岸开放起步晚、数量少，跨境电商、外贸综合服务企业、加工贸易等新增长点正在培育，对全省外贸发展的引领示范作用不强，到目前为止还没有跨境电商试点城市。

（2）外贸转型升级难度加大，新的竞争优势尚未形成，服务贸易与货物贸易、对外投资互动性不强。外贸发展面临诸多不确定因素。一是外贸商品结构仍然以资源性产品为主。以2018年上半年为例，资源性产品、机电高新产品和农产品进出口额占全省进出口总额的比重分别为63.8%、27.4%和5.2%，仍然以资源性产品为主。二是加工贸易进出口处于下降通道。2018年上半年，一般贸易进出口150.77亿元，增长124.3%，占进出口总值的75.4%。加工贸易进出口45.81亿元，下降37.9%，占进出口总值的22.9%。三是服务贸易规模小层次低。规划实施两年多来，尽管积极招引服务外包企业，大力培育服务外贸主体，推动兰州建成国家级服务外包示范城市，但成效不明显，服务贸易、服务外包领域的企业数量少、规模小、层次低、人才聚集度低、布局分散，企业普遍缺乏开拓国际市场的渠道和经验，"走出去"和承接国际离岸业务的能力较弱。四是大企业持续拉动作用不确定。三家大企业中的酒钢集团完成进出口7.2亿元，下降10.6%；白银公司完成进出口22.5亿元，下降23%。五是中美贸易形势不确定。虽然中美贸易争端起伏不平，但2018年前五个月甘肃省对美出口分别增长23%、44%、36%、20%和24%，整体情况尚好。而且从对照清单情况来看，中美贸易摩擦对甘肃进出口影响有限，但未来走向尚不明确。

4. 招商引资方面

招商引资工作难度较大。一是由于甘肃省营商环境、引资政策方面与周边省份相比缺乏比较优势，招商引资的难度日益加大。二是基础设施配套不足，土地、环保、信息、商务、物流等公共服务配套水平仍然较低，导致项目前期投资增加、建设周期加长、经营发展受限。三是引资方式单一，利用外资渠道较窄。近年来，甘肃的外资企业主要针对资源利用行业和商贸服务行业，直接利用外资仍主要集中在传统的三资企业上，创投企业、股份公司、资产重组、证券融资、BOT、项目融资等基本没有。四是与省直相关部门、各市州政府配合还不够密切，一定程度上影响了工作成效，工作机制尚需进一步理顺。五是美欧等发达国家实施"再工业化"，越南、印度等发展中国家以低成本优势吸引外资，我国东中部省份也在加大对外资企业的争夺，甘肃省面临十分激烈的竞争。

5. 对外投资方面

（1）对外投资合作的全球布局还不尽合理，企业国家化经营能力不强。当前，世界经济复苏缓慢，西方发达国家经济民粹主义、贸易保护主义和反全球化抬头导致甘肃省企业投资受限。同时，国家出台相关管理细则，加强对境外投资真实性合规性的审核，也有效抑制了对外投资的非理性增长。

（2）"走出去"主体亟待进一步培育壮大。当前，甘肃省"走出去"企业，特别是中小企业总量小、核心竞争力不强、对外投资结构单一、总体实力较弱。大部分企业对投资目标国的市场状况、投资环境、风土习俗、合作伙伴缺乏了解，不熟悉境外投资的运行规则、法律制度，限制了甘肃省企业"走出去"的规模和速度，制约了甘肃省对外投资业务的发展。

（3）中小企业融资难是制约企业"走出去"的重要因素。受国内融资成本、信贷政策、企业资产负债率过高等因素影响，甘肃省企业融资渠道不畅，普遍存在融资困难，在国外由于缺乏资信记录，也几乎无法融资。因此，企业很难通过资本市场融资贷款解决资金不足的问题。

（4）"走出去"企业普遍缺乏复合型经营人才，尤其缺乏既具备国际化经营管理能力、语言交流能力，又熟悉项目所在国法律、民俗的跨国经营管理人才。主要表现为在国际化经营管理经验、投资环境变化适应能力以及与投资目标国文化融合等许多方面存在很大差距。

（5）"走出去"企业进入投资目标国困难较多。甘肃省部分民营企业进入印度、哈萨克斯坦以及南美等国家存在办理工作签证难、办证时间长等问题，有的企业在办理工作签证时经常遇到投资目标国驻华使馆无理由拒签等情形，这些问题影响了企业境外业务的正常开展。

6. "一带一路"建设方面

（1）甘肃与"一带一路"沿线国家贸易额占全省进出口总额的比重增加缓慢。2017年1~12月，甘肃省与"一带一路"沿线国家实现贸易额145.18亿元人民币，同比下降20.1%，占全省进出口总额的42.48%。其中，出口40.6亿元人民币，同比下降61.7%。2018年上半年，甘肃省与"一带一路"沿线国家实现贸易额89.26亿元，增长46.6%，占全省进出口总额的44.62%。与"一带一路"沿线国家实现贸易额占全省进出口总额的比重仅比2017年增加2.14个百分点。

（2）甘肃与中南半岛、相关东盟国家在贸易方面发生了新变化。2018年上半年，甘肃与东南亚国家进出口13.1亿元，增长18.9%。其中，进口2.6亿元，同比下降64.1%；出口10.5亿元，同比增长184%。

三 甘肃商务发展形势判断及规划调整修订建议

当前，甘肃商务发展面临的国内外发展环境依然错综复杂。从国际看，

2017~2018年，世界经济呈现金融危机以来增长最快、范围最广的复苏态势。但同时也要看到，世界经济在深度调整中曲折复苏，增长的基础还相当脆弱，随着美国特朗普政府"美国优先"、"逆全球化"、贸易保护主义思潮愈演愈烈，中美贸易摩擦不断升级，国际市场不稳定因素增多。从国内看，我国经济发展进入新常态，综合国力持续增强，国内消费市场需求潜力巨大，延续稳中有进、稳中向好的发展态势，供给侧结构性改革深入推进，大众创业、万众创新蓬勃发展，市场主体信心和活力不断增长，发展的稳定性、协调性和可持续性增强。但也要看到，当前经济向好有周期性等因素，经济结构调整任重而道远，面临不少挑战。外部需求回升的基础并不稳固，国内要素成本持续攀升，资源环境约束趋紧，传统比较优势弱化，国际市场竞争力减弱。外贸出口环境趋紧，中美贸易摩擦的影响更加凸显。从甘肃的情况来看，随着国家"一带一路"倡议深入推进，甘肃省发展外向型经济的优势更加明显。2018年上半年外贸快速发展，1~6月当月同比分别增长11.2%、30.9%、47.4%、31.2%、32.9%和65%。但是我们也应该看到，甘肃省外贸体量小，进口高于出口，发展以重工业为主的产业结构、外向型人才的匮乏以及融资方面的瓶颈，都将制约甘肃外贸进一步发展，以资源性产品和农产品等初级产品为主的进出口商品结构短期难以改变。此外，2018年下半年国际大宗商品价格上涨势头可能放缓，全年外贸进出口的不确定性进一步加大。全省消费增长放缓，外贸进出口规模收缩，招商引资政策环境缺乏竞争优势，引进外资数量有限、质量不高。对外投资和引进外资倒挂，累计对外投资是引进外资的2倍以上。总体来说，"十三五"规划前半期，甘肃商务面临的发展形势是十分严峻的，能取得现有的成绩来之不易。但是，"十三五"后两年，"一带一路"建设、西部大开发、东部产业向中西部地区转移等政策、市场和开放机遇多重叠加、经济社会发展转型升级产生巨大需求等为甘肃商务发展提供了更广阔的空间和更强大的动力。因此，"十三五"后半程，甘肃商务仍将面临机遇与挑战并存的局面。建议对规划的调整也有两套方案。

方案一：前松后紧式的追赶型发展模式。即"十三五"规划的原目标不变,采取超常规的发展思路与措施,加快"十三五"后半程(2018年7月至2020年)的发展速度,每年应达到表3所示的当年总额目标,才能按期完成"十三五"规划所确定的目标。

表3 甘肃省商务发展"十三五"后期发展目标

指标名称	2018年7~12月	2019年	2020年
社会消费品零售总额(亿元)	2260.64	3470.32	4680
货物贸易进出口额(亿美元)	48.176	84.088	120
招商引资实际到位资金(亿元)	3547.36	7323.68	11100
实际利用外商直接投资额(亿美元)	2.68	4.34	6
对外承包工程完成营业额(亿美元)	9.2	16	22.8

资料来源:根据当前商务运行数据和《甘肃省商务发展第十三个五年规划》目标值计算而来。

方案二:按部就班型的均速发展模式。即按照"十三五"前半期的发展速度与态势,调整"十三五"后半期的规划目标。建议调整后只确定总额目标,不再设年均增速目标。

将社会消费品零售总额目标调整为"到'十三五'末,社会消费品零售总额达到4371亿元,年均增长8.5%左右"。

将外贸进出口总额目标调整为"到'十三五'末,外贸进出口总额达到500亿元,外贸发展质量效益不断提升"。

将实际利用外商直接投资额调整为达到3亿美元。

将对外承包工程营业额调整为达到12亿美元。

四 进一步推动"十三五"规划实施的相关意见和建议

(一)国家层面

虽然甘肃省与东部差距较大,但是投资环境远远优于中西亚和南亚。无论是考虑促进国内区域平衡发展还是考虑资金的投资安全和效益,都应制定具有吸引力的区域投资政策,吸引社会资本,引进优势产业和先进技术,促进甘肃发展，彻底扭转差距不断拉大的趋势。为此做如下建议。

建议给予兰州新区特殊政策支持。给予在兰州新区和甘肃省国家级经济技术开发区设立的企业5年免征、5年减半征收企业所得税的政策。降低基准地价，在加强环保前提下，发挥甘肃土地资源优势。

建议在嘉峪关市或敦煌市设立国家级旅游开发试验区。借鉴海南经验，引进国际文化艺术展演团队，办好国际音乐节、滑翔节、短片电影节，设立保税物流中心，引进国际拍卖行开展国际文化艺术品拍卖，带动旅游业和文化创意产业加快发展。

建议国家将南向通道纳入西部大开发新的指导意见支持范围。将相关重大基础设施列入"一带一路"重大项目库；设立南向通道建设专项资金；将兰州市确定为国际货运班列集装箱编组站和集装箱枢纽中心；建议中铁总公司对南向通道运行径路及运价给予支持，进一步提升南向通道市场竞争力。

建议将甘肃列为全国冷链物流发展试点省份。甘肃农产品资源丰富，物流发展条件得天独厚。目前拥有冷藏库近2000座，冷库总容量约450万吨，万吨以上冷链物流企业23家，具备试点基础及条件。建议国家将甘肃省列为全国冷链物流发展试点省份，同时将甘肃重点项目列入全国农产品流通骨干网络。

建议国家支持甘肃对外开放平台建设。西部地区口岸相对较少，需要增加口岸或海关特殊监管区数量，完善服务功能。结合精准扶贫和产业发展，增加种苗、水产品、药品等指定口岸，以及种牛、种羊等活畜指定隔离场。加大政府间磋商力度，力争马鬃山口岸尽早复通。建议商务部将兰州市列入进一步扩大中西部城市对外开放工作重点支持范围，在建设开放大平台、构建大通道、形成大枢纽、发展大产业中，给予更多的政策和资金支持。建议国家发改委、商务部支持甘肃在兰州铁路口岸设立整车进口口岸、粮食进境指定口岸和肉类进口指定口岸，进一步拓展和完善兰州铁路口岸功能，培育新的贸易增长点，促进开放型经济发展。

(二)省级层面

"十三五"规划实施后期,要继续深入实施"一带一路"倡议,搞活内贸流通,扩大招商引资,促进外贸回稳向好,加快构建开放型经济新体制,破解商务发展不平衡不充分的矛盾和问题,不断提高开放型经济对甘肃经济社会发展的贡献。力争缩小与"十三五"规划目标任务的差距,推动甘肃商务为全省经济发展做出更大贡献。

大力深化商务领域改革。落实完善"准入前国民待遇+负面清单"管理模式,对不涉及特别管理措施的外商投资企业的设立及变更,实行备案管理。进一步复制推广自贸试验区改革试点经验。拓展国际贸易"单一窗口"地方特色功能,提高贸易便利化水平。从口岸通关领域向国际贸易管理全链条延伸"单一窗口"建设,开展与银行、保险、邮政、民航、铁路等相关行业的对接,继续为压缩通关时间、降低通关成本做贡献,营造一个更加高效、便捷、公开、透明的口岸营商环境,为企业提供更优质的服务。进一步落实"放管服"改革,做好行政审批事项的取消、下放和衔接工作。进一步探索建立流通基础设施建设模式,形成"政府入股、企业运营、稳价保供"的公益性农产品批发市场建设运营机制,在符合条件的地区继续建设农产品产地批发市场。规划建设省级商贸物流(商务)大数据中心,打造功能齐全、智慧互联的公共信息服务网络。进一步探索建立线上综合服务平台、线下产业园区平台相结合的跨境电商综合试验区成熟经验,积极申报兰州跨境电商综合试验区。

创新发展内贸流通。进一步完善市场体系,加快大型商品交易市场建设进度,协调开展招商营销活动。调整便民市场项目,在深度贫困县区和重点乡镇开展农贸市场建设和改造提升。大力发展冷链物流,积极争取国家冷链物流试点项目。继续实施国家电子商务进农村综合示范项目,培育电子商务龙头企业,促进甘肃特色产品线上销售。推进电子商务进农村工作进一步向深度贫困地区倾斜,进一步增强政策针对性,把市场扶贫和信息扶贫结合起来,突出精准,不只片面追求帮扶数量。完善三级电商公共体系建设,确保到2020年实现全覆盖。扩大特色产品网销规模，大力培育贫困地区农产品网货品牌和本土电子商务平台，进一步提升农产品网货品牌知名度，提高特色产品市场占有率。持续强化贫困地区电商人才培训，重点组织实施"电商扶贫培训全覆盖"工程。总结推广电商扶贫经验，重点宣传推广"陇南经验""环县模式"。加大商务扶贫力度，继续在市场建设、特色产品出口、家政扶贫、对外劳务合作、国际援助项目、商务能力建设等方面，积极争取国家项目资金，重点支持"两州一县"和18个深度贫困县脱贫攻坚。努力扩大城乡消费，切实增强市场调控供给能力。组织开展打击侵权假冒和伪劣商品活动，维护良好的市场秩序。加强区域横向协作，在与广东省商务厅签订合作协议的基础上，深化与广西、重庆、贵州商务厅的合作，加强同陕西、宁夏、青海、新疆的商贸物流合作。

积极扩大消费。全面落实消费升级行动计划，从供给侧着力，通过五方面举措加快实施消费升级行动计划，努力增加消费的有效供给，构建激发消费潜力的长效机制。一是增加服务消费的供给，在居家养老、家政服务等方面，努力提高优质、规范服务的供给能力。二是提升商品的供给，推动国内企业升级产品、促进中华老字号的创新发展，积极扩大高品质产品的进口。三是改善消费载体的供给，建设城乡便民的消费服务中心，打造一批高品位的步行街和商贸小镇，培育建设国家级、省市级消费中心城市。四是促进消费成本的降低，加快流通创新，促进线上线下的融合发展，建设高效的物流配送体系。五是优化消费环境，推进诚信兴商，构建溯源安心体系。通过这些举措，进一步释放消费的潜力，带动消费增长，不断满足广大消费者高品位、多层次的消费需求。同时，还要助推服务型消费快速增长。为消除服务型消费"有需求、缺供给"的矛盾，要加快开放服务业领域市场，打破服务型消费供给短缺的状况，为释放服务型消费奠定坚实的制度基础和体制保障。

全方位扩大对外经贸合作。要突出重点国别、重点地区、重点市场、重点商品，扩大进出口规模，加强国际产能合作。一是积极抓好政策落实。认真落实国家和省上关于促进进出口稳定增长的政策措施。在稳定出口的同时进一步扩大进口，促进对外贸易平衡发展。加快酒泉、庆阳、武威、白银、定西、张掖和甘南的外贸发展，促进对外贸易的地区平衡。二是组织企业参加国内外展会，强化国际市场开拓能力，建立国际营销网络。三是支持企业发展跨境电子商务，在境外建立甘肃商品展销中心、海外仓、分拨中心和冷链仓储物流设施，指导企业办好境外分支机构和代表处，鼓励企业在国外通过并购等方式拓展营销渠道，并通过减单证、优流程、提时效、降成本，优化口岸营商环境，促进跨境贸易便利化。四是大力培育外向型产业。调整支持方向，重点支持资源深加工产品、机电高新技术产品和特色农产品出口。深耕重点国别市场，支持资源加工型企业建立境外资源生产加工基地。支持省内有实力的企业申报国家文化出口重点企业。五是全力做好服务保障。发挥驻境外商务代表处的作用，有针对性地组织企业参加重点国际展会，为企业提供国别信息，帮助企业规避风险。继续清理规范进出口环节经营性服务和收费，建立收费项目"正面清单"制度。积极稳妥应对中美贸易摩擦，完善对外贸易预警体系建设。适时召开外贸联席会议，协调解决进出口相关问题。加强对重点行业、重点企业和重点产品的外贸运行监测分析。

强化招商引资。一是通过多种方式大力宣传甘肃在项目审批、项目用地、税费优惠、金融支持、激励机制等方面的招商引资政策，提升招商引资和利用外资的水平。继续提升兰洽会、药博会等展会国际化水平，每年力促一批重点项目签约。强化兰州新区和国家级开发区招商引资的载体功能。二是下大力气改善营商环境，完善项目审批中的协作配合机制，促进项目落地，加快项目建设进度。三是改进招商引资方式，紧盯国内外前沿技术、领头企业、领军人物，实施精准招商，在珠三角、长三角、环渤海等发达地区及境外开展招商引资专项活动，争取新引进一批世界、全国及民企500强企业。

积极利用外资。充分发挥国家级经开区承接产业转移和招商引资重要载体作用，加强与"一带一路"沿线国家交流，着力吸引中西亚投资。一是把兰州、金昌、天水、酒泉、张掖等国家级经开区建设成为全省扩大向西开放的重要战略平台，建设石油化工、有色金属、精品钢材、特色农产品、生物医药等生产加工基地，形成优势互补、配套联动的紧密型产业链条，加快承接劳动力和土地密集、产品运输便利等类型的产业转移，有针对性地引进一批"两头在外"的出口加工型企业，提升甘肃省产业外向度和国际竞争力。二是支持有条件的国家级经开区申报设立面向中西亚及中东欧国家的出口加工区、保税仓库、保税物流中心等海关特殊监管区，鼓励加工贸易企业向特殊监管区域集中，促进区域内外生产加工、物流和服务业的深度融合，扩大出口规模。三是着力吸引中西亚投资。充分发挥丝绸之路经济带黄金段的区位优势，积极适应外商投资体制改革的新形势，落实好国家出台的涉及外商投资市场准入方面的政策措施，营造良好的投资环境，提升服务质量和水平。吸引"一带一路"沿线国家来甘肃投资，着力引进餐饮、商贸、文化、旅游、物流等领域的投资，促进甘肃与中西亚、中东欧国家间的双向投资快速发展。

参考文献

冯其予：《商务部介绍近期商务领域重点工作——五大举措加快推进消费升级》，《经济日报》2018年9月28日。

海关总署：《围绕"减、优、提、降"促进跨境贸易便利化》，《经济日报》2018年9月28日。

匡贤明：《服务型消费升级蕴藏巨大潜力》，《经济日报》2018年9月28日。

《甘肃省国民经济和社会发展第十三个五年规划纲要》，2016。

国内贸易篇

Domestic Trade Reports

B.3
甘肃消费品市场运行分析报告

尹小娟*

摘　要： 2018年1~8月，甘肃消费品市场规模稳步扩大，结构持续优化；但社零增速持续低于全国平均水平，增长动力不足。居民收入与物价水平、人口总数与结构、科技创新、政策机遇等均对消费品市场需求、运行以及转型升级产生重大影响。2018年后期及2019年社零总额将继续保持平稳增长，预计可以完成8%的年度目标。

关键词： 甘肃　消费品市场　消费结构

---

* 尹小娟，甘肃省社会科学院公共政策研究所副研究员，研究方向为生态经济学、消费经济学。

目前，中国经济发展模式正处于从投资驱动型转变为消费和服务驱动型。近年来，在国家和省上扩内需、促消费政策的推动下，甘肃省消费品市场基本保持平稳增长的态势。与此同时，消费的结构和观念已经发生了明显的变化，消费市场中网络消费、文化类消费等快速发展。与发达地区相比，甘肃省经济相对落后、农业人口众多、人民收入水平较低，消费品市场运行过程中存在不少问题。

一 甘肃消费品市场整体运行情况分析

（一）消费总量持续增加

2017年，全省社会消费品零售总额实现3427亿元，同比增长7.6%。与地区生产总值增长3.7%、固定资产投资下降40%、工业生产增速为零相比，消费成为拉动经济增长的主动力。2018年1~8月，全省实现社会消费品零售总额2223.3亿元，同比增长8.0%，增速比1~7月提高0.1个百分点，低于全国平均水平1.3个百分点，低于全年目标0.5个百分点，与全国差距逐步缩小（见图1）。分行业看，全省限额以上批发业实现销售额2791.7亿元，同比增长22.5%，比1~7月提高了3.2个百分点；限额以上零售业实现销售额552.6亿元，同比增长3.4%，比1~7月提高了0.1个百分点；限额以上住宿业实现营业额24.0亿元，同比增长7.9%，比1~7月回落0.3个百分点；限额以上餐饮业实现营业额23.6亿元，同比下降3.9%，比1~7月提高0.2个百分点。[1] 与2017年同期相比，全省社会消费品零售总额增速回落了0.5个百分点，限额以上批发业销售额上升了11.3个百分点，限额以上零售业销售额下降了2.5个百分点，限额以上住宿业营业额上升了2.2个百分点，限额以上餐饮业营业额下降了12.6个百分点（见图2、表1）。[2]

---

[1] 《2018年1~8月份甘肃省消费品市场运行情况分析》，《新浪财经商务预报》2018年9月28日。

[2] 甘肃省商务厅：《2018年1~7月甘肃消费品市场运行分析》，2018。

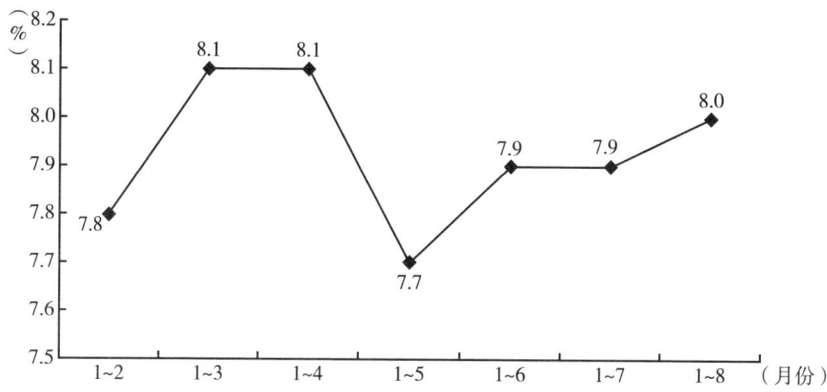

图 1　2018 年 1~8 月甘肃省社会消费品零售总额累计同比增幅

资料来源：《2018 年 1~8 月甘肃省消费品市场运行分析》，甘肃省商务厅。

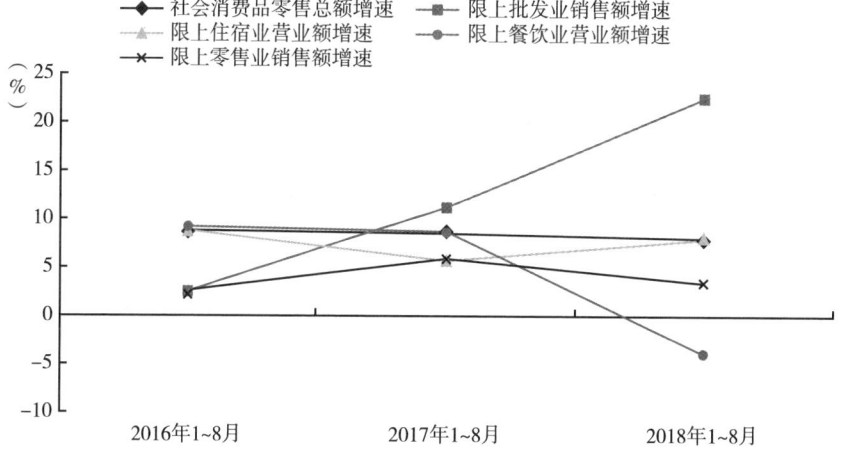

图 2　甘肃社会消费品零售总额及行业销售额累计增速

资料来源：2016 年 8 月甘肃统计月报，2017 年 8 月甘肃统计月报，甘肃省统计局网站；《2018 年 1~8 月甘肃省消费品市场运行分析》，甘肃省商务厅。

表 1　甘肃社会消费品零售总额、行业销售额及其累计增速

单位：亿元，%

指标名称	2016 年 1~8 月	2017 年 1~8 月	2018 年 1~8 月
社会消费品零售总额	2020.46	2193.1	2223.3
同比增长	8.8	8.5	8
限上批发业实现销售额	2172.26	2404.7	2791.7

续表

指标名称	2016年1~8月	2017年1~8月	2018年1~8月
同比增长	2.5	11.2	22.5
限上零售业实现销售额	578.1	626.3	552.6
同比增长	2.6	5.9	3.4
限上住宿业实现营业额	23.88	25.8	24
同比增长	8.8	5.7	7.9
限上餐饮业实现营业额	26.82	28.1	23.6
同比增长	9.2	8.7	-3.9

资料来源：2016年8月甘肃统计月报，2017年8月甘肃统计月报，甘肃省统计局网站；《2018年1~8月甘肃省消费品市场运行分析》，甘肃省商务厅。

2018年以来，社会消费品零售总额增速一直在8%上下徘徊，持续低于全国平均水平。分季度看，第一季度全省完成社会消费品零售总额825.1亿元，同比增长8.1%，较1~2月提高0.3个百分点，消费对经济增长的拉动作用进一步增强。① 5月，消费品市场出现了短期波动，当月社会消费零售总额同比增长5.9%，增速较4月回落了2.3个百分点，但随着供给侧结构性改革的持续推进，消费品市场将继续保持总体平稳运行的态势。②

（二）消费结构持续优化

第一，基本生活类商品销售保持增长，消费升级类商品增速加快。2017年，基本生活类商品除日用品增长4%外，其他如粮油类、食品类、烟酒类、饮料类均下降。消费升级类商品增长较快，中西药品类和金银珠宝类分别增长24.3%和2.4%。家用电器和音像器材类、家具类、建筑及装潢材料类等居住类商品增速均回落。石油及其制品类销售增长5%，汽车类销售下降2.7%，比上年同期回落13.5个百分点。2018年1~7月，粮油、食品等基本生活类商品销售保持增长；体育、娱乐等消费升级类商品销售增长；石油及其制品类增速回升；汽车类降幅略有扩大；旅游市场持续活跃，游客人

---

① 甘肃省商务厅：《一季度全省商务运行情况汇报》。
② 甘肃省商务厅：《2018年1~5月份甘肃省消费品市场运行分析》，2018年6月26日。

数和综合收入增长较快。

第二,恩格尔系数持续下降,居民消费支出结构不断优化。2015~2017年,食品类、居住类消费仍然占据整体消费的50%左右,食品烟酒消费占居民家庭现金支出的比例(恩格尔系数)逐年递减,城镇居民消费支出的恩格尔系数分别为30.63%、29.57%和29.2%(见表2、图3);农村居民消费支出的恩格尔系数则从32.86%下降至30.36%(见表3、图4)。

表2 2015~2017年甘肃城镇居民人均消费支出及其结构

单位:元,%

指标名称	2015年		2016年		2017年	
	绝对值	构成	绝对值	构成	绝对值	构成
生活消费支出	17451	—	19539.2	—	20659.4	—
食品烟酒	5346	30.63	5777.3	29.57	6032.6	29.20
衣着	1759	10.08	1776.9	9.09	1905.8	9.22
居住	3540	20.29	3752.6	19.21	3828.3	18.53
生活用品及服务	1125	6.45	1329.1	6.80	1358	6.57
交通和通信	1850	10.60	2517.9	12.89	2952.6	14.29
教育文化娱乐	2045	11.72	2322.1	11.88	2341.9	11.34
医疗保健	1391	7.97	1583.4	8.10	1741.2	8.43
其他用品和服务	395	2.26	479.9	2.46	499.1	2.42

资料来源:2015~2016年甘肃省统计年鉴;2015~2017年甘肃省国民经济和社会发展统计公报。

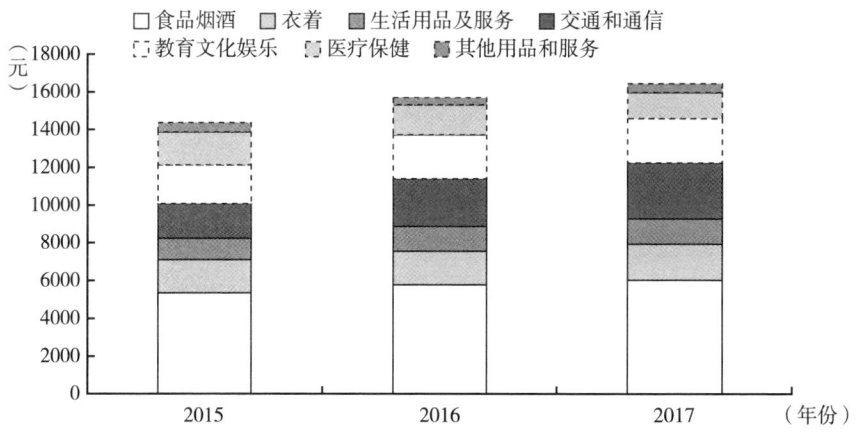

图3 2015~2017年甘肃城镇居民人均消费支出及其结构

表3 2015~2017年甘肃农村居民人均消费支出及其结构

单位：元，%

指标名称	2015年		2016年		2017年	
	绝对值	构成	绝对值	构成	绝对值	构成
生活消费支出	6830	—	7487	—	8029.7	—
食品烟酒	2244	32.86	2342.6	31.29	2438.2	30.36
衣着	466	6.82	482.5	6.44	507.9	6.33
居住	1221	17.88	1341.1	17.91	1561.5	19.45
生活用品及服务	445	6.52	458.7	6.13	484.9	6.04
交通和通信	812	11.89	954.6	12.75	1016	12.65
教育文化娱乐	854	12.50	965.5	12.90	993.7	12.38
医疗保健	670	9.81	821.3	10.97	890.6	11.09
其他用品和服务	118	1.73	120.9	1.61	136.8	1.70

资料来源：2015~2016年甘肃省统计年鉴；2015~2017年甘肃省国民经济和社会发展统计公报。

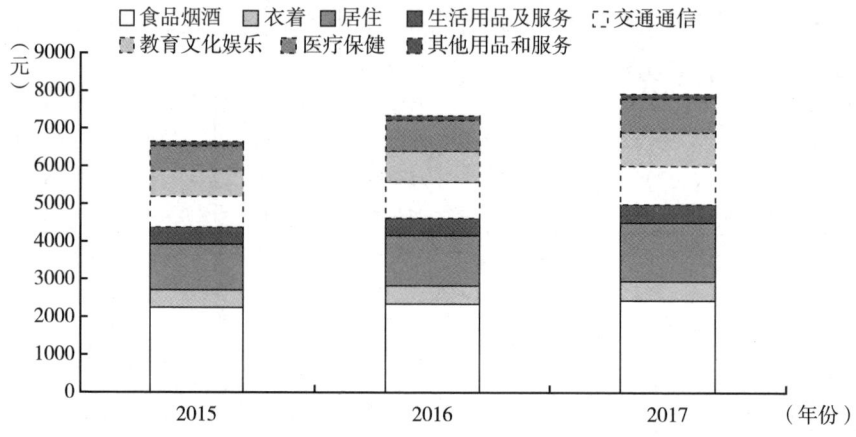

图4 2015~2017年甘肃农村居民人均消费支出及其结构

二 甘肃消费品市场运行的影响因素分析

分析消费品市场运行的影响因素有助于发现问题、找到新的消费增长点。居民收入和消费水平、消费价格、人口结构、技术与创新、消费者态度、政府监管和政策环境、经济增长模式等方面的变化均对消费品市场需求、运行及其转型升级产生影响。下面重点从收入、物价水平、人口结构、电子商务和政策机遇四个方面进行分析。

(一)收入与物价水平影响居民消费预期和消费信心

低收入与高物价将持续影响居民消费预期和消费信心。一是全省城乡居民收入水平远低于全国平均水平,居民消费动力不足。近年来,随着工资改革、加大对社会弱势群体的转移支付力度等政策的实施,全省居民人均收入稳步增长。2017年,全省居民人均可支配收入16011元,比上年增长9.1%;全省城镇居民人均可支配收入为27763.4元,比2015年增长了3996.4元;全省农村居民人均可支配收入为8076.1元,比2015年增长了1140.1元。但是,甘肃省城乡居民人均可支配收入远低于全国平均水平。2015年甘肃省城镇居民人均可支配收入仅占全国平均水平的76.19%,2016年为76.43%,2017年为76.28%;同期甘肃省农村居民人均可支配收入分别占全国平均水平的60.72%、60.32%和60.13%(见表4)。2018年上半年,全省城乡居民收入增速有所回落。城镇居民人均可支配收入同比增长8%,比第一季度提高0.1个百分点,比上年同期回落0.1个百分点;农村居民人均可支配收入同比增长9%,比第一季度回落0.1个百分点,比上年同期提高1.1个百分点。二是全省居民消费价格指数(CPI)持续上行,居民消费意愿不足。2018年以来,全省居民消费价格指数同比上涨较快,1~3月、4月、5月、6月分别上涨2.4%、2.3%、2.3%和2.1%,1~6月累计上涨2.3%。[①] 2017年,国内消费者信心指数达到近八年最高水平。与国内消费者信心指数持续提升相比,省内消费者消费意愿略显不足。2018年1~4月,全省消费者信心指数为91.2,环比下降4.6%。

---

① 甘肃省发展和改革委员会:《关于2018年6月份全省居民消费价格总水平变动情况》,2018。

表 4 2015～2017年甘肃省居民人均可支配收入与全国数据比较情况

单位：元，%

指标	2015年		2016年		2017年	
	城镇	农村	城镇	农村	城镇	农村
全省	23767	6936	25693.49	7457	27763.4	8076.1
全国	31195	11422	33616	12363	36396	13432
占比	76.19	60.72	76.43	60.32	76.28	60.13

资料来源：2015年、2016年、2017年中华人民共和国国民经济和社会发展统计公报；2015年、2016年甘肃省统计年鉴；2015年、2016年、2017年甘肃省国民经济和社会发展统计公报。

（二）人口总数与结构变化不断激活消费需求

"一切经济现象，都是人口现象"。人口总数与结构是影响消费需求的重要因素。一是全省人口总数稳中有升，消费需求持续上升。根据甘肃省统计局发布的数据，2017年末，甘肃省常住人口2625.71万人，比2016年末净增15.76万人，增长0.6%；全省城镇人口达到1218.07万人，比上年增长4.43%；城镇化率为46.39%，比上年提高1.7个百分点。这与全国人口增速虽然逐渐放缓，但总数依然稳中有升保持一致，庞大的人口基数孕育着庞大的消费需求。二是全省人口结构趋于中老龄化，催生新的消费需求。全省人口年龄结构中低龄人口、老龄人口比重上升，劳动适龄人口比重略有下降，意味着消费需求将随着人群发生转变。数据显示，2017年全省0～14岁人口458.45万人，比2016年增加3.27万人，占常住人口的比重为17.46%，比2016年上升0.02个百分点，略有上升。全省15～64岁人口1880.53万人，比2016年减少3.59万人，占常住人口的比重为71.62%，比2016年下降0.57个百分点，呈下降趋势。全省65岁及以上人口286.73万人，比2016年增加16.08万人，占常住人口的比重为10.92%，比2016年上升0.55个百分点，呈上升势头（见图5）。[①] 随着人口结构趋于中老龄

---

① 《2017年末，甘肃省常住人口2625.71万人，比2016年末净增15.76万人，增长0.6%》，《兰州晨报》2018年3月26日。

化,中老年群体经济实力强,消费需求旺盛,价格敏感度低,并且开始重视医疗保健需求,大健康类优质消费品未来将持续增长。未来10年,90后和00后将成为消费增长的主要力量,年轻人更注重个性与品质、消费品牌多元化,人口消费结构年轻化将强烈推动消费市场升级。

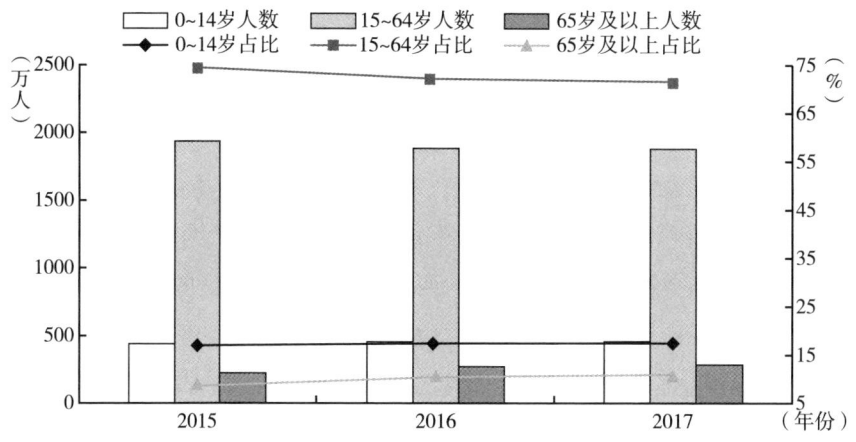

图5 2015~2017年甘肃省常住人口年龄构成

(三)电子商务等科技创新发展引领消费模式转变

"互联网+"行动计划促进电子商务创新发展,在引领消费模式转变、推动经济转型升级中发挥着越来越重要的作用。一是移动支付渗透"衣食住行",消费模式更加多元化。多元消费模式兼顾商品和服务。以手机点餐为例,从团购到外卖平台再到预订座位等服务,手机点餐在近两年内快速普及。一方面为顾客提供更加便捷和个性化的服务,降低了人们外出用餐的时间成本;另一方面为商家和互联网企业带了巨大收益。二是电商城镇化布局全覆盖,农村电商需求不断扩大。随着《2018年电子商务专项资金项目实施方案》《关于进一步加强电商扶贫和电子商务进农村综合示范工作的通知》等政策的出台实施,电子商务在农村得到迅速发展。全省持续推进电商扶贫三级公共服务体系建设,截至2018年上半年,已建成75个县级电商服务中心,实现了

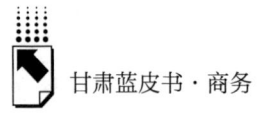

贫困县全覆盖；建成1159个乡级电商服务站，其中40个深度贫困乡已建成33个服务站；建成5375个村级电商服务点，覆盖了50%的贫困村。特色农产品网销规模不断扩大，全省电子商务交易额快速增长。

（四）政策机遇促进消费品市场规模不断扩大

丝绸之路经济带建设、华夏文明传承新区建设、乡村振兴战略和南向通道战略等为甘肃经济社会发展带来重大机遇，全省上下积极参与，消费品市场规模不断扩大。一是电子商务等新兴经济体快速发展，助力外贸合作不断扩大。通过组织企业参加国内外展会、支持企业发展跨境电子商务等措施，不断强化开拓国际市场、建立国际营销网络。2018年7月，兰州正式获批设立跨境电子商务综合试验区，成为西北地区继西安之后的第二个城市。二是城乡市场体系建设日趋完善，促进内贸流通扩大消费。根据甘肃省商务厅提供的资料，目前11个大市场累计投资84亿元，投入运营8个，兰州国际高原夏菜副食品采购中心、白银邦农农产品批发市场启动试运营，定西马铃薯交易市场被评为全国公益性示范市场；新增甘南州当周电商物流集散中心为大市场；2018年1~4月，投入运营的大市场交易额达21.9亿元。三是枢纽陆港地位日益凸显，推进口岸经济通道经济发展。全省抢抓"一带一路"建设机遇，加大平台建设，营造良好环境，全力推进甘肃与"一带一路"沿线省市和地区的经济合作。目前，三大国际陆港、三大国际空港、多式联运物流枢纽等重点建设项目正在稳步推进，服务于全球贸易营销网络和跨境电子商务的物流支撑体系逐步构建，国际货运班列常态化运营。通道经济的快速发展为全省扩大对外开放、增加进口、扩大社会消费提供了很好的途径和平台。

三 甘肃消费品市场发展趋势研判

全省以供给侧改革为主线，积极完善市场体系，激发市场活力，释放消费潜力，进一步满足多样化、个性化消费需求，"扩内需、促增长"取得了良好效果，消费品市场运行基本保持平稳增长。2018年1~8月，社会消费品零售总额增速维持在8%上下。9月以后，中秋、国庆双节的出行消费以及"双十一""双十二"等线上线下促消活动等都将形成全省消费品市场的新增长点，预计全年能够完成增长8%的既定目标。

（一）乡村振兴战略实施，农村消费市场增长势头强劲

一是城镇化水平持续提高，城乡居民消费差距逐步缩小。2015~2017年，甘肃城镇化率从43.19%提高到46.39%，年均提高1.6个百分点；城乡居民消费差距逐步缩小，城乡居民人均消费支出比从2.56下降至1.89（见表5）。二是农村电商消费需求旺盛，农村居民消费结构逐步升级。21世纪经济研究院2016年的一份农村电商报告显示，甘肃农村地区网购下单人数增长最快，全国整体需求旺盛，中西部地区农村成了电商消费增速最快的地区之一，市场增长空间巨大。随着电商下乡、乡村流通渠道的日益完善，农村居民消费将进一步升级。2018年9月，中共中央国务院发布的《关于完善促进消费体制机制进一步激发居民消费潜力的意见》中提到，加快农村吃穿用住行等一般消费提质扩容，鼓励和引导农村居民增加交通通信、文化娱乐、汽车等消费。[1] 三是乡村旅游助推脱贫攻坚，农村居民消费动力逐步增强。乡村振兴战略实施以来，全省抢抓机遇，大力发展乡村旅游助推脱贫攻坚。2018年全省将在贫困地区扶持150个村开展乡村旅游，建成农（牧）家乐1500户，通过发展乡村旅游带动13万贫困人口实现脱贫。2018年9月3日，甘肃省旅发委下发《甘肃省乡村旅游助推脱贫攻坚实施方案》。根据该方案，2018~2020年，甘肃省省级财政每年将从省级旅游产业发展专项资金中安排1亿元，扶持500个村发展乡村旅游，创建206个旅游示范村，新建1万户标准农家乐。力争经过3年努力，通过发展旅游带动脱贫的人数占总脱贫人数20%以上。[2]

---

[1] 《农村消费仍处于刚需阶段，农村消费增速超过城市》，城市经济网，2018年9月26日。
[2] 中商产业研究院：《2018年甘肃抢抓乡村振兴战略机遇 大力发展乡村旅游助推脱贫攻坚》，2018。

表5　2015~2017年甘肃省常住人口城镇化率及城乡居民人均消费支出水平

年份	城镇化率(%)	城镇居民人均消费支出(元)	农村居民人均消费支出(元)	城乡居民人均消费支出比
2015	43.19	17451	6830	2.56
2016	44.69	19539.2	7487	2.61
2017	46.39	20659.4	10955	1.89

资料来源：2015~2017年《甘肃省发展年鉴》、《甘肃省统计年鉴》和《甘肃省国民经济和社会发展统计公报》。

（二）线上线下融合发展，新模式、新业态继续发力

随着"互联网+"行动计划的深入实施，网上购物、在线交易、电子支付等电子商务模式迅速发展，催生了大量服务业的新模式和新业态。一是新零售促进线上线下融合发展，带动实体商业焕发生机。目前，新零售在便利店、超市、住宿、餐饮等业态中的表现最为突出，是带动其他实体商业发展的标杆。全省不断加大支持企业发展跨境电子商务的力度，深化与阿里巴巴、京东、苏宁等知名电商大平台合作，开设网上"甘肃原产地旗舰店"和线下体验店。未来的线下商家同时也是电商，他们不仅要提供商品，更要提供服务及所需的空间。随着移动支付的全面普及，无人零售业凭借其运营成本低、更贴近用户消费需求等优势也将拥有广阔的市场前景。二是共享经济等新模式发展迅速，推动创新和消费升级。研究表明，共享经济在中国发展迅猛，年增长率为40%。到2025年可能占中国国内生产总值的20%。消费者将习惯为使用权付费而不是所有权，共享但不拥有资产和服务。[①] 目前，共享汽车、共享单车、共享纸巾等业态已经为人们提供了诸多便利，产生了不可忽视的社会效益。随着科技的进步和人们对共享经济理念的认可，共享经济还将渗入其他生产、消费领域，产生更多共享经济模式，逐步解决设备、产品和服务等闲置和过剩的问题，最终实现资源的优化配置。

---

① 《中国消费市场的未来》，倪秀华译，《国外社会科学文摘》2018年第6期。

四 促进甘肃消费品市场发展的对策建议

为了促进消费品市场稳定增长、结构不断优化、对经济的贡献率日益提高,全省上下应紧抓"一带一路"等政策机遇,联合各方利益相关者加强合作,多措并举加快完善促进消费体制机制,增强消费对经济发展的基础性作用。

(一)以增加居民收入为根本,提高城乡居民消费能力

一是增加居民收入,增强居民消费动力。一方面要继续深化收入分配制度改革,不断完善企业、机关事业单位的工资分配制度,增加低收入群体收入,扩大中等收入群体;另一方面要继续缩小城乡收入差距,通过大力推广农业规模化生产经营、保证落实精准扶贫和各种惠民政策、不断提高农民的科技文化素质,增强农民创业增收能力,逐渐实现劳动力从低收入向高收入工作岗位的转变。二是夯实住房、教育、医疗"三保障",增加居民消费预期。住房、教育、医疗花费日益昂贵,是大部分家庭的主要支出项目,中低收入者消费意愿也因此受到抑制。应加快培育和发展住房租赁市场,推进住房租赁规范化、法制化建设;严格落实城镇小区配建幼儿园政策,纠正以功利性为目的、助长超前教育和应试教育倾向的各类教育培训活动;保障基本医疗和健康服务,支持社会力量提供多层次多样化的医疗健康服务。三是营造安全放心的消费环境,增强居民消费信心。网络购物虽然极大地满足了居民消费需求,但也暴露出其弊端,诸如假冒产品、数据隐私和安全性问题。要重点在信息、网络等领域健全质量标准和消费后评价体系,不断强化消费领域企业和个人信用体系建设。同时,健全消费者维权机制,不断提高消费者主体意识和维权能力,创建安全放心的消费环境。

(二)以供给侧改革为主线,促进城乡居民消费升级

一是提升消费产品和服务的质量,切实满足居民消费需求。加强引导、

强化监督，确保市场主体提供安全放心的吃穿用消费品。切实满足基本消费，持续提升传统消费。推动闲置的传统商业综合体加快创新转型，通过改造提升推动形成一批高品位步行街，促进商圈建设与繁荣。二是加大政策力度支持新商业模式，大力培育新兴消费。中国的大型科技公司已经展示了创新实力和新商业模式在经济发展中的重要性，政府应加大政策力度鼓励基于电子商务、线上到线下服务和共享经济的消费新模式，积极培育信息消费、网络消费、体验消费等消费新热点，特别是加强对优秀中小企业的支持。三是顺应居民消费需求变化，不断激发潜在消费。面对城乡居民，高、低收入者，年轻人和老年人之间不断扩大的消费需求差异，应深入挖掘农村消费市场潜力，努力实现城乡消费市场均衡发展；打造多层次的消费促进服务平台，引导品质品牌品种消费供给和服务消费供给；促进养老与生活性服务业融合发展，大力发展老年护理和长期照护服务。四是巩固完善市场体系，不断拓宽消费渠道。应加快建设大型商品交易市场和农产品产地批发市场，协调开展招商营销活动；调整便民市场项目，在深度贫困县区和重点乡镇开展农贸市场建设和改造提升工程；继续开展公益性大型农产品批发市场建设试点，促进全省农产品销售。

（三）以市场需求为导向，实现商贸企业转型和创新发展

一是重视企业社会责任。企业是市场活动最直接的参与者，是社会、经济可持续发展的重要力量。企业自身在创新盈利的基础上，应立志于服务社会、创造文化、带来就业机会，把高质量的产品和服务带给消费者。二是增强企业科技创新能力。积极引导企业积极构建以企业为主体、市场为导向、产学研相结合的技术创新体系，同时鼓励和支持更多的企业加入电子商务交易平台，引领企业线下线上融合发展，以创新发展推动产业转型，提高企业竞争力。三是重点发展适应消费升级的中高端产品及服务类产品，如以移动通信、智慧家庭、智能汽车、服务机器人等为代表的新型信息消费产品，以及满足人民群众生活需求的各类便民惠民生活类信息消费产品。四是推进大型企业向小型企业开放合作平台的协作生态模式。企业集聚有利于结合优势

力量，推动地区经济迅速发展。例如我国沿海地区形成的一批企业集群，成为拉动区域经济发展、提高企业竞争力、实现跨越发展的重要方式。全省应继续发挥龙头企业优势，推进大型企业向小型企业开放合作平台的协作生态模式，助推制造业、特色农产品、文化等的集聚发展。

（四）以绿色发展为目标，培育健康理性消费文化

一要大力发展绿色产业。根据《甘肃省推进绿色生态产业发展规划》，甘肃省将培育壮大的十大绿色生态产业，包括节能环保、清洁生产、清洁能源、循环农业、中医中药、文化旅游、通道物流、数据信息、军民融合和先进制造产业。[①] 绿色产业将提供更加丰富多元的绿色产品，诸如绿色优质农产品、节能节水产品、资源再生产品、环境保护产品、绿色建材、新能源汽车等绿色消费品。二要优化绿色消费环境。要在硬环境上为绿色生活提供更多的空间、场所和设施，比如鼓励创建绿色商场、绿色饭店、绿色电商等流通主体，开辟绿色产品销售专区等。甘肃应大力发展绿色电子商务，通过单据电子化、使用环保材料等逐步解决电商领域的包装循环利用和垃圾分类问题。同时，通过创建绿色商场和绿色饭店等为消费者提供绿色商品和服务，宣传绿色消费和绿色生活的理念。三要加强绿色消费宣传教育。加强对省内绿色优质农产品的宣传、展示和推介，继续举办以"绿色生产、绿色消费、绿色发展"为主题的绿色食品宣传月活动，吸引省内外企业、消费者采购绿色食品，扩大绿色食品的社会影响力。以公共机构带头开展绿色消费，以社区、学校、家庭为单位开展绿色系列创建活动，构建全民参与的绿色行动体系。提倡消费者适度消费、理性消费和绿色消费，避免奢侈浪费型消费和不合理消费，多参与共享与互助消费，选择消费绿色产品。

---

① 《甘肃省推进绿色生态产业发展规划》，甘肃政务服务网，2018年2月26日。

B.4
甘肃住宿和餐饮业、批发和零售业分析报告

吴燕芳*

摘　要： 本报告以行业进度数据为基础，通过对甘肃省限额以上批发和零售业与住宿和餐饮业运行情况的分析发现，2018年1~8月全省限上批发业和住宿业发展态势良好，总体增势好于上年同期，零售业增势趋缓但稳中向好，餐饮业运行压力持续加大。同时，借助数理模型，报告分别测算了批发和零售业、住宿和餐饮业对经济增长以及第三产业增长的贡献度与拉动度，结果显示：甘肃批零住餐行业对经济增长和第三产业增长的贡献度显著偏低，拉动增长的作用不明显。在此基础上，报告从多维视角出发，对甘肃批零住餐行业的趋势特征和发展中存在的突出问题进行了系统总结与深入剖析。最后，立足理论与实证分析结果，提出了若干促进甘肃批零住餐行业稳定发展的对策建议。

关键词： 甘肃省　住宿和餐饮业　批发和零售业

甘肃省经济发展遇到了转型瓶颈，2017年，全省主要经济指标增速大幅回落，地区生产总值仅增长了3.7%，固定资产投资下跌40%，工业增加值零增长。传统经济增长驱动力未能有效发挥带动作用，消费成为拉动经济

---

* 吴燕芳，甘肃省社会科学院公共政策研究所助理研究员，主要研究方向为区域经济、城市与区域发展规划。

增长的主动力,而同期零售、住宿与餐饮行业的增速均高于社会消费品零售总额,批发业仅低于其0.5个百分点。甘肃省批零住餐行业在繁荣消费品市场、带动省域经济发展中的重要地位进一步凸显。

在"十三五"规划实施的中期阶段,对批发和零售业与住宿和餐饮业的运行情况、现状特征以及发展趋势开展深入分析,不仅有助于准确把握流通领域的运行趋势,促进四大行业持续健康稳定发展,也有助于发挥消费引领作用,加快构建消费拉动增长的新格局。

一 甘肃省住宿和餐饮业、批发和零售业发展现状

(一)甘肃住宿和餐饮业、批发和零售业运行情况分析

1. 行业增加值持续增长,项目投资增速大幅"跳水"

从行业规模看,自2011年以来,甘肃批发和零售业与住宿和餐饮业增加值的差距始终保持在2.5倍左右,二者绝对量不断攀升,分别递增了60%和86%。然而增长率剧烈波动,其中批发和零售业增速急剧下跌,最大增速差可达11个百分点,住宿和餐饮业增速整体位于4%~9%的区间,增速最大值与最小值之间的差距为4.39个百分点。从图1可见,自2013年大幅回落后,批发和零售业增速进入了低水平的调整期,波动幅度有所缓和,而住宿和餐饮业则呈缓慢下滑之势。经济发展的不确定因素增加,给批零住餐行业的平稳发展造成了不同程度的影响。

甘肃经济增长长期依赖投资驱动模式,固定资产投资在省域经济发展中占据举足轻重的支柱地位。2013~2015年,甘肃批发和零售业与住宿和餐饮业项目投资增势迅猛,各自以48.24%和39.73%的年均增速保持高位运行,分别高出固定资产投资增速28.44个和19.93个百分点,三年间投资额分别增长了1.14倍和1.16倍。此后项目投资增速断崖式下坠,2016年较上年同期分别回落了65.21个和46.38个百分点,投资额绝对量小幅上涨。2017年则沦为超低水平的负增长状态,增长率分别低于固定资产投资22.9

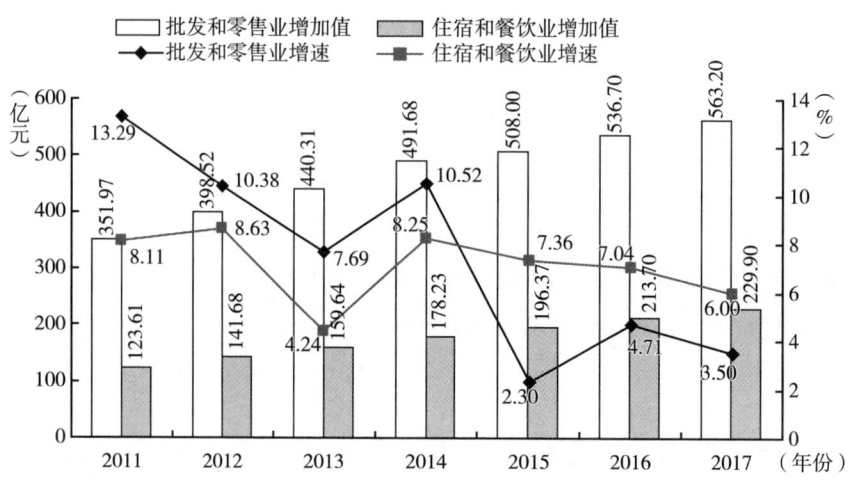

图1　2011~2017年甘肃省批发和零售业与住宿和餐饮业增加值及增速对比

资料来源：《甘肃发展年鉴》，2012~2018年。

个和7.2个百分点，行业投资额大幅缩减，规模仅相当于上年同期的36.81%和52.51%，五年间最大增速差分别高达130.32个百分点和108.93个百分点。2017年以来甘肃批发和零售业与住宿和餐饮业对固定资产投资的拉动作用逐步减弱（见图2）。

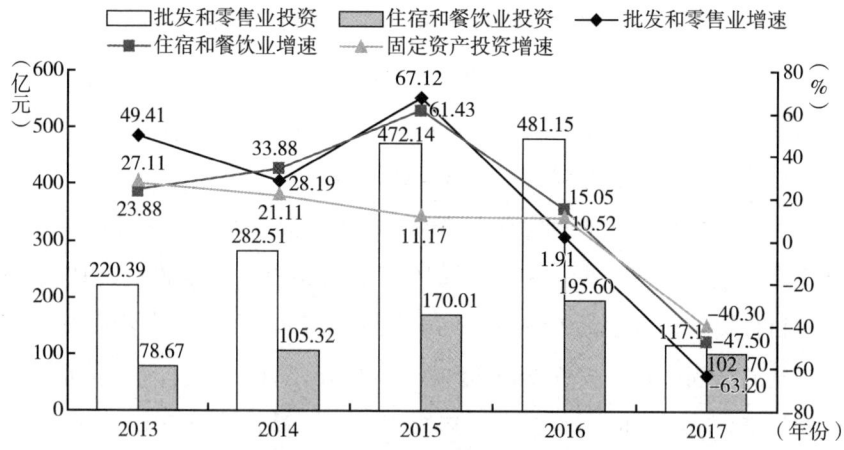

图2　2013~2017年甘肃省批发和零售业与住宿和餐饮业项目投资及增速

资料来源：2013~2017年甘肃省国民经济和社会发展统计公报。

2. 住宿业增势企稳向好，餐饮业降幅总体稳定

2018年前8个月，甘肃限额以上住宿业营业额平稳上涨，累计增长率总体平稳、稳中向好，整体在7.5%~9.5%的区间运行，增速差的最大值仅为1.4个百分点，增长率水平整体高于上年同期，平均差距为2.36个百分点，据此发展态势累计营业额有望于9月赶超上年同期水平。而限额以上餐饮业营业额始终处于负增长状态，绝对量与增长率均低于上年水平，7月末实现营业额20.2亿元，仅相当于上年同期的83.47%。增长率保持低水平的相对稳定，总体位于-2%~-4.5%，与上年同期增速的平均差距达13.1个百分点，预计增势或继续疲弱，全年仍以4%左右的降幅延续负增长状态（见图3）。

3. 批发业持续较快增长，增长率直线上升

2018年1~8月甘肃省限额以上批发业销售额增势良好，呈现低开高走的发展态势，销售额整体水平高于上年同期，且领先优势逐步扩大，截至7月末销售额翻了两番有余，较上年同期增长19.3%。增长率走势与上年形成明显反差，除5月、6月略现回落外，总体呈直线上升之势，8月累计实现22.5%的增长，较上半年升高了9.1个百分点，高于上年同期11.3个百分点。预计2018年全年甘肃批发业销售额将延续较快增长的发展势头，但增速水平可能有所下滑，有望继续保持两位数的增速（见图4）。

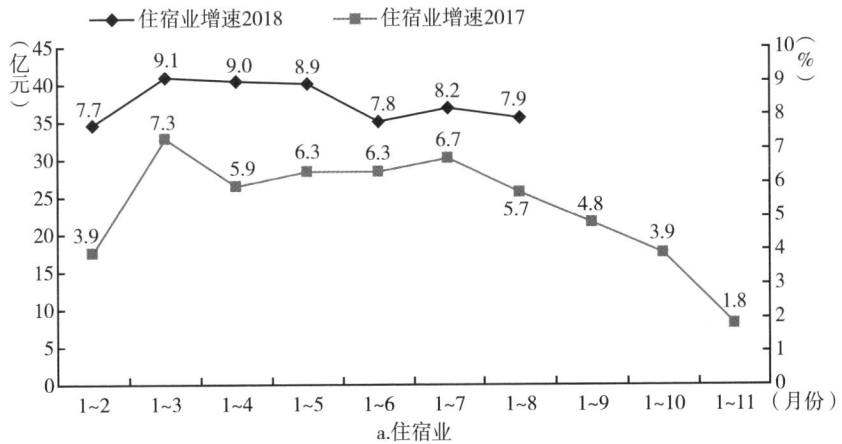

a.住宿业

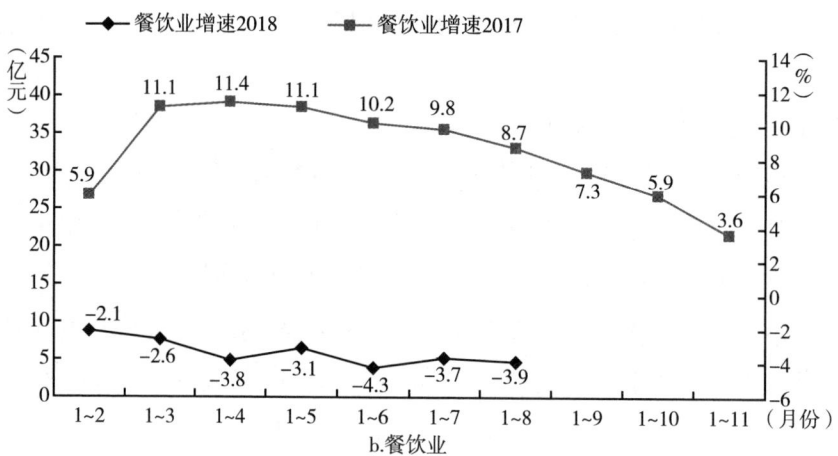

b.餐饮业

图3　2017~2018年甘肃省限额以上住宿和餐饮业累计增长率

资料来源：2017~2018年甘肃统计月报。

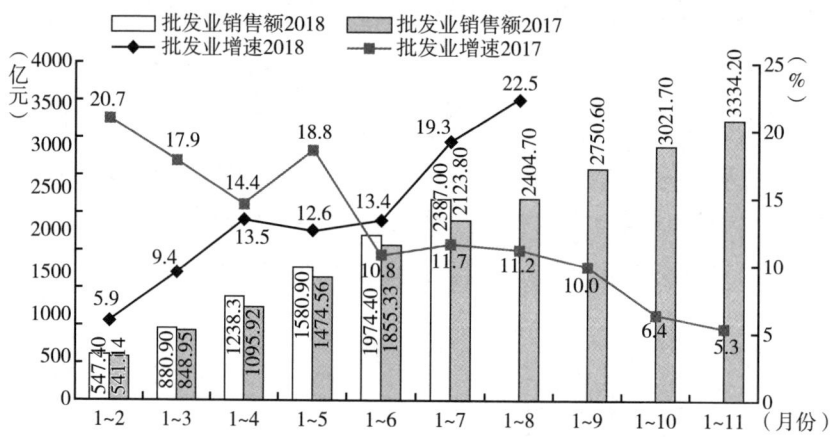

图4　2017~2018年甘肃省限额以上批发业累计销售额及增长率

资料来源：2017~2018年甘肃统计月报。

4. 零售业销售额低于上年同期，增速水平保持低位运行

从图5可见，前8个月甘肃限额以上零售业发展状况不及上年同期，销售额绝对量及增速整体偏低，直接影响全省社会消费品零售总额的增长。7月末全省限上企业实现销售额474.2亿元，仅完成上年同期的

86.98%，发展差距进一步扩大。增长率在2%～5.5%的区间内波动，总体以低速缓慢爬升，8月末增速比上半年提高了0.5个百分点，仍低于上年同期2.5个百分点，最大增速差为6.1个百分点。5月以来，零售业增速缓慢回升，与上年的增速差距逐渐缩小。预计限上零售业销售额将继续保持缓慢爬升的增长态势，绝对量难以赶超上年同期，累计增长率难以实现两位数的突破。

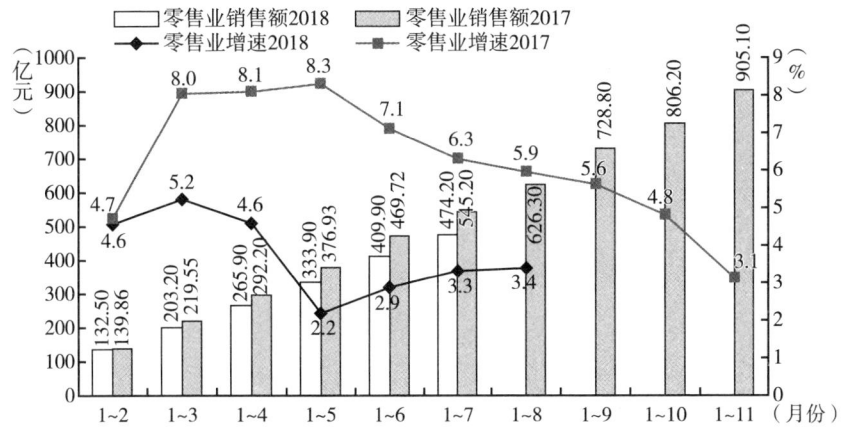

图5　2017～2018年甘肃省限额以上零售业累计销售额及增长率

资料来源：2017～2018年甘肃统计月报。

综上所述，与上年同期相比，甘肃省限额以上批零住餐四大行业中，仅批发业销售额及其增长率高于上年同期，比较优势较明显，其他行业的销售额或营业额总体上低于上年水平，其中住宿业增势稳中向好，年内有望实现赶超，而零售业增速虽有回升，但总体处于低水平运行，达到上年规模的任务较为艰巨，餐饮行业的负增长态势难以逆转，达到上年营业额水平基本无望。

（二）住宿和餐饮业与批发和零售业对经济的拉动作用分析

1. 模型介绍

批发和零售业与住宿和餐饮业对经济增长的贡献度是衡量GDP增量

中批发和零售业、住宿和餐饮业增加值贡献大小的指标。其计算公式为：$C_{wr} = \Delta WR/\Delta G$，$C_{ac} = \Delta AC/\Delta G$；其中$C_{wr}$和$C_{ac}$分别为批发和零售业与住宿和餐饮业对经济增长的贡献度，ΔWR和ΔAC分别为批发和零售业、住宿和餐饮业增加值的增量，ΔG是国内生产总值的增量。而批发和零售业与住宿和餐饮业对经济增长的拉动度则是反映经济增长率中批发和零售业、住宿和餐饮业贡献程度的指标，其计算公式为：$P_{wr} = C_{wr} \times G_g$，$P_{ac} = C_{ac} \times G_g$；其中$P_{wr}$和$P_{ac}$分别是批发和零售业与住宿和餐饮业对经济增长的拉动度，G_g为GDP增长率。同理，将上述公式中的GDP增量与GDP增长率分别替换为第三产业增加值增量和第三产业增长率即可得到批发和零售业与住宿和餐饮业对第三产业增长的贡献度与拉动度。

以模型为基础，根据甘肃省统计数据分别计算批发和零售业、住宿和餐饮业对甘肃省经济增长的贡献度、拉动度以及对第三产业增长的贡献度、拉动度如图6、图7所示。

2. 住宿和餐饮业与批发和零售业对经济增长的贡献度和拉动度

2010~2017年，甘肃省批发和零售业对经济增长的贡献度明显高于住宿和餐饮业，平均高出4.28个百分点。剔除2015年变异值影响，批发和零售业对经济增长的贡献度总体呈波动下降趋势，而住宿和餐饮业贡献度则现回稳态势，甘肃GDP增量中批发和零售业增加值所做的贡献为6.68%，而住宿和餐饮业的贡献度为3%。从拉动度来看，批发和零售业与住宿和餐饮业对经济增长的拉动度都呈下滑之势，但后者的稳定性更好。批发和零售业、住宿和餐饮业对经济增长的拉动度平均分别达到0.73%和0.28%，表明自2010年以来甘肃GDP年均9.47%的增长率中，批发和零售业拉动其增长了0.73个百分点，而住宿和餐饮业拉动0.28个百分点。可见，批零住餐行业对甘肃经济增长的贡献度显著偏低，对经济增长的拉动不明显，引擎作用未能有效发挥（见图6）。

3. 住宿和餐饮业与批发和零售业对第三产业增长的贡献度和拉动度

从图7可见，甘肃省批发和零售业对第三产业增长的贡献度急剧下跌，最大差值达15.88个百分点，自2015年以来进入相对平稳期，八年间贡献度平均达到12.94%；住宿和餐饮业贡献度则保持平稳发展，差距始终控制

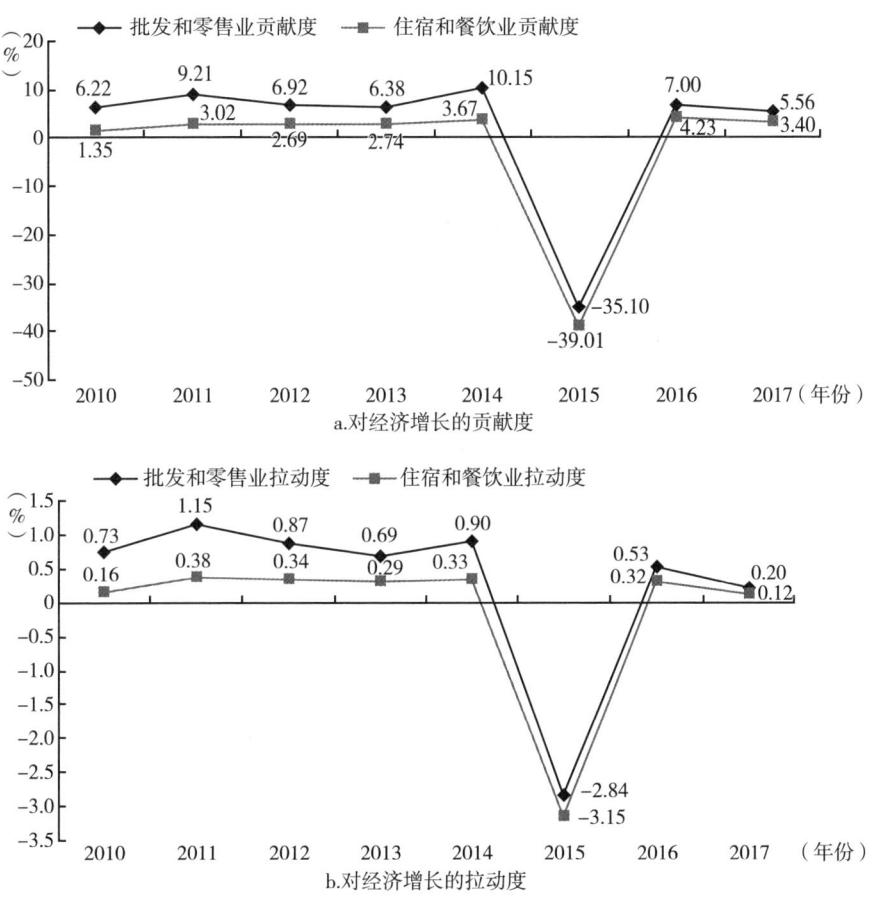

图6 批发和零售业与住宿和餐饮业对经济增长的贡献度与拉动度

在2个百分点以内,对第三产业增长贡献度平均达到5.31%。批发和零售业拉动度继续呈下滑的发展趋势,回落了1.87个百分点,多年平均值为1.38%;住宿和餐饮业拉动度在0.3%~0.73%的区间起伏,拉动度平均达到0.55%。这表明2010~2017年甘肃第三产业年均10.24%的增长率中,批发和零售业与住宿和餐饮业各自拉动第三产业增长了1.38个和0.55个百分点。由此可见,甘肃批零住餐行业对第三产业增长的贡献度与拉动度明显好于对经济增长所发挥的作用,但贡献度严重不足,拉动效果不明显,增长动力疲弱的现实问题依然突出。

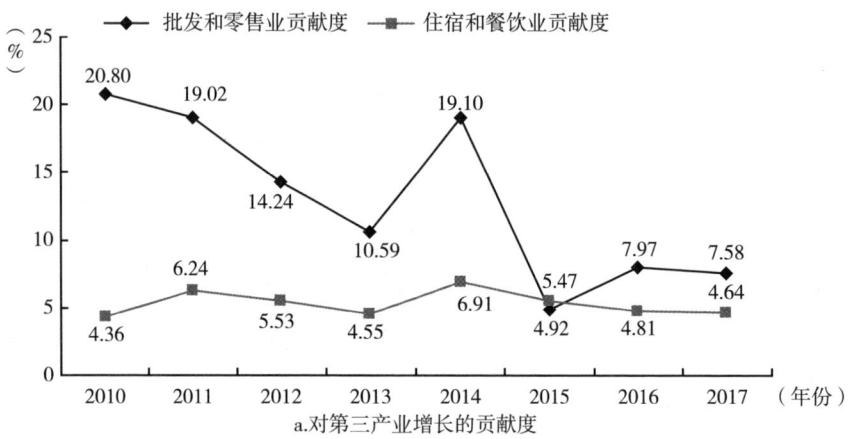
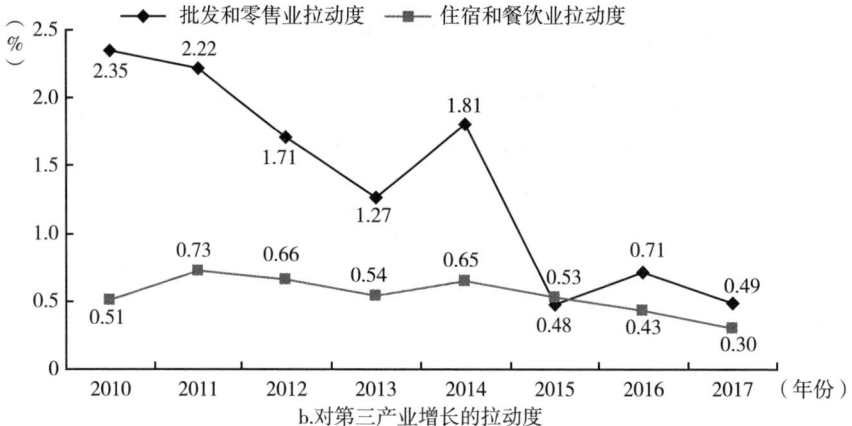

图 7 批发和零售业与住宿和餐饮业对第三产业增长的贡献度与拉动度

二 甘肃住宿和餐饮业、批发和零售业的发展特征

（一）"消费促进月"活动常态化举办，消费结构升级明显

在紧抓元旦、春节、五一黄金周等节日商机的基础上，根据商务部统一部署，甘肃省于4月中旬印发了《关于组织开展2018年甘肃省"消费促进月"活动的通知》，在陇原大地铺开了以"提升品质供给、推动消费升级、满足美好生活需要"为主题的消费促进月活动。各市州"消费促进月"活

动蓬勃发展、形式多样、高潮迭起，城乡居民消费潜力得到有效释放，5月全省共有4198家商贸企业参与活动，实现销售额35.6亿元，取得了显著成效。"消费促进月"活动实现常态化既是甘肃各级商务部门的重点任务，也是有效扩大消费需求、促进消费品市场平稳增长的有效举措。与此同时，全省消费升级行动计划有序推进。甘肃省在研究制定《甘肃省消费升级行动计划实施方案（2018~2022）》的基础上，部署各市州及时出台行动计划的具体方案和落实举措。同时，出台了《餐饮住宿等生活性服务行业转型升级促消费项目实施方案》，进一步加大了对住宿、餐饮等传统生活服务行业转型升级促销费的引导力度。

（二）电商精准扶贫树立典型，农产品网销规模稳步扩张

电商扶贫政策保障逐步建立。甘肃省先后出台了《2018年电子商务专项资金项目实施方案》《关于进一步加强电商扶贫和电子商务进农村综合示范工作的通知》等扶持政策，为电商扶贫工作提供了有力的政策支撑和组织保障。电商三级服务体系加速覆盖。到2018年上半年，全省已建成县级电商服务中心75个，实现了贫困县全覆盖；乡级电商服务站1159个，其中深度贫困乡覆盖率达82.5%；村级电商服务点5375个，贫困村覆盖率为50%，农产品上行重要阵地作用得以有效发挥。特色农产品网销规模快速扩张。与阿里巴巴、京东、苏宁等知名电商平台的合作持续深化，不仅在网上开设了"甘肃原产地旗舰店"，同时还增设了线下体验店，陇南、定西、甘南和临夏分别在青岛、福州、天津和厦门的特色产品电商体验馆运营，在扩大全省特色产品销售规模的同时，也显著提升了陇货品牌的市场影响力。电商扶贫新模式探索成效突出。电商网店带动、电商产业带动、电商创业带动、电商就业带动和电商入股带动的"陇南模式"，以及将电商订单种植与"一户一策"产业规划精准对接，倒逼种植产业结构调整的"环县模式"得到商务部和国务院扶贫办等相关部门的充分肯定，并在全国交流推广。

（三）"一村一品"产业扶贫成效显著，陇货精品优势逐步凸显

甘肃省全力实施贫困村"一村一品"产业推进行动，特色优势产业获得了长足发展。坚持立足资源禀赋和区位优势，大力发展草食畜、优质林果、蔬菜、中药材、马铃薯、现代制种等优势产业以及品质优良、特色明显、附加值高、增效显著的"名优特新"农产品，主导产业规模化发展成效显著。农产品知名品牌培育效果明显，积极开展"三品一标"认证及申报工作，农产品市场份额与竞争力显著提升，静宁苹果、兰州百合、定西马铃薯、高原夏菜等地方性特色产品驰名省内外，苹果、马铃薯、蔬菜和中药材省外市场销售份额分别达80%、50%、35%和70%以上。全省"一村一品"专业村镇建设步伐加快推进，数量共计840个，其中57个为国家级示范村镇。"一村一品"产业覆盖领域不断拓展，产品种类持续增加，专业化村镇通过无公害农产品和绿色食品认证的比重分别达到80%和50%以上，推进主导产业规模化、专业化、标准化、品牌化和市场化建设的重要性逐步显现。

三 甘肃住宿和餐饮业、批发和零售业存在的主要问题

（一）居民消费需求受抑，消费驱动增长效果不明显

进入2018年，甘肃省居民消费价格平稳上涨，8月末累计消费价格总水平同比上涨2.2%，涨幅居全国前十位。较快上涨的物价与收入水平长期偏低的矛盾越发凸显，不仅降低了居民消费能力，也使消费意愿与消费需求备受抑制，不利于消费促进经济增长格局的形成。通过与全国的对比可知，2010~2016年甘肃批发和零售业对地区生产总值的贡献度显著偏低，全国贡献度平均可达11.2%，甘肃仅为7.65%，平均差距保持在4个百分点左右；就拉动度而言，甘肃与全国的差距甚微，全国批发和零售业拉动国内生产总值增长了0.9个百分点，而甘肃则拉动地区生产总值增长了0.81个百

分点，差距均值不足 1 个百分点（以上均剔除了 2015 年的影响）（见图 8）。表明批发和零售业对甘肃省经济增长的贡献度不足，消费拉动经济增长的第一驱动力作用尚未显现。

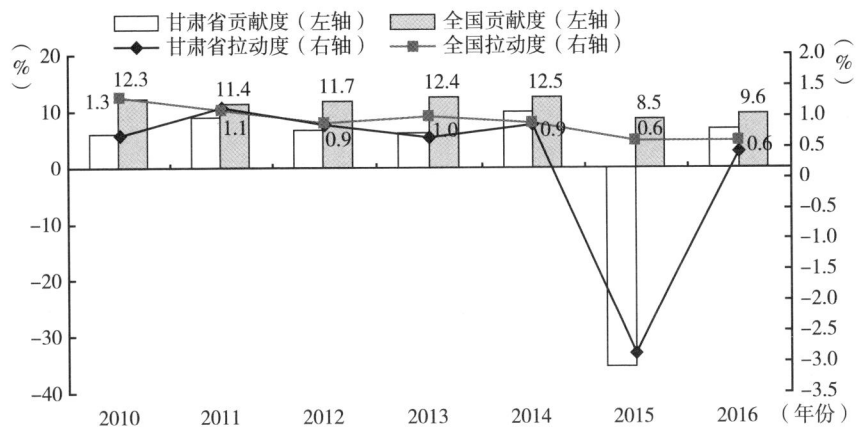

图 8　甘肃与全国批发和零售业贡献度和拉动度对比

资料来源：《中国统计年鉴 2017》。

（二）高端餐饮持续遇冷，实体业态经营难度加大

自中央八项规定实施以来，厉行勤俭节约、反对铺张浪费等活动常态化开展，各类商务会议、年会活动等大面积取消，商务消费与集团消费得到了有效遏制，各级政府针对婚、丧、学、寿、百日宴等出台了更为严格的新规定，导致高端餐饮及其相关消费受到抑制，对限上餐饮业的经营规模和企业效益产生了较大影响。此外，受眼界、创新能力、资金实力以及大数据技术水平等制约，甘肃传统实体业态向技术驱动零售变革转型的能力依然欠缺，对于促进线上线下融合发展仍处于探索阶段，既要抵御同质化竞争的威胁，还需面对网购分流的压力，企业经营难度与日俱增。

（三）限上企业带动作用有待加强，餐饮业卫生状况堪忧

限额以上企业是批发和零售业与住宿和餐饮业的重要支撑和骨干力

量。2018年上半年,甘肃批发业限上企业完成本行业销售总额的65.67%,增长率低于全省批发业0.1个百分点;而限上零售业占全行业销售额的比重略高于1/4,但增长率比本行业平均水平低8.1个百分点。同期,限上住宿和餐饮企业各自实现本行业30.21%和4.67%的营业额,增速分别低于全省住餐行业5个和17.5个百分点。相较于第一季度,限上批发、零售和住宿企业在本行业销售额或营业额中的占比所有增加,分别提高了1.44个、1.75个和0.87个百分点,限上批发企业的支柱地位不断强化,零售和住宿企业的主体优势也逐步凸显。限上批发和零售业销售额与住宿和餐饮业营业额增长率均低于所属行业,除批发业增速差距明显缩小外,其他行业均呈逐步拉大之势,限额以上企业对所在行业的拉动效应未能充分发挥。

个体户与小微企业作为餐饮业的绝对主力,始终是食品卫生监管的重点与难点所在。受资金实力、经营面积等的限制,小微餐饮业卫生设施与硬件条件相对简陋,无证无照经营行为无法根除,超出卫生许可范围经营、厨房设施布局不达标等现象普遍存在。加之从业人员卫生意识淡薄,岗前健康体检率低,"防鼠、防蝇、防潮、防尘"等有效设施缺失,工用具与容器乱摆乱放,餐饮具清洗、消毒、保洁不规范等乱象屡见不鲜。随着在线订餐、外卖配送等服务的飞速发展,行业监管的难度进一步加大,食品卫生安全隐患日益凸显。加强行业自律,完善行业监管的规则体系,推动行业规范化经营是当前亟须解决的一项重点任务。

(四)小微型企业占据绝对主体,辐射带动力明显不足

消费人群广、市场需求旺、准入门槛低、投资回报快等优势使批零住餐行业成为广大投资者的首选行业之一。第三次经济普查数据显示,甘肃省批零住餐行业小微企业法人单位共计27508个,从业人员26.8万人,占四大行业法人单位及从业人员总量的比重分别高达97.57%和70.34%;全省批零住餐行业有证照个体经营户共计348700个,吸纳从业人员70.2万人,分别相当于企业法人单位的12.37倍和1.84倍。由此可见,个体经营户在批零住餐行业中占据绝对优势，既是行业发展的潜力所在，也是吸纳就业的主力军，更是行业繁荣的促进者，小微企业的主体地位异常突出，已成为行业发展的中流砥柱。流通企业规模普遍较小，抗风险能力弱，集聚效应和规模效应难以形成，支撑、辐射和带动能力有限，严重制约了产业层次、管理水平及整体效益等企业升级目标的实现。

（五）从业者素质整体偏低，产业化发展程度不足

建设一支人员充足、结构合理、专业素养高的经营管理队伍是增强流通企业竞争力的重要举措。然而低学历从业者占据绝对主体地位已成为流通行业的标志性特征，甘肃省批零住餐行业以初中及以下学历人员为主力军，从业者文化素养与技能水平整体偏低，较高学历、专业技师和管理型人才严重匮乏，企业营销战略保守落后，竞争手段单一，应对风险的能力较弱，企业技术创新滞后，经营管理能力与市场化运作水平无法满足发展需求。加快建立人才培养机制，健全从业人员资格认定和岗位培训制度，全面提升从业人员综合素养，推动流通领域专业人才推陈出新，是提高批零住餐企业竞争力的根本出路。

四 加快甘肃住宿和餐饮业与批发和零售业发展的对策建议

（一）合理布局商业网点，着力优化消费环境

农村地区基础设施严重滞后、城区部分地段商业设施不足是甘肃改善消费环境的突出短板，既造成了农村消费升级缓慢，也无法满足城市居民消费需求。引导城乡商业网点合理布局、加快构建安全便捷高效的物流服务体系是推动商贸流通现代化的迫切需要。要抢抓甘肃建设国际物流大通道的有利契机，加快物流基础设施网络建设。一是持续完善农村市场体系。加快大型商品交易市场建设进程，继续开展公益性大型农产品批发市

场建设试点,在符合条件地区继续推进农产品产地批发市场建设,重点在"两州一县"和深度贫困县区实施农贸市场建设和改造升级项目,进一步增强市场辐射功能,降低流通成本。二是加快推进现代商贸物流体系建设。大力发展冷链物流,进一步加大国家冷链物流试点项目争取力度。落实城乡高效配送专项行动计划,推动各市州骨干企业的重点物流项目有序开展。三是加快提升基本便民商业网点覆盖率。立足因地制宜、便民便利的原则,不断提高商品配送中心、乡镇商贸中心和标准化农家店覆盖范围。落实商务部工作部署,推动建设一批城乡便民消费服务中心项目。积极开展社区综合服务中心试点工作,全面改善城乡消费环境,促进居民便利消费和社区商业转型升级。

(二)加快培育流通领域龙头企业,推进品牌化连锁经营

持之以恒地推进重点商贸流通企业的培育工作是甘肃加快内贸流通发展的一项核心任务。应有效利用外部资源,下大气力引进沃尔玛、家乐福等国际零售巨头,切实增强批发和零售业的整体支撑力。加大资源协调与行业整合力度,鼓励具备一定实力的大中型流通企业,通过资产重组或业务联合等形式实现规模发展,力争打造一批资本雄厚、规模经营、市场开拓能力强的大型流通企业和企业集团。引导外来资本与民间资本进入住宿和餐饮业,培育壮大住宿和餐饮业市场主体,大力发展集团化连锁和品牌化经营,不断增强市场拓展能力。鼓励企业加快完善法人治理结构,优化业务流程,建立现代企业制度,加快培育一批具备自主创新能力、品牌响亮、主业突出、管理现代、辐射面广、核心竞争能力强的商贸流通优势企业。着力构建分工合理、梯度互补的多层级企业集群,通过发挥示范带动效应,促进行业整体实力全面跃升。

(三)加快技术创新步伐,积极培育商业新业态

顺应"互联网+"趋势,加快推动商贸流通业发展方式变革与创新,大力发展连锁经营、物流配送、电子商务等主流贸易方式。促进互联网技

术与传统商贸模式对接，探索大型百货、购物中心等实体店数字化改造，鼓励企业线上线下互动创新与深度融合，试点开展O2O新零售购物体验中心建设项目，切实激发实体商业发展活力。加快完善三级电商公共体系建设，进一步加大贫困村的覆盖率；扎实做好国家电子商务进农村综合示范项目；继续深化与知名电商企业的合作，不断扩大特色农产品网销规模；大力培育本土电商平台和贫困地区农产品网货品牌，着力改善电子商务发展环境。

新兴业态是推动批零住餐行业发展的倍增器。支持百货商场、购物中心等商贸活动场所增加餐饮、休闲、娱乐、健康、文化等服务性消费，逐步向商业服务综合体转型，着力打造主体多元、业态多样、业种丰富的商圈。对住宿和餐饮业现有资源进行分类整合，新建或改造一批设施齐备、功能完善、服务上乘的高端品牌酒店和星级酒店，提高高端国际会议、大型会展和旅游名城的接待能力。同时，大力推广特色浓郁、主题突出、性价比高的休闲度假酒店、主题酒店、汽车旅馆、客栈民宿以及长、短租公寓等细分业态，以满足不同阶层的多样化消费需求。

（四）"双轮驱动"推进改革，以高品质供给引导消费需求

随着居民消费需求向享受型和发展型转变，追求时尚化、差异化与个性化的消费观念已渐成主流。客观上要求企业转变经营理念，立足市场调研基础，准确把握消费者心理，积极顺应市场需求，在品牌营销和品质服务上深耕细作。鼓励企业勇于创新、大胆尝试，批发和零售企业要针对不同消费群体，加大自主品牌研发力度，提高定制化商品比重，有效规避价格战冲击，力争在产品品质上取得新突破。住宿和餐饮企业要突出特色服务和个性化经营，大力推进经营模式创新，将地域文化与企业文化融入服务当中，避免同质化竞争。大力发展主题策略驱动下的球迷餐厅、迷你包厢、太空舱、情侣酒店等，设置情侣套餐、小礼品赠送等服务项目，积极开展生日、结婚纪念日等酬宾活动。坚持立足具体消费需求，为顾客提供全方位、定制化服务，通过创造有效供给激活消费新需求。

（五）深化商旅文融合发展，助推行业转型升级

充分发挥旅游业综合性强、关联性高的优势，促进商旅文融合创新发展，为批零住餐行业全面升级注入强大动力。立足甘肃厚重的文化底蕴和丰富的文化与旅游资源，通过兰州国际马拉松等重大赛事和兰洽会、敦煌文博会、丝绸之路国际旅游节等展会节会，不断提升甘肃旅游国际影响力，努力做强敦煌文化、黄河文化、伏羲文化等甘肃品牌，增强对境内外游客的吸引力。发挥好文化旅游产业的消费带动效应，加快旅游基础设施和配套服务体系建设，重点推进商业设施完善和规划布局，进一步加大餐饮、住宿和娱乐等传统行业改造力度，鼓励企业积极开发彰显地域特色的旅游商品。以旅游凝聚人气，以文化注入灵气，以商贸汇聚财气，不断延伸文化旅游消费链，着力打造商旅文全方位融合的特色发展之路。

参考文献

孙海峰：《我省加快促进一村一品发展——力争"十三五"末专业村镇达到1000个以上》，《甘肃日报》2018年1月22日。

张丽霞、谭珍运：《小型餐饮业卫生现状与监督管理对策》，《疾病监测与控制》2014年第9期。

《批发零售业、住宿与餐饮业发展状况及前景研究》，浙江统计信息网，2018年8月。

甘肃省统计局：《甘肃省住宿餐饮业多元化发展》，2013。

《鄂尔多斯批零住餐业发展探析》，鄂尔多斯智库，2017年9月。

《商旅文深度融合 为转型发展注入强动力》，新华网，2017年4月13日。

B.5
甘肃电子商务发展态势、问题、成效调查报告

胡圣方*

摘　要： 当前，电子商务深刻改变了商品的消费、流通和生产过程，在引领全球数字经济的发展和提升传统产业的竞争力上发挥着越来越重要的影响。甘肃虽地处欠发达地区，但电子商务发展很快，交易体量不断增长，扶贫成效非常显著，跨境电商实现突破。从微观看，甘肃还面临电商政策接续力、电商企业竞争力和电商人才支撑力方面的挑战；从宏观看，甘肃电子商务需更加注重对接战略发展，更加注重协调地方发展和更加注重融合城乡发展。

关键词： 甘肃　电子商务　电商扶贫　跨境贸易

当前，我国电子商务飞速发展，深刻改变了商品的消费、流通和生产过程，极大促进了数字经济的发展和乡村振兴的推进，加强了全球经济体之间的互联互通和人类命运共同体的构建。电子商务在引领全球数字经济的发展和提升传统产业的竞争力上发挥着越来越重要的影响。同样，电子商务也在深刻影响着甘肃经济发展战略和人民生活消费方式，尤其是在促进脱贫攻坚和内需增长上表现明显。梳理、探讨和厘清甘肃电子商务发展的成效、态势

---

* 胡圣方，甘肃省社会科学院公共政策研究所副研究员，研究方向为电子商务。

和问题,有助于更好地发挥电子商务在推动乡村振兴和经济高质量发展中的作用。

一 中国电子商务发展的总体趋势

随着我国电子商务的体量不断增大,电子商务的服务、技术和政策环境渐趋成熟,电子商务越来越在经济和产业活动中发挥引领和推动作用,当前主要体现在四个方面,即引领数字经济发展、加快服务产业发展、促进区域平衡发展和推动跨境贸易发展。

(一)电子商务引领数字经济发展

中国电子商务交易体量在不断增大,国家统计局电子商务交易平台调查显示,2017年全国电子商务交易额达29.16万亿元,同比增长11.7%。电子商务交易总额持续增长,而自2014~2017年同比增长率呈下降趋势,分别为57.6%、32.9%、19.8%、11.7%,说明中国电子商务正逐渐迎来发展的拐点。而扭转电子商务增长率下滑趋势,很大程度上取决于电子商务的创新发展,尤其是技术创新。事实证明,近年来随着大数据、云计算、人工智能和虚拟现实技术的发展,电子商务越来越与数字技术融合,甚至成为数字技术创新的重要推动力量。如电子商务利用大数据分析用户需求进行智能推荐,利用无人机和无人车进行物流的改造和提升,利用虚拟现实技术满足用户的个性化需求。随着电子商务越来越多地利用数字技术提升用户终端消费体验,其必然倒逼产品制造的前端环节进行数字化革新,进而加速、协调和创新产品的生产、流通和消费过程,也必然引领中国数字经济的发展。

(二)电子商务加快服务产业发展

电子商务的飞速发展助推了网络支付的快速普及,据中国互联网络信息中心调查数据,截至2018年6月,我国网民规模达8.02亿,网络支付用户规模达5.69亿,其中手机支付用户规模为5.66亿。另据中国人民银行数据，2017年我国非银行支付机构发生网络支付业务达2867.47亿笔，同比增长74.95%，支付金额达143.26万亿元，同比增长44.32%。网络支付的普及、网络安全技术应用和网络法规逐步完善共同铸就了网络用户信任环境，进而极大提升了网络用户的消费意愿。而当前网络用户的这种消费意愿正逐渐从实物转型到服务，如旅游、娱乐、出行、理财、教育、家政、医疗、养老等多领域。同时在提升消费、扩大内需的宏观政策下，在加快数字经济发展和科学技术创新的战略选择下，电子商务必然深刻改变传统服务产业现状，加快现代服务业的孕育和发展。

（三）电子商务促进区域平衡发展

电子商务打破了区域商品和服务信息的封闭与隔阂，构建了全国乃至全球统一的、共享的、快速的商品和服务的交流、交易的开放平台。开放的、市场的、多样的商品和服务的竞争，必然汰劣存优，使某一些区域占据优势的产业拥有更加广阔的市场，而使另一些区域占据劣势的产业进一步压缩发展的空间。如我国电子商务东西部发展不平衡，就是东部地区的制造业水平要远远高于中西部地区。电子商务所构建的统一的、开放的、自由的网络市场，随着市场竞争的加剧和消费者兴趣转移，必然推动加快形成区域的、特色的、优势的产业分布格局，以达致各个区域和产业的平衡发展。如就农产品和工业品而言，农产品上行和工业品下行将打破城乡二元经济结构，促进城乡经济的融合与互补。据商务部数据，2017年全国农村实现网络零售额达1.24万亿元，同比增长39.1%，农村网店达985.6万家，同比增长20.7%。可见，电子商务的发展在短期内可能导致强者更强，但长期来看将促进区域平衡发展。

（四）电子商务推动跨境贸易发展

全球经济一体化是时代潮流，跨境电子商务的蓬勃发展就是最好的证明。据中国海关总署数据，2017年经中国海关办理的跨境电子商务进出口清单达6.6亿票，是进出口货物报关单的8.4倍；进出口商品总额为902.4

亿元，同比增长80.6%。其中出口为336.5亿元，进口为565.9亿元，同比分别增长了41.3%和120%。跨境电子商务发展推动了传统外贸升级，拓宽了中国制造"走出去"的渠道，满足了国内高质量发展的需求，构建了多边更为紧密的贸易联系。

二 甘肃电子商务发展的主要成效

甘肃电子商务发展的成效主要体现在三个方面，即电子商务交易体量不断增长、电子商务扶贫成效持续扩大、跨境电子商务发展实现突破。

（一）电子商务交易体量不断增长

近年来甘肃电子商务快速发展，电子商务交易体量不断增长。2017年甘肃省实现电子商务交易额2760亿元，同比增长32.7%。其中B2B市场交易额2180亿元，同比增长26.7%。网络零售市场交易额470亿元，同比增长37.4%。服务类电子商务交易额110亿元，同比增长47.6%。2017年甘肃全省实现农产品网络零售额87亿元，同比增长43.5%。而从甘肃企业电子商务的销售额和采购额来看，电子商务交易额总体呈增长趋势（见图1）。电子商务发展的良好势头为甘肃加快脱贫攻坚进程和促进甘肃传统产业改造升级奠定了坚实的基础，也为甘肃新经济和新产业发展贡献越来越多的力量。

（二）电子商务扶贫成效持续扩大

甘肃农业极具特色优势，同时脱贫攻坚任务繁重，将农业、电子商务和脱贫攻坚结合起来，是甘肃直面困境、顺应变革、发挥优势的现实选择。近年来，甘肃通过电子商务扶贫取得了巨大的成效。

不断加强服务体系建设。服务体系是电子商务发展的骨架，建设好服务体系是促进电子商务良好发展的基础工作。近年来，甘肃以"县有电商服务中心、乡有电商服务站、村有电商服务点"的体系建设为目标，将电子

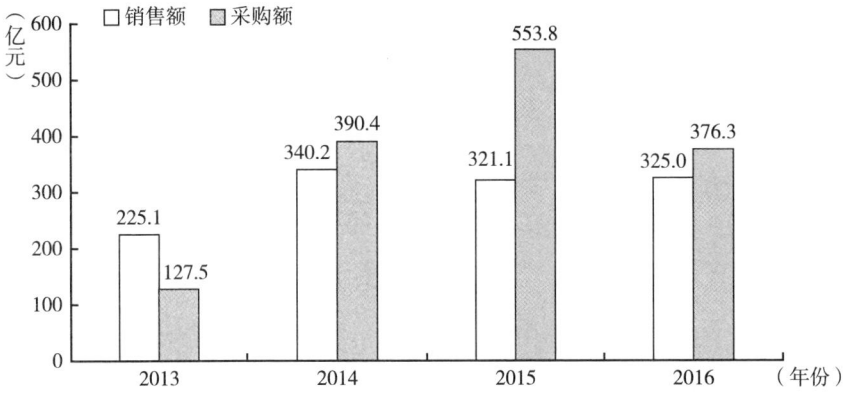

图1　2013~2016年甘肃企业电子商务销售额和采购额

资料来源：2014~2017年《中国统计年鉴》。

商务服务体系建设与脱贫攻坚相结合，近3年来甘肃省财政累计下拨资金1.2亿元，着力支持贫困县三级电商服务体系建设，使农产品上行和工业品下行更加顺畅。截至2017年底，全省已建成75个县级电商服务中心，实现了贫困县全覆盖，建成1159个乡级电商服务站，5360个村级电商服务点，分别覆盖了70%的贫困乡和50%的贫困村。服务体系的建设和完善极大拉动了全省电子商务的发展。

持续强化人才培训支撑。近年来甘肃积极与国内院校、知名电商平台和省内外电商企业联系，邀请电子商务方面的专家教授和具有实战经验的企业负责人开展全方位培训，取得了很好的效果。同时与杭州电子商务联盟打造甘肃电子商务公共服务平台，为基层干部和三级公共服务体系从业人员开展网上（远程）培训，从2014年起，每年培训超过10万人次。2017年甘肃启动"电商扶贫培训全覆盖"工程，即覆盖全省1169个有建档立卡贫困人口的乡，覆盖全省6220个建档立卡贫困村和10006个有建档立卡贫困人口的非贫困村。电子商务人才培训不仅支撑了电商扶贫工程的顺利开展，也增强了农村发展的内生动力和激发了农民增收脱贫的信心。

培育壮大本土电商平台。培育本土电商平台是挖掘地方特色优势资源、激发地方电商发展活力进而形成引领地方数字经济发展潜力的重要举措。近年来,甘肃在积极深化与阿里巴巴、京东、苏宁等电商平台合作的同时,积极培育和壮大本土电商平台。如兰州银行"百合生活网",甘肃巨龙集团"聚农网"、"沙地绿产网"、甘南州"藏宝网"。甘肃本土电商平台的成长和壮大为甘肃脱贫攻坚、乡村振兴、跨境电商乃至数字经济等重大发展战略贡献着越来越多的力量。

充分发挥示范带动作用。电子商务示范项目发挥着引领和带动作用。近年来,甘肃以国家电子商务进农村综合示范项目为重点,积极申报并组织实施,截至目前共有40个县列入国家电子商务进农村综合示范县,中央财政分别给予每个县2000万元资金支持,全省共计8亿元。示范县不仅获得宝贵的财政资金支持,通过该项目也促进农村电子商务的创新探索和发展。同时大力推广电商扶贫模式。随着甘肃电子商务与脱贫攻坚的深度融合,甘肃在电子商务扶贫方面涌现了一些典型的经验和模式,如陇南模式、环县模式、广河模式(见表1)。这些扶贫模式既考虑了地区发展的差异性,也结合了电子商务发展的共同特性,具有很强的推广价值和带动作用。

表1 甘肃电商扶贫的典型模式

扶贫模式	典型经验	主要成效
陇南模式	陇南市通过大力建设网络销售、网货供应、物流配送、宣传展示等平台,构筑了电商发展的基本条件。在电商扶贫的实践中,探索出5种典型的模式,即电商网店带动、电商产业带动、电商创业带动、电商就业带动和电商入股带动,极大激发了群众创业热情,提高了贫困农民收入和加快了地区脱贫进度	陇南市被评为"全国电商扶贫示范市"、国家电子商务示范城市。截至2017年7月,全市累计开办网店11000余家、微店7800多个,实现农产品网络销售额61.16亿元,带动贫困人口18万人
环县模式	一是完善农产品质量标准,制定了环县燕麦、环县大豆等地方性农产品标准15项,7种产品获得了绿色食品认证。二是探索农产品网销模式,形成了"订单、加工、品牌、包装、监管、配送""六统一"的发展模式。三是建立农产品质量追溯体系,保证了环县网销农产品"来源可追溯、去向可查证、责任可追究、质量有保障"	2015年至2017年9月底,累计实现电子商务交易额6.52亿元,累计实现网络零售额1.6亿元,带动农民人均纯收入增加280多元

续表

扶贫模式	典型经验	主要成效
广河模式	广河县的主要做法是"三结合",一是传统产业与新兴产业相结合,充分利用皮革、毛纺等传统特色产业,推动传统企业融合电子商务,拓宽销售渠道,增强企业发展活力。二是网上营销与线下经营相结合,积极挖掘地方特色,并对接第三方电商平台,拓宽特色产品销售渠道。三是电商扶贫与促进就业相结合,通过采取"电商企业+贫困村+贫困户"的模式,带动贫困户从事家庭作坊加工,吸纳未就业的大中专毕业生和社会青年开设网店和在电商企业就业	截至2017年底,全县电商企业发展到110家,从业人员5000多人,微商2000多人。全县电商企业中有皮革毛纺类18家,虫草、中药材类26家,食品加工类35家,创业个体及其他类11家

资料来源：甘肃省商务厅。

(三) 跨境电子商务发展实现突破

甘肃具有在"一带一路"建设中得天独厚的通道优势，也具有三大国际陆港和三大国际空港的平台优势，大力发展跨境电子商务既是甘肃发展通道物流产业的现实需要，也是打造开放经济体提升外贸竞争力的战略选择。同时，随着中亚、南亚、中欧班列常态化运营，以及南向通道的加快建设、甘肃"铁公机、江海息"的立体综合物流体系的构建，跨境电子商务必将成为引领甘肃经济发展的新引擎。

2018年7月13日，国务院会议决定在兰州等22个城市新设跨境电商综合试验区，中国（兰州）跨境电商综合试验区的设立极大赋能了甘肃跨境电商发展的潜力。兰州市具有很好的跨境电商发展基础，2017年兰州市电子商务交易规模突破1000亿元，带动第三产业完成增加值1580亿元，同时兰州市也具有厚实的人才、物流、信息等发展要素。通过"积极实施跨境电商经营主体培育、跨境电商品牌打造和跨境电商服务创新三大行动，打造跨境电商大数据信息中心、跨境电商产业聚集中心、面向'一带一路'的跨境电商智能物流中心、跨境电商人才培训创业中心四大中心"，兰州市有望引领甘肃数字经济的发展。

三 甘肃电子商务发展的主要态势

甘肃电子商务发展态势将呈现三个阶段,即提质期、融合期和引领期,实现甘肃电子商务持续良好发展需要把握和引导好三个阶段的发展机遇和变革。

(一)电商发展进入提质期

近年来甘肃电子商务的交易额平均以35%的速度增长,体量的持续增长充分证明了甘肃电子商务扶贫的显著成效和说明了甘肃内需消费动力的持续强劲。同时也要关注到宏观层面的变化,即中国电子商务交易额虽然在不断增长,增长率却在不断下降。这说明中国电子商务的发展进入了提质期和迎来了拐点。随着甘肃电子商务交易体量的增大,也必然会经历发展的高峰而进入提质期。纵然就目前而言甘肃电子商务发展尚处于不充分阶段,但受制于宏观环境的变化和脱贫攻坚的压力,甘肃电子商务的良好发展尚需大力实施品牌孵化计划,不断提升甘肃特色、优势产品的品质、品种并扩大宣传,扩大农村网络基础设施覆盖面和加强农村电子商务人才的培训力度,为甘肃电子商务持续发展提供源源不断的增长动力。事实上,甘肃在《关于下达2018年度电子商务专项资金计划的通知》中明确在四个方面促进电商扶贫工作,一是扎实推进县乡村三级电子商务服务体系建设,二是着力扩大本土特色产品网销规模,三是持续强化农村电商人才培训,四是大力培育贫困地区农产品网货品牌。该计划的实施,必然会促进甘肃电子商务发展更上一个台阶。

(二)电商发展渐入融合期

电子商务是当今世界经济发展的新潮流,是世界经济一体化发展的重要体现,是社会从信息化到数字化再到智能化必然涌现的经济形态。随着我国电子商务的不断发展,电子商务对各个领域的辐射和融合效应逐渐凸显,这既表现为电子商务与传统产业的纵向融合,也表现为电子商务向服务业延伸的横向扩张。同样，甘肃电子商务发展也渐入融合期，一方面是传统产业与电子商务的融合，主要表现在零售业和批发业，如广河县将皮革、毛纺等优势传统产业与电子商务融合。另一方面是线上线下融合，如甘肃通过深化与阿里巴巴、京东、苏宁等知名电商平台合作，开设网上"甘肃原产地旗舰店"和线下体验店；支持临夏州在厦门、甘南州在天津、定西市在福州、陇南市在青岛建设特色产品电商体验馆等。而在服务业领域，电子商务与文化旅游、出行、家政、教育、医疗、养老等呈现加速融合态势。《甘肃省深入推进"互联网+"行动实施方案》就提出，利用5年（2021~2025）时间，促进互联网在经济社会各领域的深度融合，全面推动网络经济与实体经济协同互动发展，积极构建互联网产业生态体系。到2025年，以互联网为引领的新兴产业体系基本形成，公共服务更加高效便捷，"互联网+"成为甘肃经济创新发展的重要驱动力。

（三）电商发展迎来引领期

习近平主席在2018年8月给首届中国国际智能产业博览会的贺信中指出："我们正处在新一轮科技革命和产业革命蓄势待发的时期，以互联网、大数据、人工智能为代表的新一代技术日新月异。促进数字经济和实体经济融合发展，加快新旧发展动能接续转换，打造新产业新业态，是各国面临的共同任务。"数字经济正成为时代的主流，而电子商务占据着为人们提供多样化、便捷化经济生活的有利位置，理所当然可成为数字经济的引领者。事实上，当前中国电子商务越来越趋向于与大数据、云计算、人工智能和虚拟现实等技术融合，并不断向各个领域和行业拓展，电子商务引领的数字时代已经到来。同样，甘肃电子商务的发展也必将迎来数字化乃至智能化，要更好地发挥电子商务改造传统产业和提升社会活力的作用，就需要甘肃电子商务发展顺应时代的变革，紧密结合实际引进和开发促进电子商务更快发展的数字技术，充分利用甘肃各个领域和行业的巨大市场和机会，培育和壮大一批引领数字经济发展的电子商务企业，为甘肃更好地在融入"一带一路"、脱贫攻坚和乡村振兴、十大绿色产业中贡献发展的潜力和动力。

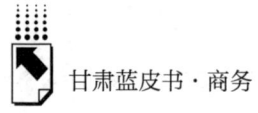

四 甘肃电子商务发展的主要挑战

甘肃电子商务发展的主要挑战表现为三个方面，一是电商政策接续力还显不够，二是电商企业竞争力还显不强，三是电商人才支撑力还显不足。

（一）电商政策接续力还显不够

电子商务政策发挥着引导和促进地区电子商务发展的作用，尤其是在经济不发达地区具有重要的输血和造血功能。近年来甘肃相继出台和实施了《甘肃省深入推进"互联网＋"行动实施方案》《2018年电子商务专项资金项目实施方案》《关于进一步加强电商扶贫和电子商务进农村综合示范工作的通知》《关于推进电子商务与快递物流协同发展的实施意见》等政策，对甘肃电子商务的持续良好发展、提升乡村产业发展的活力和激发农民干事创业的热情发挥了重要的引导和促进作用，尤其是强化三级公共服务体系建设，为甘肃电子商务强筋健骨奠定了坚实的基础。但同时也应看到，实现产业脱贫、电商扶贫、企业带贫的协同发力，既需要一批现代农民和农业经营主体，也需要一批懂经营、会管理的电商人才和企业家；既需要深入挖掘当地的特色优势产业和创新农业生产经营模式，也需要大力发展农产品加工业和生产生活性服务业。这种状况决定甘肃需要将脱贫攻坚和乡村振兴战略结合起来，以"结对帮扶"为制度基础，以"三级服务体系"为骨架，在产业脱贫、电商扶贫和企业带贫中接续推出一批引导政策和实施项目，充分发挥示范带头作用，持续发力，实现甘肃农民富裕、农业兴旺和乡村振兴的美好愿景。

（二）电商企业竞争力还显不强

电商企业对加速甘肃电子商务提质、融合、引领发展具有重要的促进作用。近年来甘肃培育和成长了一批具有地方和民族特色的本土电子商务企业，如藏宝网、百合网、聚宝网等，提升了甘肃电子商务的发展潜力和扩大了甘肃网销产品的影响力。但同时也应看到,甘肃本土电子商务企业起步较晚,特色产品的丰裕度不足,网络宣传的影响力较小,数字技术开发能力较弱,增加用户黏性的手段不多,这些决定了甘肃本土电子商务企业的竞争力不强。在这种状况下,应鼓励和引导本土电商企业走差异化发展路子。孵化和强化一批"人无我有"的特色优势产品的品牌,走特色之路。引导和推动电子商务企业与传统产业、文化旅游乃至家政教育融合发展,增强用户黏性。建立本土电子商务企业与省内外高校、科研院所以及知名电商企业的交流合作机制,强化自我技术开发能力。培育和支持少数民族地区电子商务企业拓展和深耕西北市场,做大做强。

(三)电商人才支撑力还显不足

电商人才是电子商务发展的基础支撑。近年来,甘肃实施"电商扶贫全覆盖工程",逐渐填补了农村电商人才缺口。在《关于下达2018年度电子商务专项资金计划的通知》中,甘肃省商务厅下拨90万元电子商务人才培训资金,用于整合现有培训资源,构建由政府相关部门、社会团体、高等(职业)院校及电商龙头企业为主体的贫困地区电商扶贫人才培训体系,有针对性地开展多层次培训。虽然甘肃电商人才的培训力度在不断加大,但相对于满足甘肃脱贫攻坚的需求,以及促进电子商务向提质、融合与引领发展的人才还远远不足,尤其是具有战略眼光、擅长管理、创新经营模式的电子商务高端人才极为欠缺。这种状况决定甘肃需要具有前瞻眼光建立高、中、低三级的电子商务人才培训体系,丰富培训的内容和创新培训的方式,加大高端电子商务人才的培养,不断强化电子商务发展的人才支撑力。

五 甘肃电子商务发展的对策建议

随着甘肃电子商务交易体量不断增大,提质升级是必然趋势。从宏观层面看,甘肃电子商务应更加注重对接战略发展、更加注重协同地方发展、更加注重融合城乡发展。

（一）更加注重对接战略发展

电子商务的发展必须顺应时代的变革，走数字化和智能化的变革之路；也必须与国家和地区的宏观发展战略对接，顺应改革发展的潮流，才能更好地引领经济发展和促进社会进步。就甘肃电子商务发展而言，一是要着力发展跨境电子商务，充分利用口岸和陆港的硬件基础，以及甘肃大力改造和提升外贸软环境的机遇，着力打造中国（兰州）跨境电商综合试验区，使电子商务新经济更好地在南向通道和向西开放的"一带一路"建设中发挥作用，提升甘肃通道枢纽功能和促进传统外贸转型升级。二是持续强化电子商务与脱贫攻坚的结合，不断加强三级服务体系建设，大力开展电子商务人才培训，积极扶持本土电子商务企业和平台，协同产业脱贫、电商扶贫和企业带贫，实现甘肃2020年建设全面小康社会。三是促进电子商务高质量发展，大力实施农产品品牌孵化计划，推动电子商务与中医中药、文化旅游、通道物流、数据信息等绿色产业的融合发展，以及促进电子商务向医疗、交通、家政、教育、养老等行业的拓展，发挥电子商务引领数字社会发展的重要作用。

（二）更加注重协同地方发展

电子商务发展的区域失衡不仅体现在我国东、中、西部的阶梯分布上，即便是在甘肃地方之间也呈现一定的失衡状态，这就需要甘肃电子商务注重协同地方发展，以更加均衡和持续地保持电子商务的良好发展势头。一是大力支持民族州电子商务发展，甘肃民族州贫困程度较深，但在特色农产品、民族用品、手工制品等多领域具有优势，应加大民族州电商人才的培养和培训，扶持民族州电子商务企业，使其在甘肃脱贫攻坚和民族地区的数字化发展中贡献更多力量。二是大力支持"口岸"市的电子商务企业做大做强，发挥"口岸"市对周边县区的辐射带动作用，为跨境电子商务的发展奠定较好的基础。三是大力支持"文旅"市的电子商务企业融合发展，充分发挥甘肃文化旅游的产业优势，促进文化旅游对电子商务的带动，使电子商务更好地加快现代服务业的发展。

（三）更加注重融合城乡发展

城乡融合发展是历史潮流，我国《乡村振兴战略规划（2018～2022年)》就明确提出，坚持城乡融合发展，加快形成工农互促、城乡互补、全面融合、共同繁荣的新型工农城乡关系。电子商务突破地域限制、实现信息实时共享、占据经济生活有利位置的特点在融合城乡发展上具有天然优势。一是创新机制和方式推动农产品上行和工业品下行，充分利用新媒体、新技术、新时点、新节日，将网络博览会等各种展会、农民丰收节等各种时点有机联系起来，使电子商务成为促进城乡融合发展的新纽带。二是深入发掘农业农村的生态涵养、休闲观光、文化体验、健康养老等多种功能和多重价值，充分挖掘电子商务与现代服务业融合的潜能，使农村的特色服务业和城市的消费力通过电子商务的撮合有机结合，促进乡村振兴和城市消费。三是促进电子商务与社会公益结合，重振乡村文化和社会公德。

B.6 甘肃大型会展商务成效评价及对策建议

魏学宏*

摘　要： 2018年，甘肃大型会展商务主题鲜明，区域优势和特色突出；促销成效显著，社会效益良好；境外企业和国际友人参与多，国际化色彩和氛围浓厚；高端人才汇聚，商务配套活动多，公众参与互动度高；专题论坛（峰会）高端前沿，报告精彩纷呈。总体呈现快速发展的良好态势，并逐步成为支撑全省经济增长的重要动力之一。为了进一步树立甘肃大型会展商务的良好形象，争取更大成效，建议政府给予大型会展商务重点扶持，使其超常规发展；提升经营服务理念，推进大型会展商务提质增效；优化全省展览业布局，构建全省大型会展商务发展体系；加大招商引资力度，强化大型会展创新和品牌意识；政府推动与市场主体相结合，提供优质的服务，凸显市场化运作战略，树立大型会展服务环境的良好形象；充分利用信息技术，推进大型会展商务的智能化；提升大型会展从业人员的业务水平，发挥行业协会的积极作用，推进大型会展商务壮大发展。

关键词： 甘肃　会展商务　展览会

近年来，甘肃会展业持续发展，会展、论坛（峰会）的数量和质量在

---

* 魏学宏，硕士，甘肃省社会科学院决策咨询研究所副研究员，主要研究方向为美学、信息与文化。

不断增加和提高，档次和规模在不断提升和扩大。甘肃也集中力量优先发展了中国兰州投资贸易洽谈会、丝绸之路（敦煌）国际文博会、中国（甘肃）中医药产业博览会等符合区域发展方向的重大重要会展项目，树立甘肃大型会展商务的形象。可以说，甘肃大型会展商务的发展汇聚了巨大的信息流、众多的商品流和强大的技术流，这不仅促进甘肃省区域产业基地的建设，带动了兰州、定西、张掖、白银等城市的餐饮、住宿、交通、购物、广告、旅游等相关行业的发展，而且把商品展览展示、经济技术合作、科学文化交流融合为整体，对甘肃各地区的经济社会发展产生了较强的拉动效应。与此同时，随着对外开放的不断深入，大型会展更是对甘肃融入"一带一路"建设发挥了重要作用。

一　2018年甘肃展览会（博览会）、论坛（峰会）举办概况及特点

（一）2018年甘肃展览会（博览会）、论坛（峰会）举办概况

表1　2018年甘肃展览会（博览会）举办概况

展览会(博览会)名称	主要主办（承办组织）单位
第二十四届中国兰州投资贸易洽谈会	商务部、国家市场监管总局、国务院台办、全国工商联、中国侨联、中国贸促会和甘肃省人民政府
第三届丝绸之路（敦煌）国际文博会	中宣部牵头,甘肃省人民政府、文化部、文化和旅游部、国家广播电视总局、中国贸促会共同主办
2018首届中国(甘肃)中医药产业博览会	国家卫生健康委员会、国家中医药管理局、甘肃省人民政府
2013第五届兰州年货会	中国商业联合会、甘肃省商业联合会、兰州市商务局、甘肃旭峰会展文化传媒有限公司
2018第42届中国·兰州（春季）国际广告/LED照明/印刷包装及办公设备展览会	甘肃三力会展服务有限公司

续表

展览会（博览会）名称	主要主办（承办组织）单位
2018第十届中国（兰州）艺术品收藏博览会	中国观赏石协会、中国收藏家协会、兰州金骆驼文化传播有限公司、甘肃省黄河文化研究会、甘肃省观赏石协会、甘肃省收藏协会、甘肃省古玩书画协会
2018第十一届中国（兰州）艺术品收藏博览会	
2018（第七届）中国甘肃国际汽车交易会	中国机械国际合作股份有限公司、深圳市联合车展管理有限公司、甘肃会展商务有限责任公司、兰州新域车展服务有限公司
2018第十九届西北（兰州）医疗器械展览会	西北医疗器械与口腔设备展览会组委会、甘肃亚飞展览策划有限公司
2018中国西部（兰州）体育产业博览会	中国西部研究与发展促进会、甘肃省体育局、兰州市人民政府共同主办，兰州市商务局、兰州市体育局、兰州市文化和旅游局、兰州市经济合作服务局、甘肃会展中心有限责任公司承办
2018第七届西部（甘肃）社会公共安全防范产品与智慧城市警用装备博览会	甘肃省安全技术防范协会、甘肃省消防协会、甘肃省警察协会、甘肃亚飞展览策划有限公司
2018中国（甘肃）国际暖通展览会	中国建筑材料流通协会电供暖专业委员会、北展集团、新疆北展东方会展服务有限公司、山西北展东方会展服务有限公司
2018（第九届）中国西部（兰州）国际汽车博览会暨新能源及智能汽车博览会	中国机械国际合作股份有限公司、深圳市联合车展管理有限公司、甘肃会展中心有限责任公司、兰州新域车展服务有限公司
2018第九届中国国际乘用车配件博览会暨全国汽车易损件采购交易会	中华全国工商联汽车摩托配件用品业商会、郑州东信展览、郑州象过河展览
2018兰州"十一"国际汽车展览会	陕西显高传媒有限公司
2018第八届兰州文化旅游博览会	兰州市委市政府、兰州市委宣传部、兰州市文化和旅游局
2018第三届兰州科技成果博览会	甘肃省科学技术厅、兰州市人民政府、兰州市科技局
2018中国西部（兰州）国际教育装备展览会	国际教育同业协会、国际教育机构交流协会、宏圣国际展览集团、宏圣国际展览（北京）有限公司、国际技术与工程教育同业协会、英国教育行业协会、两岸教育装备行业协会、香港教育装备同业协会
2018丝绸之路国际生态产业博览会暨绿色有机产品（张掖）交易会	中国国际贸易促进会甘肃省委员会、甘肃省工商业联合会、张掖市商务局、中国国际贸易促进委员会张掖市支会、谊和永邦（北京）会展有限公司
2018年全国名优产品暨海峡两岸商品博览会	天水市人民政府
2018首届中国·天水休闲博览会	天水市人民政府、天水日报社

续表

展览会(博览会)名称	主要主办(承办组织)单位
第五届中国(兰州)茶业博览会	甘肃省茶业协会、云南省茶叶流通协会、广东省茶叶流通协会、宜兴市陶瓷行业协会、广州市东华文化发展有限公司
第一届兰州蓝装家博会	蓝装家博会组委会
2018年中国(兰州)花卉展销会	甘肃金城芳草园网络科技有限责任公司、甘肃省农牧厅、兰州花卉协会、兰州市生态建设管理局、甘肃银行、兰州市军创社会工作服务中心、兰州大学、兰州大学科技园有限责任公司、兰州一然园林绿化有限责任公司、甘肃嘉恒景观园林绿化有限责任公司、兰州市锦花园林绿化有限公司
2018旅游及文创产品(张掖)交易会	甘肃省工商业联合会、中国国际贸易促进委员会甘肃省委员会、张掖市人民政府、张掖市商务局、中国国际贸易促进委员会张掖市支会、谊和永邦(北京)会展有限公司
2018张掖第二届奇石玉器陶瓷工艺品博览会	张掖市鑫汇国际商贸有限公司、佳木斯万隆会展服务有限公司、张掖天丰文化传媒有限公司公司
2018首届酒泉现代种业博览会	酒泉市政府、省农牧厅、省种子管理局、肃州区政府、酒泉市农牧局、市种子协会等单位
甘南州合作市首届奇石玉器陶瓷工艺品博览会	合作温州商业街管理服务有限公司、佳木斯万隆会展服务有限公司、合作市商务局
2018白银第四届夏季汽车展会	白银市商务局、白银区工信(商务)局、中国人民财产保险股份有限公司、白银分公司、白银凤之韵文化传媒有限公司
甘肃省白银市体育场女篮赛暨大型奇石玉器服装展销会	南阳宝鸿玉器工艺品有限公司
2018中国(甘肃)储能技术与多能互补暨智慧能源产业博览会	甘肃省发展和改革委员会、甘肃省工业和信息化委员会、甘肃省贸促会、甘肃自然能源研究所、甘肃省太阳能风能协会、西安三合会议会展有限公司
2018第三届丝绸之路(嘉峪关)国际房车博览会	甘肃省工业与信息化委员会、甘肃省旅游发展委员会、嘉峪关市人民政府、中国汽车工业协会旅居车(房车)委员会
2018首届丝绸之路(嘉峪关)文化创意产品博览会	嘉峪关市人民政府、嘉峪关市文广新局、嘉峪关市文化和旅游局
2018中国·甘肃嘉峪关观赏石协会奇石玉器博览会	嘉峪关市市委宣传部、嘉峪关市国土资源局、嘉峪关市文广新局、嘉峪关市文化和旅游局、嘉峪关市观赏石协会
2018陇东汽车城第六届汽车博览会	陇东汽车城车展组委会主办、易车网、中国人保财险庆阳分公司、中国平安保险庆阳分公司、中国人寿财险庆阳分公司协办
金昌市首届文化节暨奇石玉器博览会	金昌市文化局、河南风迅文化传播有限公司
2018中国面条博览会	中国烹饪协会

续表

展览会(博览会)名称	主要主办(承办组织)单位
2018中国西部(兰州)国际幼教装备及用品展览会	宏圣国际展览集团
2018中国·兰州成功名家书画(春之韵)博览会	兰州成功美术馆
2018年甘肃青海图书馆资源建设学术论坛暨精品图书展览会	北京百万庄图书大厦有限公司、兰州城市学院图书馆
"一带一路"首届安宁(甘肃·兰州)文化旅游商品博览会	兰州市苏州商会、宁夏西部盛世会展文化传媒有限公司、成都食博会文化传媒有限公司、甘肃振升会展服务有限公司
2018第47届中国·兰州(秋季)LED光电照明展览会	甘肃省工商行政管理局、甘肃省商业联合会、甘肃省印刷技术协会、甘肃省广告协会、甘肃省广告标识协会筹备组、三力企业集团、甘肃奥美工贸有限公司、陕西省印刷协会、青海、内蒙古、新疆、宁夏等行业主管单位

资料来源：通过百度搜索整理，时间截至2018年9月30日。

表2　2018年甘肃论坛（峰会）举办概况

论坛(峰会)名称	主要主办(承办组织)单位
丝绸之路经济带生态农业发展论坛	商务部、国家市场监管总局、国务院台办、全国工商联、中国侨联、中国贸促会和甘肃省人民政府主办
丝绸之路合作发展高端论坛	
"一带一路"500强企业高峰论坛	
"一带一路"粮食安全高峰论坛	
中韩经济合作论坛	甘肃省人民政府、韩国驻华使馆
第二十四届兰洽会生物医药高层论坛	兰州高新区管委会、兰州市工信委
文化和旅游专题论坛	甘肃省人民政府、文化部、国家广播电视总局、国家文化和旅游部、中国贸促会
"一带一路"智库论坛	
中华文化与"一带一路"文化论坛	
"一带一路"文化创意创新论坛	
丝绸之路文物科技联盟论坛	
牙买加甘肃国际产业园区规划研讨会	
"一带一路"农业合作国际论坛	
通道与物流专题论坛	
国家公园与生态文明建设高端论坛	
数字丝绸之路大数据论坛	
"一带一路"沿线国家荒漠化防治与生态修复创新发展论坛	

续表

论坛(峰会)名称	主要主办(承办组织)单位
2018中国(甘肃)中医药产业博览会主题论坛	国家卫生健康委员会、国家中医药管理局、甘肃省人民政府
中医药发展国际论坛	
中医药助推大健康产业论坛	
中医药产业创新发展论坛	
陇药大品种大品牌培育推进会	
第二十四届兰洽会安宁(第二届)智库论坛	兰州市安宁区委区政府、甘肃省委党校及辖区大专院校、科研院所主办
2018兰州自主创新高峰论坛	兰州大学、兰州市人民政府、中国绿色催化专家智库理事会
2018两岸产业技术前瞻论坛	科技部海峡两岸科学技术交流中心、台湾工业技术研究院、甘肃省科技厅
2018中国普外科焦点问题学术论坛	中华医学会杂志社、中国普外科焦点问题学术论坛组委会、中华医学杂志英文版、中华医学杂志、中华外科杂志、慢性疾病与转化医学(英文)杂志、中华消化外科杂志、中华普通外科杂志、中华实验外科杂志、兰州大学、兰州大学第二医院、兰州大学第一医院、兰州军区总医院
甘肃省远程心电论坛	甘肃省医学会心血管病专业委员会、兰大二院心内科
2018年年会暨农业绿色发展论坛	中国农业科技管理研究会、甘肃省农业科学院
2018兰州戒毒论坛	兰州市公安局强制隔离戒毒所、兰州戒毒康复医院、甘肃政法大学、兰州和盛堂制药股份有限公司
2018甘肃省男科学会高峰论坛	兰州大学第二医院
2018年"一带一路"高校联盟生态文明主题论坛	兰州大学、甘肃省教育厅、河西学院、西北民族大学、西北师范大学、兰州理工大学、兰州交通大学、甘肃农业大学、兰州财经大学、甘肃中医药大学
2018"西北急诊+"高峰论坛	中华医学会高原医学分会危重病急诊学组、西北急诊医学联盟、甘肃省医学会急诊医学专业委员会、甘肃省急诊专业医疗质量控制中心、兰大二院急救中心
2018麦积山国际雕塑论坛	中国雕塑学会、敦煌研究院、西安美术学院、天水市政府
甘肃省清华大学校友会2018年年会暨第三届陇原发展论坛	清华大学甘肃省校友会
2018甘肃房地产发展高峰论坛	甘肃省房地产业商会、兰州交大房地产研究所、吉屋网、兰州群英
"新时代新体育"中国西部(兰州)体育产业融合发展高峰论坛	中国西部研究与发展促进会、甘肃省体育局、兰州市人民政府、兰州市商务局、兰州市体育局、兰州市文化和旅游局、兰州市经济合作服务局、甘肃会展中心有限责任公司

续表

论坛(峰会)名称	主要主办(承办组织)单位
2018中国(兰州)专用汽车产业发展高峰论坛	甘肃建投、中国汽车工业协会专用车分会、汉阳专用汽车研究所、甘肃建投重工科技有限公司、甘肃省建筑机械工程实验室有限公司、武汉华威专用汽车检测有限责任公司
2018中国公立医院改革发展兰州峰会	《健康报》社、兰州大学第二医院联合主办
2018"中加精准医学"高峰论坛	甘肃省人民医院
2018甘肃省白癜风首届高峰论坛	甘肃省医学会、甘肃省皮肤科专业委员会、兰州中研白癜风医院
2018当归产业扶贫论坛	甘肃中医药大学、甘肃农业大学、定西市人民政府、岷县县委和政府、甘肃岷县当归研究院
第五届中国律师教育论坛暨中国律师教育联盟2018年年会	甘肃省律师协会、甘肃律师学院
2018玉门县域经济论坛	酒泉市委市政府、玉门市委市政府
第四届甘肃·靖远枸杞产业发展论坛	白银市委市政府主办,靖远县委县政府以及中商投实业控股有限公司承办
2018年西部康复高峰论坛	中国康复医学会、甘肃省卫生和计划生育委员会、甘肃省残疾人联合会、甘肃省康复医学会、甘肃省残疾人康复学会
2018年甘肃青海图书馆资源建设学术论坛	北京百万庄图书大厦有限公司、兰州城市学院图书馆
2018年中华伏羲文化论坛	中华伏羲文化促进会筹委会、天水市人民政府、甘肃省人民政府文史研究馆、天水师范学院、天水市委宣传部、天水市伏羲文化研究中心
天水市装配式建筑产业发展(第二届)论坛	天水市人民政府
2018年大地湾文化与科技国际学术研讨会	
天水旅游国际文化传播峰会	
2018绿色及可持续发展麦积山论坛	天水市人民政府、华东师范大学、中国科学院大连化学物理研究所、北京大学深圳研究生院、兰州分离科学研究所、甘肃中科药源生物工程股份有限公司
甘肃省心理学会2018年学术年会(金昌)	甘肃心理学会、甘肃省中小学心理健康教育指导中心、金昌市心理咨询学会、金昌市科学技术协会、金昌市教育局、金昌市卫生计划委员会
2018年临夏河州文化论坛	中国社会科学院世界宗教研究所、西北民族大学、临夏市委市政府、中国统一战线理论研究会民族宗教理论甘肃研究基地、甘肃省丝绸之路研究会、中国社会科学院世界宗教研究所、《世界宗教文化》编辑部

续表

论坛(峰会)名称	主要主办(承办组织)单位
2018"一带一路"文化传播高峰论坛	中广联合会"一带一路"文化传播研究基地、甘肃省广播电影电视协会、陕西省广播电影电视协会、西部新闻网、甘州区委宣传部、陕西广播电视台研发部
国家自主创新示范区建设与发展高峰论坛	甘肃省科学技术厅、兰州市人民政府、兰州市科技局
一带一路·生物医药产业发展高峰论坛	
太阳能前沿和先进适用技术国际论坛	
军民融合产业发展论坛	
兰州高质量发展论坛	
中华中医药学会2018年中医肿瘤青年论坛	中华中医药学会、中华中医药学会肿瘤分会、甘肃省肿瘤医院、甘肃省中医药学会
第四届中国西部丝绸之路骨科高峰论坛(天水)	甘肃省医师协会、甘肃省医师协会骨科医师分会、《中华创伤杂志》杂志、北京经纬在线网络科技有限公司(骨科在线)、兰州大学第二医院、兰州手足外科医院
第14届中国兰州人才智力交流大会暨"一带一路"人力资源服务论坛	人社部全国人才流动中心、甘肃省人力资源和社会保障厅、甘肃省人力资源市场、甘肃省高校毕业生就业办公室、兰州大学、兰州资源环境职业技术学院
2018全国听力语言现代康复教育高层论坛(天水)	北京听力协会
2018年蕃巴秀藏族服饰文化论坛(合作)	甘肃省佛学院、藏人文化网
全国高校马克思主义理论学科研究会第37次学科论坛	全国高校马克思主义理论学科研究会、《马克思主义理论学科研究》编辑部、甘肃省哲学学会、甘肃民族师范学院、兰州城市学院
2018第五届西北金融论坛	甘肃日报社、中国人民银行兰州中心支行、兰州财经大学、甘肃省委宣传部、省委农办、省金融办
2018兰州商业发展峰会	兰州七里河区委政府、兰州市商务局、市国资委、市经合局支持,兰州中心主办
兰白自主创新示范区建设白银论坛暨化学加网药化产业企业家2018甘肃峰会	兰州大学、白银市政府、化学加网
2018年甘肃保险公估机构交流峰会	民太安财产保险公估股份有限公司甘肃分公司
2018甘肃省第四届皮肤学术交流会暨损容性皮肤病标准化诊疗与新进展高峰论坛	兰州医学会、甘肃省中医药学会皮肤病专业委员会、甘肃省老科协卫生分会、兰州中医白癜风医院

续表

论坛(峰会)名称	主要主办(承办组织)单位
"一带一路"高校联盟2018年青年峰会	兰州大学
2018中国"零成本营销"互联网峰会(平凉)	道珉实业集团、平凉市商务局、平凉市工商业联合会、甘肃崆峒山养生行业联合会
第四届中国社群领袖戈壁挑战赛暨2018酒泉产业创新投资峰会(敦煌)	丝路探险户外文化(北京)有限公司、《浙商》杂志
2018第十届中国调味品产业发展高峰论坛	河北省调味品协会、中国酿造杂志社、中国调味品杂志社、中国微生物学会酿造分会
2018(首届)中国易物联盟西北地区易物经济论坛峰会(酒泉)	北京物易网络科技有限公司—酒泉运营中心
2018未来企业转型之路与业财融合主题峰会	甘肃省注册会计师协会、兰州商业会计学校、甘肃兰商财税服务有限公司
2018"钉·云"峰会	兰州新区管委会、阿里巴巴集团
甘肃省农学会2018年学术论坛	甘肃省农学会、甘肃省农业科学院
2018兰州马拉松论坛	兰州马拉松组委会、首都媒体跑团
第二届甘肃省人民政府参事论坛	甘肃省人民政府参事室、兰州大学
首届全国信息安全企业家高峰论坛	中国信息安全测评中心、甘肃省委网信办、兰州市委网信办、兰州市大数据社会服务管理局、中国信息产业商会信息安全产业分会、甘肃省网络文化协会、甘肃海丰信息科技有限公司、甘肃安信信息安全技术有限公司、甘肃烽侦网络安全研究院、西安四叶草信息技术有限公司
2018钢铁中国·兰州钢铁行业高峰论坛	酒钢集团、上海钢联、宁夏钢铁(集团)、皋兰兰鑫钢铁、兰州东岭物资有限责任公司
2018首届中国西部数字文化产业高峰论坛	兰州大数据社会服务管理局、甘肃嘉元数字科技有限公司
2018年甘肃省麻醉学术年会暨第二届"精准麻醉"高峰论坛	甘肃省医学会麻醉专业委员会、兰州大学第二医院麻醉科
2018兰州首届网络安全+大数据论坛	中共兰州市委网信办、兰州大数据社会服务管理局、兰州市工业和信息化委员会、兰州市经济合作服务局、兰州新区科技文化旅游集团有限公司
甘肃省2018精神行为医学高峰论坛	兰州大学第二医院
2018年钢铁产业链发展形势研讨会暨甘肃第六次矿煤焦钢风险管理论坛	钢之家网站、上海期货交易所、宁夏钢铁(集团)有限责任公司、中铁物资集团西北有限公司、新兴铸管新疆有限公司、湖南旷真律师事务所、财拓电子商务有限公司、内蒙古德晟金属制品有限公司

续表

论坛(峰会)名称	主要主办(承办组织)单位
2018中国西部智慧健康养老产业发展高峰论坛	颐圣公社
2018年有色金属可持续发展与再利用全国博士后论坛	人力资源和社会保障部博士后管理委员会办公室、中国博士后基金会、甘肃省人力资源与社会保障厅、兰州理工大学、省部共建有色金属先进加工与再利用国家重点实验室
2018中国(西部地区)青少年足球高峰论坛	甘肃省体育局、甘肃省教育厅、兰州市人民政府
2018全省畜牧产业发展论坛	中国畜牧业协会、中国农业科学院兰州畜牧与兽药研究所、甘肃省农牧厅
第七届化学与材料金砖论坛	中国科学院兰州化学物理研究所、甘肃省化学会、兰州大学、石河子大学
首届甘肃智慧旅游与区块链建设高峰论坛	兰州大学、甘肃省旅游发展委员会
2018中国西部首届物业服务行业发展论坛	甘肃省物业管理行业协会、甘肃省住建厅
2018红色庆阳革命老区微创外科高峰论坛	甘肃省普外质控中心疝与腹壁外科分中心、庆阳市第二人民医院
第二届甘肃"三农"论坛(临洮)	甘肃省三农问题研究会、定西市委农工部、定西市农业局、定西市政府金融办、临洮县委农工部、临洮县农牧局、临洮县政府金融办
兰州市地域经济发展论坛	兰州市委市政府、兰州七里河区委区政府
2018"科学与艺术对话"中韩高峰论坛	中国高校科学与艺术创意联盟、中国数字艺术设计专家委员会、中国VR艺术研究中心、兰州文理学院
第四届环境与发展智库论坛	中科院西北生态环境资源研究院(筹)、中国21世纪议程管理中心、国务院参事室当代绿色经济研究中心、中国人民大学重阳金融研究院、中科院资源环境科学信息中心、上海社科院智库研究中心
2018首届特种功能材料及应用军民融合高峰论坛	中国仪器仪表学会仪表功能材料分会、兰州大学、中国稀土学会、国家仪表功能材料工程技术研究中心
首届国际城市文学与传统文化论坛	国际城市文学学会、兰州国学馆
智能三维大数据高峰论坛	甘肃伯骊江3D打印科技有限公司、泰瑞数创科技(北京)有限公司、甘肃省地理信息产业协会、甘肃省测绘地理信息学会
首届甘肃·祁连山高峰论坛	中国经济信息社、中国工商银行甘肃分行
祁连山生态环境保护管理与可持续发展高端论坛	兰州大学

续表

论坛(峰会)名称	主要主办(承办组织)单位
首届甘肃省健康管理高峰论坛	甘肃省健康管理研究会、兰州医学会民营医院专业委员会、兰州慈铭体检体检中心联合主办,兰州创新生物技术开发有限公司、厦门基科生物有限公司等12家公司共同协办
兰州香港两地物业管理服务高峰论坛	兰州市物业管理行业协会、甘肃醛老虎环保科技有限公司
2018年甘肃省装备制造业创新设计与智能制造论坛	甘肃省机械科学研究院有限责任公司
西北医学人文高峰论坛	甘肃省医师协会、甘肃省妇幼保健院
全国神经变性病高峰论坛	中国微循环学会神经变性病专业委员会、甘肃省人民医院

资料来源:通过百度搜索整理,时间截至2018年9月30日。

(二)2018年甘肃展览会(博览会)、论坛(峰会)特点

2018年甘肃会展商务从总体来看,主要有以下几个特点。一是会展商务数量有一定增长。截至2018年9月30日,全省共举办会展项目151个,其中42场展会,109场论坛(峰会)。数量整体比上年有所增加。二是会展商务的内容涉及经贸、文化、体育、农业、艺术、科技、旅游等多个领域。三是2018年甘肃举行的大型博览会都有相关论坛举行,大型博览会带动了论坛(峰会)发展。四是甘肃原有及特有会展持续发展。2018年甘肃会展中,第二十四届中国兰州投资贸易洽谈会、第三届丝绸之路(敦煌)国际文化博览会等持续发展,甘肃中医药产业博览会升级为国家级博览会。

二 2018年甘肃大型会展商务成效评价

(一)大型会展商务的内涵与外延

大型会展商务是指具有一定的档次和规模,能代表一个地区或者一个城市经济、社会、文化综合发展水平或者反映该行业的发展动态和发展趋势,对该行业具有较强的指导和影响力的会展。从中国会展研究中心发布的数据

来看,将展会中5万平方米以上(含)规模的展会划列为大型展会。国内外的大型会展商务参与人数特别多,其参展商的数量、经济贸易效果在业内都是处于高端领先地位。国内外的大型会展商务看中的不仅是参展商的绝对数量,还有参展商的质量。而根据甘肃会展的发展实际,不能单从展会规模方面来划分大型会展商务,更重要的是从甘肃所有会展目前的规模、主办层次、参展层次和服务对象等方面进行界定。因此,甘肃的大型会展商务应该是由国家部委层面、省政府直接参与主办,目前在国内国际具有一定影响力,服务于国家外交政策及甘肃对外开放的综合性会展或者行业会展。

(二)甘肃大型会展商务相关现状比较

表3 2018年甘肃大型展会相关数据对比

展会名称	第二十四届中国兰州投资贸易洽谈会	第三届丝绸之路(敦煌)国际文博会	2018首届中国(甘肃)中医药产业博览会
大会主题	深化经贸合作、共建绿色丝路	展现丝路风采,促进人文交流,让世界更加和谐美好	传承创新、合作共赢
意义	充分发挥甘肃的枢纽地位和通道优势,进一步融入和服务"一带一路"建设,促进甘肃省和西部地区的经济发展	为推进"一带一路"建设注入了重要文化力量,同时为沿线国家以及国内各省区市之间文化交流合作提供了重要平台	有助于培育经济发展新动能,全面推动中医药产业发展新水平,充分展示甘肃省中医药产业发展的基础优势以及全省经济社会发展的新形象,全面加快建设国家中医药产业发展综合试验区进程,为全国中医药产业发展探索可供复制和借鉴的发展路径和模式,更好地服务"一带一路"倡议实施
展会面积	4.4万平方米	2.8万平方米	会场布展总面积约7万平方米(包括分会场)
参会客商	来自41个国家和中国—东盟中心1个国际组织,8个国家部委,22个省区市和新疆生产建设兵团,12个重点城市,24家世界500强和中国500强企业,以及港澳台地区的嘉宾参会	100个国家和地区及国际组织的代表,1000名左右的国内外嘉宾出席	12个省级代表团、10个国际机构、全国500强企业中的200家企业和有关专家学者共3000多名嘉宾参会

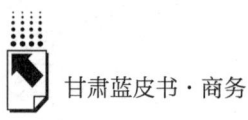

续表

展会名称	第二十四届中国兰州投资贸易洽谈会	第三届丝绸之路(敦煌)国际文博会	2018首届中国(甘肃)中医药产业博览会
经贸成效	471个项目在会期成功签约,展览商品展销总成交额16.27亿元	累计取得各类合作支持折合人民币1548万元,其中资金支持1151万元,实物和服务支持共计价值397万元	签约项目4个,签约金额3.24亿元
相关活动	丝绸之路合作发展高端论坛等5项论坛峰会、甘肃绿色生态产业对接洽谈活动和中亚—中国(甘肃)经贸合作洽谈会等20多项投资贸易促进活动	5项国际性论坛峰会、32项双边经贸合作洽谈会、文艺演出活动、文化展览展示活动、文化成果发布活动	由开幕式暨主题论坛、专题论坛、中医药产业招商大会、中药材交易采购大会和实地考察等板块组成。同时举办中医药发展国际论坛、中医药助推大健康产业论坛、中医药产业创新发展论坛和陇药大品种大品牌培育推进会等5场次高水平论坛峰会

(三)2018年甘肃大型会展商务取得的成效

1. 大型会展商务主题鲜明,区域优势和特色突出

2018年甘肃大型会展的主题鲜明。第二十四届中国兰州投资贸易洽谈会突出经贸合作,主题5个展区设计上大方简朴,突出甘肃省生态产业、绿色产品、绿色环保。展馆设计通透,展位明朗宽敞,有利于参展商宣传推介产品,也方便采购商购买商品。通过声光电交互的采用、数字空间的增加、人工智能的现场演示体验,创造出特殊的展销效果,直接表达出展览的内容,有效地吸引了参观者,也体现出如意甘肃的新形象。第三届丝绸之路(敦煌)国际文博会紧扣国际文化交流的主题,以"一带一路"为基础,通过论坛、展览、展演、系列活动,突出各国文化合作和人文交流平台的搭建。2018首届中国(甘肃)中医药产业博览会紧紧围绕甘肃省中医药产业的培育,在定西陇西设立主会场,渭源、陇南武都区、张掖民乐县设立分会场,展馆设计凸显立体化,主会场、分会场的统筹设置突出全方位,参展商和采购商展现多层次,充分显示促进中医药全产业链发展的高效市场平台的带动作用。可以说,2018年甘肃大型会展及场馆的设计都是结合博览会、论坛（峰会）自身的发展方向，利用甘肃处在"一带一路"黄金段的区域优势和特色，再结合时代特征推出主题。鲜明的主题强化了区域的特色，有利于形成品牌会展，增强吸引力，并以此为契机带动相关产业以及带动整个地区的经济发展。

2. 大型会展商务促销成效显著，社会效益良好

第二十四届中国兰州投资贸易洽谈会举办期间成功签约471个项目，展览商品展销总成交额16.27亿元。其中，订货7.98亿元，现货销售8.29亿元。与上一届成交额11.48亿元相比较，增长了4.79亿元。第三届丝绸之路（敦煌）国际文博会累计取得各类合作支持折合人民币1548万元，其中资金支持1151万元，实物和服务支持共计价值397万元。会展促销成效显著，社会效益也取得了良好效果。如第二十四届中国兰州投资贸易洽谈会进馆观众多，不仅扩大了参展商的展示宣传效应，而且有力地提升了甘肃对外开放的新形象。第三届丝绸之路（敦煌）国际文博会喜闻乐见的文化交流活动群众参与多，大饱眼福，很好地体现了"大众文博"的办会精神。

3. 大型会展商务友好国家和国际友人参与多，商务配套活动多

第二十四届中国兰州投资贸易洽谈会主宾国由新加坡、韩国担任，新加坡副总理兼国家安全统筹部长张志贤、韩国驻华大使卢英敏出席了兰洽会开幕式和丝绸之路合作发展高端论坛，41个国家、160多家境外企业参会。2018首届中国（甘肃）中医药产业博览会有白俄罗斯、吉尔吉斯、巴西等10个外国政府代表团以及多位外国驻华使节参会。友好国家及国际友人的参与不仅使这些博览会焕发浓厚的国际色彩和氛围，同时展现了甘肃蓬勃发展的会展商务的新气象。第二十四届中国兰州投资贸易洽谈会5天时间内举行了5项国际性论坛峰会、32项双边经贸合作洽谈会以及多个多边性投资贸易促进活动和文化交流活动。第三届丝绸之路（敦煌）国际文博会期间举办了30项展览、展演活动，11项论坛，活动类别多样、内容丰富。其中出席"一带一路"沿线国家荒漠化防治与生态修复创新发展论坛的嘉宾有联合国环境署官员、国际知名专家、国内院士、荒漠化防治与生态修复国际

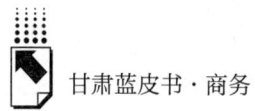

领域专家以及从事荒漠化防治研究、生态保护管理工作的领导和专家。大型会展商务配套很大程度上丰富了博览会的内容。

4. 大型会展商务筹备扎实细致，办会专业化水平提升

2018年甘肃大型会展商务组委会在会展、论坛期间积极有效推进各项工作任务，以严谨细致的作风把各项工作任务进一步细化，以精益求精的态度不断协调解决工作中存在的难题。同时，大型会展商务组委会都能及时开通大会微信平台，让参展企业、单位，参会个人随时通过手机了解博览会及论坛（峰会）的信息。为参展企业、单位创造了良好的洽谈环境，为参会个人提供了有效的信息交流平台。如第二十四届中国兰州投资贸易洽谈会及早就召开筹备电视电话工作会议，总体安排与参展有关事项。酒泉市为进一步推进第三届丝绸之路（敦煌）国际文博会筹备工作，制定出台《第三届丝绸之路（敦煌）国际文化博览会酒泉筹办工作方案》，展馆搭建提前一个月就开始现场实地考察对接、图纸资质会审查验、技术交底等程序，省市领导也多次到现场督察筹备任务落实情况，为会展的成功举办奠定坚实的基础。2018年甘肃举行的大型会展商务显示了良好的专业化办会办展水平。

三 甘肃大型会展商务争取更大成效的对策

（一）政府给予大型会展商务重点扶持，超常规发展

在省市政府工作重点中，把发展大型会展商务作为重要内容之一，列入甘肃产业转型及重点培育的产业之一，列为对外发展经贸、发展外资的重要举措之一。可以建立省、市、县三级大型会展商务联席会议制度，加强部门沟通协作，协调推进大型会展项目，形成工作合力，引导会展规模稳步扩大，并向专业化、国际化方向发展。出台大型会展商务发展规划或者促进大型会展商务发展的意见，强化规划引领，落实工作责任，努力把甘肃省建设成为在国内有较大影响力、有较高认知度的重要大型会展商务的举办地，使

会展经济成为甘肃省经济转型发展的新引擎、新的增长点。设立省专项资金，或者省商务厅每一年在部门预算中安排会展业发展专项奖补资金，省财政厅与省商务厅可以联合出台"大型会展商务发展专项奖补资金管理办法"优化、完善大型会展商务扶持奖励政策，对具有影响力的大型博览会、具有引领行业作用的创新会展项目以及贴近群众的消费类的大型会展活动进行重点奖励，用于支持和促进大型会展商务超常规发展。实施税收优惠政策，对注册资金数额巨大的新办大型展览的企业，可以在两年内免征企业所得税。

（二）提升经营服务理念，推进大型会展商务提质增效

在"大会展"理念的引导下，首先深入开展会展商务产业研究，推动会展商务与旅游、文化、科技、金融等产业融合发展，对甘肃大型会展商务产业支撑、发展优劣势、解决对策等进行全面调研论证，找准大型会展商务发展定位和方向，加强与相关产业的高层次合作，真正把符合甘肃产业发展导向的大型会展项目培育起来。其次是"走出去""请进来"，学习借鉴先进的大型会展商务的组织管理模式，提升经营服务理念，推进大型会展商务提质增效。鼓励企业组团参加中国进出口商品交易会、全国糖酒商品交易会、中国国际高新技术成果交易会等全国性的交流大会、中国会展行业的年度大会等。组织并支持甘肃会展企业参与国内外会展业务，与国内外品牌、知名会展企业合作合资举办展会，增强大型会展商务的筹办与服务能力。引进会展业界有影响的大型博览会、论坛（峰会）在甘肃召开。指导协调大型会展承办单位，加强与国家部委、国家级协会和经济组织、国际会展组织的合作，培育和引进大型品牌展会。继续办好中国兰州投资贸易洽谈会、丝绸之路（敦煌）国际文博会等经贸、文化及专业大型展会，在展会专业观众、采购商、招展招商方面挖掘潜力，扩大规模，提升质量，进一步提升与丰富甘肃省目前已有的大型展会的品质与内涵。

（三）优化全省展览业布局，构建全省大型会展商务发展体系

在融入"一带一路"建设过程中，甘肃具有处在"一带一路"黄金段

连接东西的区位优势。为此，各级政府相关各部门要充分认识加快甘肃大型会展商务发展的重要意义，借助现有的优势产业基础和区位优势，统筹规划，重点打造中国兰州投资贸易洽谈会、丝绸之路（敦煌）国际文博会、中国（甘肃）中医药产业博览会三大核心品牌展会，引领甘肃省会展产业快速发展，扩大甘肃省的国际影响力，推动甘肃政治、经济和文化与国内其他省份乃至其他国家、国际组织的深入交流与合作。同时突出特色，继续提升和打造一批重点大型专业性展会，包括农博会、汽车博览会等专业展会。重点引进和培育国际领先、国内一流的与甘肃省特色产业相关的专业性展会，持续扩大大型会展商务。注重错位布局和融合发展，优化大型会展商务的空间结构。重点推进敦煌市国际会展名城建设，以甘肃国际会展中心为龙头打造兰白高端会展核心区，以新视野、大手笔的魄力在兰州新区、兰州高新区建设新的展会场馆，形成大型会展商务新基地，积极培育和发展一批以甘肃优势产业、行业为依托，具有甘肃特色，在国内外享有较高知名度和影响力的一流大型品牌展会。支持发展以天水为中心举办产业特色鲜明的大型会展活动，争取形成关中—天水经济区的会展经济发展极。全面支持陇东、陇南、河西会展设施基础建设，扶持发展庆阳、平凉、武都、合作、临夏、武威、张掖、金昌、嘉峪关等区域性会展中心城市，打造全国区域性品牌展会。最终形成以兰州为核心，层级分明、各具特色的全省大型会展商务发展体系。

（四）强化大型会展创新和品牌意识，加大招商引资力度

目前，甘肃大型会展商务与国内品牌会展、国际性展览会相比，在大型会展的知名度，以及大型会展所产生的无形价值上，都存在一定的差距。要缩小差距，使甘肃大型会展不断壮大，成为中国会展业的大型会展、品牌化会展。一是需要强化大型会展的创新意识。年年办的展会，基本内容和格局要出现巨大的变化也不是一件很容易的事情。但是，每年可以有新的创意，如可以有新的项目、新的板块融进来。通过优化整合资源，从形式、配套服务等方面对展会进行完善等。二是强化品牌展会培育意识。树立牢固的品牌观念,重视甘肃的优势资源挖掘,依托装备制造业、新材料、新能源、生物医药、高新技术等产业优势培育和壮大甘肃的品牌展会,达到树立名牌的效果。三是加大招商引资力度。主管会展的政府部门需要做好大型会展的规划,及早谋划,积极推进,按时保质保量地完成工作任务。会展场馆单位、会展组织单位、涉展企业和单位、行业协会以及团体组织积极协调合作,围绕甘肃优势产业、重点资源开展定向招商。同时对国际、国内展会、论坛(峰会)、节庆、演艺信息有针对性地搜集。大力引进国内外大型知名展览企业、展会品牌到甘肃落户。积极组织专人、专业化队伍参加国内及境外综合性和专业展会,推进精准招商,保证引荐项目落地。

(五)政府推动与市场主体相结合,凸显市场化运作战略

甘肃大型会展的发展壮大目前还处在起步阶段,此阶段发挥政府在资源调配中的作用还是比较重要的。特别是政府采取一些政策支持展会,主办或者参与主办部分展会,对大型会展的发展乃至整个会展产业化的发展进程是有很多好处的。所以说,大型会展的健康发展,政府的角色和行为是十分重要的。但当大型会展积累了相当多的办会经验之后,政府需要从亲自操刀主办展览会的位置上退下来,不再直接参与办会活动,而是变为政府推动与市场主体相结合来办好大型展会。一方面,政府主导的大型会展慢慢去行政化,省、市政府或相关部门及早根据甘肃展览业未来的发展,做好规划和布局,完善相关产业政策,运用经济和法律的手段对大型会展的发展和壮大进行宏观指导和监督管理,在硬件设施建设、城市配套服务等方面为甘肃大型会展业发展和壮大提供必要的财政政策支持和税收优惠,引导会展业健康发展。由此把政府在大型会展中的主导作用变成对产业的促进、市场的规范和市场主体的培育作用。另一方面,大型会展具体运作需要逐步凸显市场化运作战略,交给有能力的企业、行业协会等市场主体举办。市场的方法、市场的机制、市场对资源配置的决定性作用的发挥更有利于大型会展业健康有序发展,加速提升大型会展的影响力。

（六）提供优质的服务，树立大型会展服务环境的良好形象

会展是一项具有较强综合性的产业，行业的影响范围非常广泛，第三产业的所有层次几乎都被涵盖在内。会展产业发展的同时会带动旅游、酒店、餐饮、运输、物流、通信等行业的发展，对这些行业的经济收益具有较大的拉动作用。据国际博览会联盟（UFI）的估计，从博览会创造的经济效益来考察，20%是属于展览会行业内的，商贸、酒店、饮食、交通、旅游、电信、广告等相关行业的收益占有80%。从社会效益来看，办好一个博览会有利于提高城市的知名度，能创造大量的就业机会等。因此，为大型会展提供优质服务，一是硬件设施做到位。做好大型展馆周边酒店、小吃街（城）、购物中心等的规划建设，为会展论坛（峰会）提供配套设施，实现展览、餐饮、住宿、娱乐、购物一条龙服务，由此带动相关产业发展。二是树立以人为本、服务第一的观念。作为为大型会展服务的工作人员，需要熟悉服务流程和内容，提前做好准备，为展商、观众、宾客答疑解惑，提供优质服务，让他们有宾至如归的感觉。三是适时增加到展馆的公交车班次或开通临时公交专线，为大型会展聚集人气提供交通保障，延伸产业链。

（七）充分利用信息技术，推进大型会展商务的智能化

为大型会展提供优质的服务少不了加强会展现场的智能化服务，同时移动通信和互联网的快速融合为大型会展的壮大发展带来了新的机遇。例如大型会展举办期间WiFi网络信号大范围的覆盖，以及周围的停车导航，会展现场的具体展台导航、产品导航等。大型会展的进一步发展需要与时俱进，紧跟先进的信息技术应用，创新开发智慧会展。如第二十届兰洽会首次尝试把线上的电子商务与线下的商品展销相结合，利用电子商务平台促进销售，取得了良好的效果。大型会展商品的网上销售，可以使参展商和观众的空间距离缩小，关注会展的人员在家便可参与会展，获取会展信息；足不出户便可以参观体验会展产品，节省了时间成本。所以，大型会展发展需要充分推进"互联网+展览"，一是积极推进大型会展的信息化建设。把大数据、云

计算、物联网、移动互联网充分应用到大型会展中，实现普及。建设好大型会展的信息化平台，利用平台把会展客户、产品、营运、营销、服务等情况，通过大数据应用集中整合在一起，随时掌握大型会展动态发展变化，提升会展的综合实力。二是积极利用会展线上展销的便利优势，融合加速大型会展的智能化。大型会展、论坛（峰会都可以）采用线上线下互动、主会场同分会场联动的模式。展会的产品销售可以采用线上展示下单、线下现场交易等营销模式。因此，甘肃大型会展的发展壮大未来首先需要做的事情是加快甘肃国际会展中心、兰州体育馆展览中心等会展场馆智能化改造，实现场馆硬件的提挡升级。

（八）提升大型会展从业人员的业务水平，发挥行业协会的积极作用

大型会展的综合性比较强，也有着自身的运行规律和发展规则，但其发展壮大离不开工作人员的积极工作，全心服务。从一定程度上来看，大型会展中的工作人员本身就是会展的形象大使和代表。所以，要提高大型会展的质量，通过树立良好的形象来吸引客商，必须提高会展从业人员的专业素质。从甘肃大型会展人才使用的实际情况来看，需要做好短期的会展服务工作的技术培训，使服务于大型会展的人员具有敏锐强烈的信息意识、高度的责任心与敬业精神，以及团队合作精神。大型会展商务的发展需要重视行业协会的作用，这也是发达国家展览业发展壮大的重要的经验。会展行业协会在成员间的信息交流中能起到重大的协调、管理作用，有利于提高展览会的组织水平和质量。

对外贸易篇

Foreign Trade Reports

B.7 甘肃对外贸易运行分析报告

王军锋*

摘　要： 2018年上半年，甘肃对外贸易触底反弹势头显现，进出口增速跃居全国前列，以原材料产品为主导的进口结构趋于强化、出口结构改善升级步伐日益加快、外贸经营主体"国大主进民小主出"特征明显、向西开放与南向通道建设中国际市场布局趋于优化、一般贸易快速增长和服务贸易有所发展。本报告分析认为，甘肃出口正处于周期性波动阶段，反弹冲高的内在力量还显不足；对国际贸易摩擦的反应较为迟滞，影响出口的外在因素增多增强；融入"南向通道"进程中，提升与中南半岛、相关东盟国家贸易水平的效应还未完全释放。并提出了以深化改革开放为导向，加快出口导向型战略布局；

---

* 王军锋，甘肃省社会科学院杂志社副研究员，研究方向为对外贸易、区域经济、企业治理、民间金融。

以加速要素升级为重点，全面优化出口的通道路径；以"五培工程"为着力点，着力提高外向型经济竞争力；以"一增三减两激活"为突破口，重点提高出口企业运营活力等增强甘肃出口动能的具体建议。

关键词： 甘肃省　对外贸易　向西开放　南向通道

一　对外贸易运行状态分析

2018年上半年，甘肃省实现外贸货物进出口200亿元，同比增长40.2%，其中出口67.8亿元，同比增长42.9%；进口132.2亿元，同比增长38.9%。依据甘肃省商务厅提供的数据，2018年上半年，甘肃省进出口总额居全国第28位，增速居第3位；出口总额居第29位，增速居第2位；进口总额居第26位，增速居第3位。在西部12个省份中，甘肃省进出口总额居第9位，增速居第3位；出口总额居第10位，增速居第2位；进口总额居第7位，增速居第2位。

（一）内外市场需求强劲，对外贸易出现了触底反弹势头

2014年以来，甘肃对外贸易始终处于总体下滑态势，到2017年末进出口总额才是2013年的一半多。2018年上半年，从增长率看，同比出现了强劲的反弹势头（见图1）。

1. 市场需求日趋旺盛，资源性产品进出口高速增长

2018年上半年，资源性产品实现进出口127.7亿元，占外贸总值的63.9%。其中资源性产品进口114.7亿元，增长60.9%，占进口总值的87%，占外贸总值的57.4%；资源性产品出口12.9亿元，增长46.6%，占出口总值的19%，占外贸总值的6.5%（见表1）。

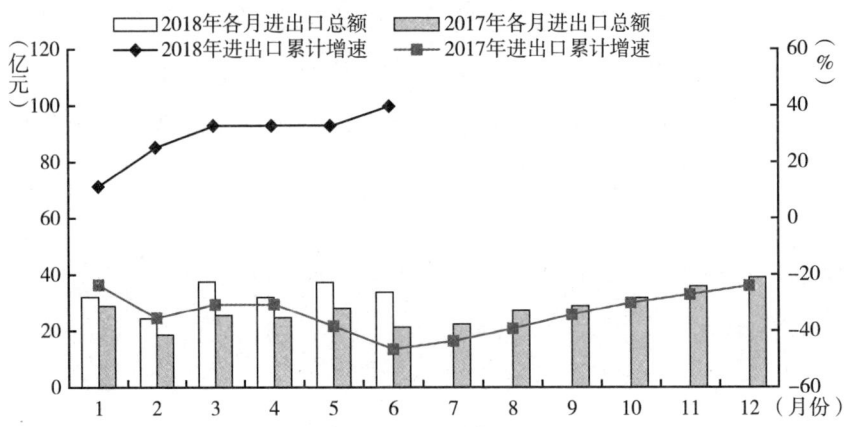

图1　2017年各月与2018年上半年各月增长趋势比较

资料来源：甘肃省商务厅综合处。

表1　甘肃省2018年1~6月进出口主要指标

单位：亿元，%

主要指标	数据	备注
进出口额	200	
同比增长	40.2	
出口额	67.8	
同比	42.9	
进口额	132.2	
同比	38.9	
出口产品结构		
资源性产品出口额	12.9	钢材、未锻轧钴、硅铁、镍等
同比	46.6	
占比	19	占出口总额的比重（下同）
机电高新产品出口额	40.7	炉用碳电极、集成电路、晶体管等
同比	51.3	
占比	60	
农产品出口额	9.1	鲜苹果、苹果汁、蔬菜种子等
同比	6.7	
占比	13	
其他产品出口额	5.1	纺织、化工及其他
同比	-42.0	
占比	8	

续表

主要指标	数据	备注
进口产品结构		
资源性产品进口额	114.7	铜精矿、钴湿法冶炼中间品、镍湿法冶炼中间品等
同比	60.9	
占比	87	占进口总额的比重（下同）
机电高新产品进口额	14.1	集成电路、引线键合装置、晶体管等
同比	-21.1	
占比	11	
农产品进口额	1.2	干豌豆、干扁豆、初榨的低芥子酸菜籽油等
同比	50.4	
占比	1	
其他产品进口额	2.2	沥青混合物、樟子松厚板材等
同比	-56	
占比	2	
大企业完成情况		
金川公司	67.3	进口66.45、出口0.85
同比	91.5	
酒钢集团	7.2	进口5.33、出口1.89
同比	-10.6	
白银公司	22.5	进口20.3、出口2.23
同比	-23	

资料来源：甘肃省商务厅综合处。

2. 市场拓展能力日渐增强，机电高新产品进出口持续增长

2018年上半年，机电高新产品进出口54.8亿元，增长24.3%。机电高新产品实现进口14.1亿元，下降21.1%。其中，机电产品进口12.27亿元，增长26.5%；高新产品进口1.86亿元，增长82.8%。全省机电高新产品实现出口40.7亿元，增长51.3%。其中，机电产品出口39.0亿元，增长146.9%；高新产品出口1.6亿元，增长68.5%。碳素制品出口21.3亿元，增长6倍；集成电路出口9.5亿元，增长16.5%；其他机电高新产品出口8.5亿元，增长422.1%。

3. 市场需求结构逐步调整，农产品进出口稳定增长

2018年上半年，全省农产品进出口10.3亿元，增长10.4%。其中，进口

1.2亿元,增长50.4%,进口农产品主要是干豌豆、干扁豆、初榨的低芥子酸菜籽油、椰枣、亚麻籽、紫苜蓿籽等。出口9.1亿元,增长6.7%,主要是鲜苹果出口3.61亿元,增长113.9%;苹果汁出口1.17亿元,增长27.6%;白瓜子出口502万元,增长124.1%;葵花籽出口1510万元,增长37.9%。

(二)原材料进口占比逐年攀高,以原材料产品为主导的进口结构趋于强化

近年来,甘肃对外贸易进口方面总体上仍呈现以原材料和机电高新产品为主的格局,但原材料进口占比逐年攀高,机电高新产品进口占比日渐萎缩,农产品和其他产品进口占比基本稳定。

1.原材料进口增长迅猛,在进口商品结构中呈现"一枝独秀"的局面

2016年上半年,原材料类产品占进口总额的61%,机电高新类产品占20%,2017年上半年,原材料类产品占进口总额提高到74%,机电高新类产品略有下降,占18%,2018年上半年,原材料类产品占进口总额的87%,机电高新类产品持续下降,仅占11%(见图2)。

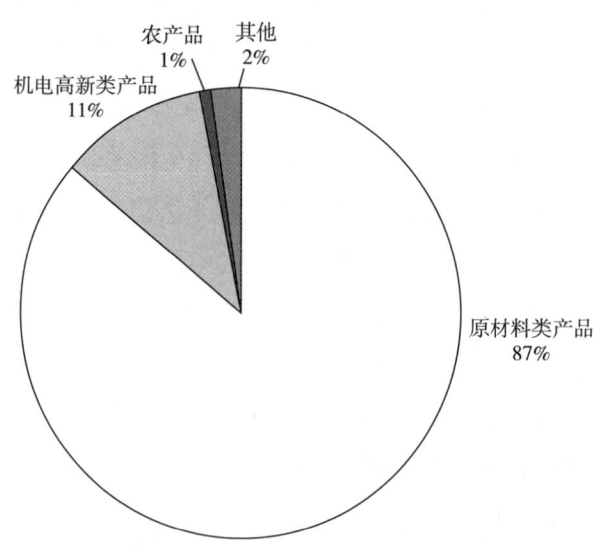

图2 2018年1~6月进口商品构成

资料来源:甘肃省商务厅综合处。

2. 国际原材料价格持续走高，拉动资源性产品进口量价齐升

2018年上半年进口原材料产品中重点监测的10种大宗进口商品中，铜精矿、锌矿砂、镍湿法冶炼中间品、钴湿法冶炼中间品量价齐增，进口数量分别同比增长15%、10%、627%、105%，进口单价同比增长2%、15%、78%、85%；镍矿砂数量增加，价格与上年同期持平；镍锍、锰矿砂量减价增；其他未锻轧精炼铜、铁矿砂、钴矿砂等商品未发生进口。高新产品进口主要是集成电路、引线键合装置、晶体管、未列名X射线的应用设备、液体泵零件、硬盘驱动器等（见表2）。

表2 2018年上半年主要资源产品进口数量、价格、金额对比

品名	数量(吨)	同比(%)	价格(元/吨)	同比(%)	金额(万元)	同比(%)
铜精矿	547458	15	9352	2	511965	16
镍锍	10950	-9	49062	17	53723	7
铁矿砂	—	—	—	—	—	—
钴矿砂	—	—	—	—	—	—
其他未锻轧精炼铜	—	—	—	—	—	—
镍矿砂	153077	93	6866	—	105099	93
锰矿砂	8604	-57	1463	2	1259	-56
锌矿砂	100863	10	8270	15	83418	27
镍湿法冶炼中间品	24746	627	37810	78	93564	1191
钴湿法冶炼中间品	19276	105	104571	85	201571	279

资料来源：甘肃省商务厅综合处。

（三）机电高新产品出口力量增强，出口结构改善升级步伐日益加快

近年来，甘肃对外贸易出口方面总体上仍呈现以机电高新、原材料、农产品为主的格局，但机电高新产品出口占比逐年攀高，农产品和原材料出口风光不再。

1. 机电高新产品竞争力提高，成为甘肃出口市场的龙头产业

2018年上半年，甘肃机电高新产品实现出口40.7亿元，增长51.3%，占

出口总额60%（见图3）。其中，机电产品出口39.0亿元，增长146.9%；高新产品出口1.6亿元，增长68.5%。碳素制品出口21.3亿元，增长6倍；集成电路出口9.5亿元，增长16.5%；钻机及配件出口2364万元，下降91.8%；轴承出口1.2亿元，下降2.3%；其他机电高新产品出口8.5亿元，增长422.1%。

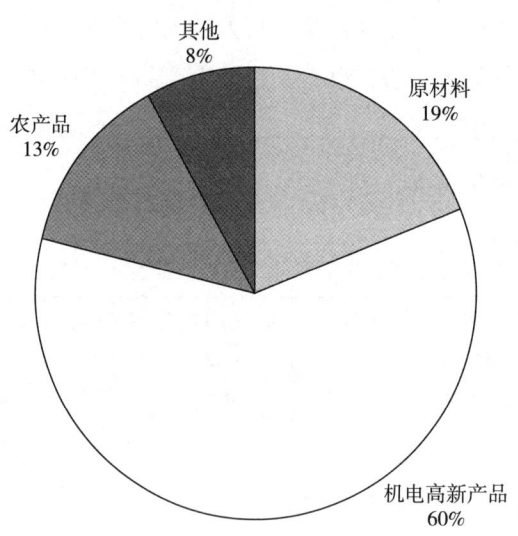

图3　2018年1~6月出口商品构成

资料来源：甘肃省商务厅综合处。

2. 特有矿产品出口大幅度增长，资源性产品出口市场持续升温

资源性产品实现出口12.9亿元，增长46.6%，占出口总值的19.5%。其中，镍出口3677万元，增长79.3%；碳化硅出口1475万元，增长198.6%；硅铁出口9640万元，增长36.0%；稀土产品出口3599万元，增长15.4%；其他资源性产品出口6.4亿元，增长135.4%，主要是未锻轧钴，非合金铝制矩形其他板、片及带，非合金镍粉及片状粉末，其他铁合金等；钢材出口4.6亿元，增长52.6%。

3. 农产品进出口稳定增长，白瓜子和鲜苹果成为出口市场新宠

农产品出口9.1亿元，增长11.3%，其中白瓜子出口502万元，增长124.1%；鲜苹果出口3.61亿元，增长113.9%；葵花籽出口1510万元，增长37.9%；苹果汁出口1.17亿元，增长27.6%；番茄酱出口1668万元，

增长1.5%。其他产品出口均有明显的下降,如蔬菜种子出口6156万元,下降15%;杂豆出口2919万元,下降42.6%;肠衣出口2922万元,下降31.4%;柠檬酸出口2130万元,下降29.9%;干酪素出口532万元,下降44.1%;中药材出口970万元,下降95.1%(见表3)。

表3 2017年1～6月与2018年1～6月主要出口商品变化对比

单位:吨,万元

商品	2018年1～6月		2017年1～6月	
	数量	金额	数量	金额
钢材	89802	46389	59213	30408
硅铁	10209	9640	9312	7089
集成电路及组件	—	94752	—	81311
炉用碳电极	20712	212612	20304	28726
碳化硅	2074	1475	919	494
杂豆	35913	2919	19997	5083
镍	729	3677	1302	2051
蔬菜种子	552	6156	499	7239
轴承	9518	11675	11857	11952
干酪素	187	532	247	952
鲜苹果	57432	36112	27128	16885
柠檬酸	4688	2130	5090	3038
葵花籽	1426	1510	1385	1095
肠衣	138	2922	298	4261
中药材	210	970	9283	19985
苹果汁	15612	11663	12879	9137
番茄酱	3627	1668	3110	1643
干洋葱	265	521	205	403
白瓜子	344	502	156	224

资料来源:甘肃省商务厅综合处。

(四)不同性质的外贸经营主体结构发生改变,"国大主进民小主出"特征明显

在促进外贸增长方面,无论是国有企业、民营企业、外资企业,还是骨干大企业、中小企业,都发挥着愈来愈重要的推动作用。但总体看,国有企

业和骨干大企业在进口方面依然强势，在出口方面贡献日渐式微；而非国有企业和中小企业在出口方面增长强劲，在进口方面力量不济。

1. 国有企业主导进口，民营企业和外资企业拉动出口

2018年上半年，国有企业进出口126.0亿元，增长44.7%，占比达到63%。其中出口12.4亿元，下降8.4%，进口113.6亿元，增长54.5%。民营企业进出口71.0亿元，增长32%，占比35.5%。其中出口53.2亿元，增长62.8%，进口17.8亿元，下降15.7%。外资企业进出口1.2亿元，增长32.7%，占比0.6%。其中出口3677万元，增长6.7%，进口8269万元，增长48.8%（见表4和表5）。

表4　2018年上半年甘肃分企业性质进口总额及增长变化

单位：万元，%

企业性质	2018年6月	2018年1~6月	
	金额	金额	同比
总值	233224	1322425	38.9
国有企业	202929	1136104	54.5
私营企业	28186	178006	-15.7
集体企业	19	19	2.5
外资企业	2070	8269	48.8

资料来源：甘肃省商务厅综合处。

表5　2018年上半年甘肃分企业性质出口总额及增长变化

单位：万元，%

企业性质	2018年6月	2018年1~6月	
	金额	金额	同比
总值	104436	678049	42.9
国有企业	17332	124170	-8.4
私营企业	83820	530377	63.3
集体企业	253	1313	-31.4
外资企业	474	3677	6.7

资料来源：甘肃省商务厅综合处。

2. 骨干大企业承担进口业务，中小企业着力出口业务

2018年上半年，金川公司实现进出口67.3亿元，增长91.5%，其中进口66.5亿元，增长93.9%，出口8501万元，下降0.9%；酒钢集团实现进出口7.2亿元，下降10.6%，其中进口5.3亿元，下降4.8%，出口1.89亿元，下降23.8%；白银公司实现进出口22.5亿元，下降23%，其中进口20.3亿元，下降27.7%，出口2.2亿元，增长84.7%。三家大企业共实现进出口97.0亿元，较上年同期增加24.6亿元，增长33.9%，占全省外贸总值的48.5%。除三家大企业外，其他中小企业实现进出口103亿元，同比增加32.8亿元，增长46.8%，占全省进出口总值的51.5%。

（五）向西开放与南向通道建设步伐日益加快，对外贸易的国际市场布局趋于优化

随着"一带一路"持续推进和深化，甘肃对外着力于"向西开放"和融入"南向通道"，国际市场布局不断优化和升级。2018年上半年，亚洲市场实现贸易总值109.0亿元，增长13%，占进出口总额的54.5%，同比下降11.7个百分点；欧洲市场实现贸易总值28.4亿元，增长101.3%，占进出口总额的14.2%，同比提高4.5个百分点；北美市场实现贸易总值11.4亿元，增长48.4%，占进出口总额的5.7%，同比增加了0.4个百分点。非洲、拉美、大洋洲市场分别实现贸易总值为29.5亿元、8.7亿元、13亿元，增速分别为194.2%、-21.3%、86.3%。

前十大贸易伙伴分别是哈萨克斯坦39.7亿元、民主刚果21.9亿元、蒙古国17.2亿元、中国香港10.4亿元、芬兰9.6亿元、美国7.8亿元、中国台湾7.5亿元、澳大利亚6.3亿元、韩国6.0亿元、俄罗斯5.8亿元。主要出口市场是中国香港、美国、印尼、韩国、俄罗斯、中国台湾、尼泊尔、德国、加拿大、阿曼。主要进口来源地是哈萨克斯坦、民主刚果、蒙古国、芬兰、澳大利亚、中国台湾、秘鲁、巴布亚新几内亚、南非、新喀里多尼亚（见表6）。

表6 2018年1~6月甘肃省主要进出口市场分布

单位：万元，%

国家/地区	进出口总值	进出口增减	进口总值	进口增减	出口总值	出口增减
哈萨克斯坦	396570	43	395606	44	964	-68
民主刚果	219261	312	219130	312	131	718
蒙古国	171542	50	169573	49	1969	112
中国香港	103820	-43	—	—	103820	-30
芬兰	96190	93	96190	93	—	—
美国	77844	22	11852	87	65992	14
中国台湾	74557	26	48701	14	25856	59
澳大利亚	62729	5	60281	4	2448	32
韩国	60228	21	15200	14	45028	23
俄罗斯	58175	232	15654	104	42521	333
印尼	54799	332	597	4473	54203	328
南非	49153	22	40694	6	8459	347
秘鲁	45743	-19	43956	-20	1787	9
巴布亚新几内亚	41187	23114	41186	—	1	-94
加拿大	36231	263	14825	86	21406	964
德国	34856	111	12660	60	22196	157
新加坡	33569	52	22224	13	11345	382
日本	28603	-1	18752	9	9851	-15
新喀里多尼亚	26057	254	26057	254	—	—
尼泊尔联邦民主共和国	22975	770	—	—	22975	770
阿曼	17790	801	1	—	17790	801
意大利	17734	395	2183	517	15551	381
荷兰	16475	51	610	-71	15865	80
土耳其	13803	58	674	-89	13130	465
泰国	12554	55	709	584	11844	48
越南	11519	7	7	-100	11512	181
印度	11319	-27	2536	1632	8783	-43
沙特阿拉伯	10848	334	7218	107403	3629	46
西班牙	10540	-44	7419	-47	3121	-32
伊朗	9860	137	77	57	9783	138
乌兹别克斯坦	9743	223	2278	223	7465	223
克罗地亚	8952	—	—	—	8952	—
阿根廷	8950	962	198	703	8752	969

续表

国家/地区	进出口总值	进出口增减	进口总值	进口增减	出口总值	出口增减
智利	8516	-78	8180	-79	337	-51
牙买加	7929	4745	7709	111033	220	40
比利时	7865	185	271	306	7593	182
墨西哥	7144	142	845	-19	6299	229
缅甸	6990	32	319	—	6670	26
希腊	6466	1091	—	—	6466	1091
孟加拉国	5242	94	53	97	5189	94
阿尔及利亚	5063	2135	—	—	5063	2135
摩洛哥	5041	1494	4841	—	200	-37
津巴布韦	4950	133	4611	131	340	163
巴基斯坦	4928	98.19	—	—	4928	98.2

资料来源：甘肃省商务厅综合处。

1. 与"一带一路"沿线国家进出口依旧爆发出巨大张力，中东欧和西亚市场成倍增长

2018年上半年，甘肃省与"一带一路"沿线国家实现贸易额89.26亿元，增长46.6%（见图4），占全省进出口总额的44.6%。尤其与中东欧和西亚国家贸易惊人增长，与南亚国家贸易实现突破性增长，与传统的东亚、东南亚国家贸易保持着平稳增长。其中，与中东欧国家实现进出口7.6亿元，增长244.3%，进口1.6亿元，增长94%，出口6.1亿元，增长331.6%；与西亚国家进出口6.2亿元，增长117.8%，其中进口8308万元，增长24.8%，出口5.4亿元，增长146.1%；与南亚国家进出口4.5亿元，增长88.1%，其中进口2589万元，增长近14倍，出口4.2亿元，增长78.6%；与东亚国家进出口17.2亿元，增长49.8%，其中进口17.0亿元，增长49.3%，出口1969万元，增长112.3%；与东南亚国家进出口13.2亿元，增长18.9%，其中进口2.6亿元，下降64.1%，出口10.5亿元，增长184%；与中亚国家进出口40.6亿元，增长31.4%，其中进口39.8亿元，增长44.4%，出口8505万元，下降74.8%。

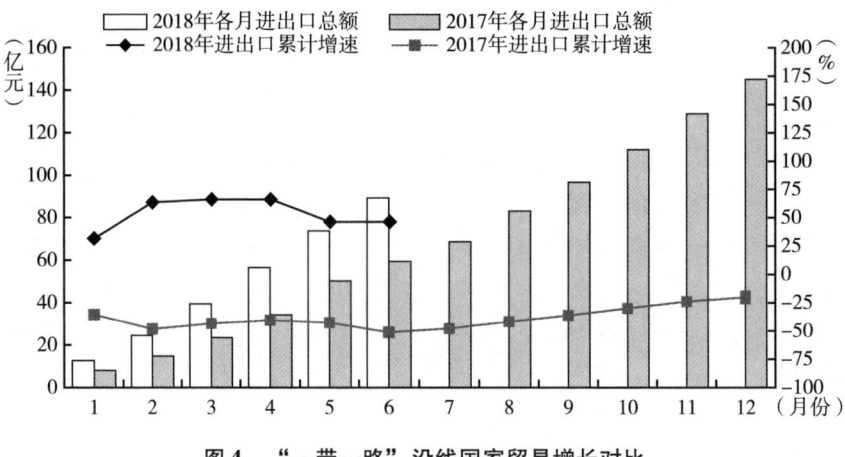

图4 "一带一路"沿线国家贸易增长对比

资料来源：甘肃省商务厅综合处。

2. 与中南半岛、相关东盟国家贸易发生新变化，"南向通道"成为带动出口增长的重要力量

2018年上半年，甘肃与东盟国家进出口总额为13.1亿元，增长18.9%，占比却进一步降低为6.6%。其中，与东盟国家进口2.6亿元，下降64.1%，出口10.5亿元，增长184%（见表7）。

表7 2018年上半年与2017年上半年甘肃省与东盟国家进出口变化对比

单位：万元，%

国家	进出口总值	上年进出口总值	进出口增减	进口总值	上年进口总值	进口增减	出口总值	上年出口总值	出口增减
马来西亚	4580	50138	-90.9	2543	47065	-94.6	2038	3073	-33.7
新加坡	33569	22026	52.4	22224	19670	13.0	11345	2356	381.6
印尼	54799	12690	331.8	597	13	4473.3	54203	12677	327.6
越南	11519	10788	6.8	7	6689	-99.9	11512	4099	180.8
泰国	12554	8087	55.2	709	104	584.2	11844	7983	48.4
缅甸	6990	5294	32.0	319	—	—	6670	5294	26.0
菲律宾	3287	1355	142.6	30	61	-51.8	3257	1293	151.8
老挝	0	0	0	0	0	0	0	0	0
柬埔寨	483	204	136.0	0	0	0.00	483	204	136.0
文莱	3688	6	61419.5	0	0	0.00	3688	6	61419.5
合计	131469	110588	18.9	26429	73602	-64.1	105040	36985	184.0

资料来源：甘肃省商务厅综合处。

（六）贸易方式进一步优化，一般贸易快速增长和服务贸易有所发展

2018年上半年，从不同贸易方式来看，一般贸易进出口150.8亿元，增长124.3%，占对外贸易总值的75.4%；加工贸易45.8亿元，占总值的22.9%；服务贸易3.4亿元，占总值的1.7%。

1. 一般贸易成为进出口的主要方式，加工贸易逐步衰退

从出口角度看，一般贸易出口48.8亿元，增长84.2%；加工贸易出口15.6亿元，下降21.4%。从进口角度看，一般贸易进口101.9亿元，增长150.4%；加工贸易进口30.2亿元，下降44.0%（见表8和表9）。

表8 2018年上半年甘肃省进口分贸易方式情况

单位：万元，%

贸易方式	2018年6月	2018年1~6月	
	金额	金额	同比
总值	233224	1322425	38.9
一般贸易	164997	1019240	150.4
加工贸易	68208	302391	-44.0
来料加工	2789	7824	-78.8
进料加工	65419	294567	-41.4

资料来源：甘肃省商务厅综合处。

表9 2018年上半年甘肃省出口分贸易方式情况

单位：万元，%

贸易方式	2018年6月	2018年1~6月	
	金额	金额	同比
总值	104436	678049	42.9
一般贸易	82057	488435	84.2
加工贸易	20806	155711	-21.4
来料加工	2423	6673	-85.8
进料加工	18383	149038	-1.3

资料来源：甘肃省商务厅综合处。

2. 服务贸易有所发展，发展步伐极为缓慢

自2015年开始，甘肃省才出现服务贸易统计数据，2015年实现进出口总额12亿美元，占全部进出口总额79.5亿美元的15.1%，随后几年虽有所增长，但与货物进出口增长相比，还显得极为缓慢（见表10）。

表10　2015年至2018年上半年甘肃省服务进出口数据

单位：亿美元，%

年度	总额	进口	出口	同比
2015	12.0	11.3	0.7	18.3
2016	12.5	11.7	0.8	4
2017	14.3	12.9	1.4	15
2018(1~6)	7.6	—	—	—

资料来源：甘肃省商务厅综合处。

二　甘肃出口环境分析与出口走势判断

自2018年中美贸易摩擦以来，国际形势已发生深刻变化，世界地缘政治博弈明显加剧，为全球的经贸关系和经济发展带来了很大的不确定性，对中国乃至全球经贸往来造成巨大的冲击，中国对外贸易会面临更为严峻的挑战，对甘肃对外贸易格局的变化带来了现实和潜在的影响，为此，甘肃省商务系统着力于增强出口动能，应对外贸环境变化。

（一）甘肃出口正处于周期性波动阶段，反弹冲高的内在力量还显不足

从2013年到2017年对外贸易数据看，甘肃货物进出口额分别为647.8亿元、531.4亿元、498.9亿元、452.5亿元、341.7亿元，五年下降了89.6%，呈明显逐年下降态势（见图5）。

1. 甘肃外贸整体进入一个周期性低谷时期，触底反弹迹象不明显

从历史角度看，甘肃出口还存在着以1994年为峰值以2015年为顶点的

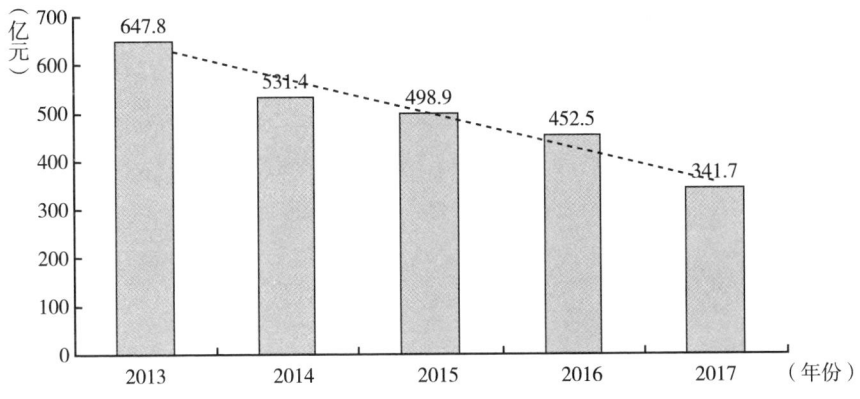

图5 近五年来甘肃进出口额变化

两个显著的"驼峰式"的周期性发展时期。从改革开放之初的1978年到2016年近四十年内，甘肃出口额从5941万元增长到268.2亿元，翻了450多倍，取得了惊人的成效。从统计数据看，这四十年，甘肃出口经历了两个周期性波动变化。其中，1984年突破亿元大关，达到15849万元，1991年突破十亿元关口，达到131730万元，1994年达到316295万元，创造了甘肃出口的第一个历史峰值。从1995年始，甘肃出口出现了一个较大的瓶颈，出口总额快速下跌，直到2000年才开始有所好转，2006年突破了百亿元大关，2015年持续升高到363.1亿元，创造了甘肃出口的第二个历史峰值。接着2016年、2017年连续两年出现了快速下滑态势，又进入另一个周期性波动变化状态中（见图6）。

从2018年上半年数据看，出口增长率在40%以上，一下跃居全国前列，貌似出现了触底反弹迹象，其实不尽然，这主要受两方面因素的影响：一是全国出口特别是东部沿海主要出口区域受国际市场环境影响特别大，外向型企业不景气，出口总体低迷，而甘肃以低附加值为主的出口格局受此影响较小，或者说对国际市场的反应迟滞，不够敏感；二是上年甘肃出口急剧下跌，相关数据极为惨淡，2018年略有改观或重新进入正常轨道。

因此可以判断：甘肃出口正处于历史性周期性低谷阶段，仅凭半年来的

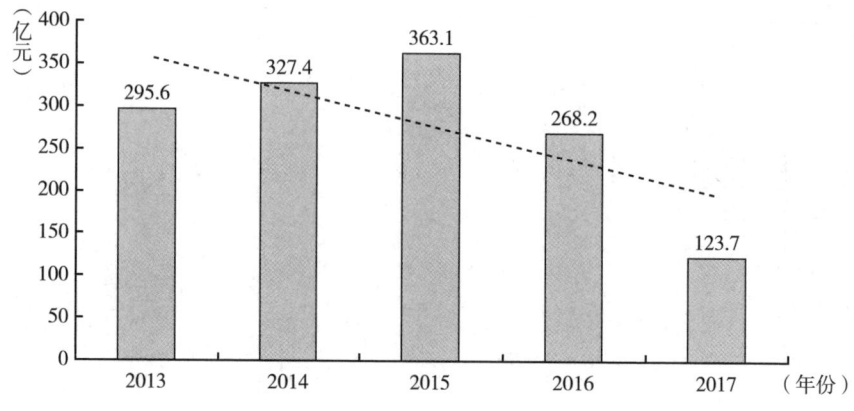

图6 近五年来甘肃出口态势

数据还无法判断出是否触底，是否开始反弹。

2.甘肃出口产品结构落后，国际市场竞争力还很弱小

长期以来，甘肃形成了以资源性产品、机电高新产品和农产品三大类产品为主导的出口格局，机电高新产品出口虽然占出口总额一半左右，但国际市场竞争力不足，还无法成为出口的支柱产业或产品。

3.出口基础还十分脆弱，营商环境还需进一步改善

基础设施建设落后、产业结构调整缓慢、新兴产业和高科技企业占比低、物流成本较高、专业贸易人才匮乏、品牌建设滞后等，加之出口企业实力还需增强、营商环境有待改善、中介服务组织还需培育和壮大等，甘肃出口市场高度集中格局扭转尚需时日，出口风险也会因市场高度集中而增大，出口的波动性和出口的不稳定性增强。

（二）甘肃对国际贸易摩擦的反应较为迟滞，影响出口的外在因素增多增强

长期以来，美国是甘肃省除中国香港地区以外的第二大出口市场。2017年，甘肃与美国进出口额为15.1亿元，其中出口13.3亿元，占对美贸易总额的88.1%，占全省出口总额的10.8%。2018年1～5月，甘肃与美国进出

口额为6.6亿元，其中出口5.6亿元，占全省出口总额的9.7%。

1. 中美贸易摩擦初级阶段，对甘肃省出口产生的短期和直接影响较小

从美国已征税品类来看，主要侧重于航空航天、机器人、工业机械、新材料和汽车等行业。2017年，甘肃省与美国进行贸易的企业有175家，出口美国商品329种，涉及A组商品13种，价值13431万元，主要是轴承出口12640万元，占总额的96%，其他商品有卧式车床、交流发电机、传动轴等。涉及C组商品4种，总额为99万元，主要有乙烯聚合物的硬管、管和软管，用于塑料管、管道和软管的塑料配件，非泡沫氯乙烯聚合物非黏合板、片、膜、箔及扁条，集成电路相关机械等。2018年1~5月，甘肃省出口美国商品182种，涉及A组商品5种，价值4651万元，其中轴承占97%；不涉及C组产品。从商品结构来看，美国征税商品占甘肃对美出口总值的比例不高，2017年征税产品出口额仅占出口总额的1%，2018年前5个月征税产品出口额仅占出口总额的0.8%，现阶段，中美贸易摩擦对甘肃省的直接影响有限。

2. 中美贸易摩擦升级，对甘肃省出口产生的长期和间接影响不容小觑

从长远看，2017年中国对美国出口总额仅4298亿美元，如果美方确定再对价值2000亿美元的中国进口商品加征10%甚至25%的关税，甘肃省出口美国征税清单的产品增加，对甘肃省出口将产生很大影响和冲击，全省1/10的出口额将会面临在北美市场退出的可能。

（三）甘肃融入"南向通道"进程中，与中南半岛、相关东盟国家贸易水平的效应还未完全释放

2014~2017年，甘肃与中南半岛、相关东盟10个国家贸易额分别为104.3亿元、94.3亿元、61.5亿元、24.3亿元，其中进口总值分别为22.6亿元、21.8亿元、18.8亿元、12.6亿元，出口总值分别为81.7亿元、72.6亿元、42.7亿元、11.7亿元，与甘肃总体对外贸易变化呈正相关。同时，甘肃与东盟10个国家贸易往来中，出口遍及各个国家，而进口来源国仅限于7个国家，老挝、柬埔寨、文莱三国基本属于零进口国（见表11至表14）。

表11 2014年甘肃省与东盟国家进出口情况

单位：万元，%

国家	进出口总值	上年进出口	进出口增减	进口总值	上年进口总值	进口增减	出口总值	上年出口总值	出口增减
越南	285813	76110	275.5	57849	6772	754.2	227964	69338	228.8
缅甸	15245	7271	109.7	1009	333	203.2	14237	6938	105.2
泰国	89615	87865	2.0	6448	3	228147.7	83166	87862	-5.3
老挝	1331	617	115.6	0	0	0.00	1331	617	115.6
马来西亚	309487	289650	6.9	76837	1730	4340.6	232650	287920	-19.2
印尼	178596	217531	-17.9	50359	60288	-16.5	128237	157243	-18.5
菲律宾	24508	75377	-67.5	5839	51961	-88.8	18668	23416	-20.3
柬埔寨	2584	6180	-58.2	0	0	0.00	2584	6180	-58.2
文莱	9090	15235	-40.3	0	0	0.00	9090	15235	-40.3
新加坡	126819	151263	-16.2	27696	11560	139.6	99123	139703	-29.1
合计	1043088	927099	12.5	226037	132647	70.4	817050	794452	2.8

资料来源：甘肃省商务厅综合处。

表12 2015年甘肃省与东盟国家进出口情况

单位：万元，%

国家	进出口总值	上年进出口	进出口增减	进口总值	上年进口总值	进口增减	出口总值	上年出口总值	出口增减
越南	109886	282400	-61.1	54681	54471	0.4	55205	227929	-75.8
缅甸	20571	15213	35.2	181	1009	-82.1	20390	14204	43.6
泰国	139673	88221	58.3	2723	6453	-57.8	136950	81768	67.5
老挝	2460	1276	92.8	0	0	0.0	2460	1276	92.8
马来西亚	237967	318104	-25.2	46184	85972	-46.3	191783	232132	-17.4
印尼	129105	179643	-28.1	49373	51270	-3.7	79732	128373	-37.9
菲律宾	91318	25019	265.0	46205	6309	632.4	45113	18709	141.1
柬埔寨	11731	2584	354.0	0	0	0.0	11731	2584	354.0
文莱	16045	8816	82.0	0	0	0.0	16045	8816	82.0
新加坡	184697	128098	44.2	18453	30069	-38.6	166244	98029	69.6
合计	943453	1049374	-10.1	217800	235553	-7.5	725653	813820	-10.8

资料来源：甘肃省商务厅综合处。

表13　2016年甘肃省与东盟国家进出口情况

单位：万元，%

名称	进出口总值	上年进出口	进出口增减	进口总值	上年进口总值	进口增减	出口总值	上年出口总值	出口增减
越南	74488	108544	-31.4	30838	53339	-42.2	43650	55205	-20.9
缅甸	18570	20549	-9.6	0	181	0.0	18570	20368	-8.8
泰国	72573	139673	-48.0	1897	2723	-30.3	70676	136950	-48.4
老挝	12585	2243	461.1	9931	0	0.0	2654	2243	18.3
马来西亚	174962	237967	-26.5	46367	46184	0.4	128596	191783	-33.0
印尼	87142	126637	-31.2	55190	46905	17.7	31952	79732	-59.9
菲律宾	47253	91318	-48.3	9904	46205	-78.6	37349	45113	-17.2
柬埔寨	3868	11731	-67.0	10	0	0.0	3858	11731	-67.1
文莱	6066	16045	-62.2	0	0	0.0	6066	16045	-62.2
新加坡	117092	184689	-36.6	33459	18453	81.3	83633	166236	-49.7
合计	614599	939396	-34.6	187596	213990	-12.3	427004	725406	-41.1

资料来源：甘肃省商务厅综合处。

表14　2017年甘肃省与东盟国家进出口情况

单位：万元，%

国家	进出口总值	上年进出口总值	进出口增减	进口总值	上年进口总值	进口增减	出口总值	上年出口总值	出口增减
马来西亚	95482	172738	-44.7	86475	44991	92.2	9007	127747	-93.0
新加坡	47018	116912	-59.8	28137	33494	-16.0	18880	83418	-77.4
印尼	38034	87012	-56.3	4189	55190	-92.4	33845	31821	6.4
越南	24002	74362	-67.7	6733	30838	-78.2	17270	43524	-60.3
泰国	17199	72278	-76.2	141	1897	-92.6	17058	70381	-75.8
缅甸	10811	18148	-40.4	0	0	0	10811	18148	-40.4
菲律宾	6838	47120	-85.5	144	9904	-98.6	6694	37217	-82.0
老挝	2491	12547	-80.1	0	9931	0	2491	2616	-4.8
柬埔寨	818	3799	-78.5	0	10	0	818	3789	-78.4
文莱	55	6064	-99.1	0	0	0	55	6064	-99.1
合计	242748	610980	-60.3	125819	186255	-32.5	116929	424725	-72.5

资料来源：甘肃省商务厅综合处。

1. 甘肃与东盟国家贸易占比快速下降，传统对外贸易优势正在逐步丧失

长期以来，东盟国家是甘肃传统的、主要的对外贸易地区，与东盟国家贸易占比一直保持在1/5以上，从2014～2017年占比分别为19.6%、18.9%、13.6%、7.1%来看，下降非常明显。一方面表明近年来甘肃对外贸易形势持续恶化，另一方面也反映甘肃对外贸易方向发生了倾向性扭转，向西开放步伐要快于南向发展速度，与"丝绸之路经济带"沿线国家的贸易高速增长，从传统市场走向新兴市场。

2. 东盟国家在甘肃出口市场地位下降，"南向通道"拉动面向东盟国家出口增长的效应还未显现

过去，中国香港和东盟、北美（主要是美国）、东亚（日本、韩国）是甘肃三大主要出口区域。2014～2017年甘肃面向东盟国家出口占比分别为25.0%、20.0%、16.0%、9.5%，四年间，占比从1/4快速下降到不足1/10。可以说甘肃融入"南向通道"发展步伐缓慢，"南向通道"拉动面向东盟国家出口增长的效应还未显现。

三 加快提升甘肃出口新动能的对策建议

新动能最突出的特征是靠效率拉动，其核心是通过提高全要素生产率实现出口增长。基于对甘肃历史及近年来出口状况的分析，以及对甘肃出口模式、重点区域和出口产品市场竞争力分析，加快提升甘肃出口新动能的关键在于做好战略布局、优化通道路径、培育外向型经济竞争力、改善政策举措激活出口企业活力等方面。

（一）以深化改革开放为导向，优先谋划出口导向型战略布局

在优先推进基础性关键环节改革的基础上和深入提高开放水平的前提下，做好以下几方面的基础工作，确立出口导向型战略布局。

1. 加大力度培育有竞争力的六大创新型主体

培育有竞争力的创新型主体包括创新型企业（尤其是创新型领军企

业)、创新型个人(如创客、新型企业家等)、创新型区域(如创新型城市、智慧城市等)、创新型科研院所和高等院校、创新型区域平台(如创新中心、技术中心、重点实验室等)、创新型政府等。

2. 加快推进商事体制改革和营造新的营商环境

按照政府对市场经济主体"放管服"改革的治理理念,积极对标国际贸易通行规则,以大胆推进商事体制改革为重点,构建法治化国际化营商环境,建立智能终端生产链条带动体系、质量导向外贸促进体系、跨境电商全链条服务体系,不断激发市场主体活动。

3. 重构产业结构,提升市场竞争力

产业结构包括产业组织结构、市场结构、竞争结构等。在甘肃的石化、有色、冶金三大传统产业历经改革开放 40 年而形成的产业特色和优势尚不能取代的基础上,与南向通道省份相比,要优先突出发展工业,加快打造新产业培育机制,不断提升装备制造业、农产品加工、中医药产业、高技术产业、核燃料处理及核技术应用产业等新兴产业发展的层次、规模和市场竞争力。

4. 重构区域发展结构,突出改善以兰州为中心区域的外向型发展环境

当前甘肃区域分化已经呈现,区域结构在加速调整。区域分化的过程也是新旧动能转换的过程,必须改善过往全省全面发展的老旧思维,突出改善经济总量占全省 1/3 和出口总量占全省 60% 以上的兰州市发展空间和发展环境,做大做强兰州这一引领全省外贸发展的出口基地。

(二)以加速要素升级为重点,全面优化出口的通道路径

在深化"向西开放"和"南向通道"建设进程中,推进基础设施互联互通、经贸产业合作、人文交流、生态建设、金融创新支持五项重大工程建设。

1. 加快"三大出口基地""三大陆港""三大空港"建设力度和步伐

通过"三大出口基地""三大陆港""三大空港"建设,建成以亚欧大陆桥经济走廊、中蒙俄经济走廊、中国—中亚—西亚经济走廊、中国—中南半岛经济走廊、中巴经济走廊、孟中印缅经济走廊为重点的经贸产业合作和

人文交流窗口。

2. 探索设立兰州临空经济示范区,加快形成临空经济全产业链

目前,临空经济示范区西北地区仅有西安一个,未来有希望在西北再新增一个席位。应抓住机遇,加快兰州区域航空运输要素整合,进一步汇集生产力量向空港新城集聚,推进空港航运产业集群化发展。

(三)以"五培工程"为着力点,着力提高外向型经济竞争力

1. 着力培育各种新动能所需的各类生产要素

新动能下生产要素包括培育信息技术、智能制造技术和新能源技术等新技术;培育专业人才、市场人才和管理人才等新人才;提供和吸收各种新知识;开拓各种新的融资形式和渠道。

2. 着力培育出口骨干企业

重点从企业快速备案、对标提升以及外贸出口转型等方面开展有针对性的帮扶,不断提升出口企业的质量管理水平,促进产品、产业转型升级,提高出口产品国际市场竞争力;重点扶持受中美贸易摩擦影响的出口企业进行市场多元化和新产品研发、技术升级,抗击贸易摩擦风险。

3. 着力培育自有出口知名品牌

落实"自主品牌出口增长行动计划",继续实施机电和高新技术产品自主品牌出口促进项目,组织企业参加专业性境外品牌展会,做强企业和特色产品品牌。

4. 着力培育陇企国际营销平台和营销网络

继续巩固东亚、欧美等传统市场,拓展中东欧、中西亚、东南亚等"一带一路"沿线国家的新兴市场,发挥驻境外商务代表处的作用,有针对性地组织企业参加重点国际展会。

5. 着力培育外贸综合服务企业

大力发展外贸综合服务企业为中小外贸企业提供集成式供应链服务。培育扶持服务贸易和服务外包企业主体,进一步扩大旅游、建筑、劳务输出等传统劳动密集型服务贸易出口。

（四）以"一增三减两激活"为突破口，重点提高出口企业运营活力

"一增"是指增加出口企业流动资金供给，化解出口企业融资难问题，积极探索搭建出口退税账户托管、贷款政税银合作平台。

"三减"是减少出口企业费用负担和管制约束，即减综合税费、减会展费用、减出口环节报关报检费用，降低出口企业运营成本。

"两激活"是指制定相关政策激活零出口企业和激活过去出口现在未能继续出口的企业的出口活力，增加出口企业总量供给和增量增长。

参考文献

杨志武、王福生、王晓芳：《甘肃商贸流通发展报告（2016）》，社会科学文献出版社，2016。

张应华、王福生、王晓芳：《甘肃商贸流通发展报告（2017）》，社会科学文献出版社，2017。

张应华、王福生、王晓芳：《甘肃商贸流通发展报告（2018）》，社会科学文献出版社，2018。

甘肃省商务厅：《甘肃商务年鉴（2017）》（内部资料）。

甘肃省商务厅：《甘肃商务志（中）》（内部资料）。

甘肃发展年鉴编委会：《甘肃发展年鉴（2017）》，中国统计出版社，2017。

B.8
甘肃外贸基地建设状况调查报告

吴燕芳*

摘 要: 本报告从国家外贸转型升级示范基地和科技兴贸创新基地的建设背景出发,对甘肃省各级各类出口基地的发展历程进行了系统梳理。随后,从特色产业规模、技术装备水平、龙头企业培育、国际标准认证、自主创新能力、品牌核心竞争力以及服务平台搭建等方面出发,全面总结并系统剖析了甘肃外贸基地的现状基础和发展成效。在此基础上,紧密结合甘肃省当前经济形势和外贸发展实际,对出口基地培育中存在的突出问题进行了客观评析,提出了加快外贸基地建设的对策建议。

关键词: 甘肃 对外贸易 出口基地

在国际贸易摩擦加剧和贸易保护愈演愈烈的背景下,我国外贸出口压力剧增,发展形势严峻,加强出口基地建设成为各地推进外贸转型升级、加快外贸发展方式转变的重要举措,在促进地区对外贸易平稳健康发展中发挥着积极作用。甘肃作为内陆经济欠发达地区,对外贸易起步晚,开放程度较低,外向型经济发展基础薄弱,将培育出口基地作为加快对外贸易发展的重要载体和突破口,努力扩大进出口规模,着力提升外贸发展质量和水平,对于增强甘肃经济发展支撑力、促进区域经济协调发展具有十分重要的战略意义。

---
* 吴燕芳,甘肃省社会科学院公共政策研究所助理研究员,主要研究方向为区域经济、城市与区域发展规划。

一 甘肃省外贸出口基地的发展历程

外贸出口基地是集生产和出口功能于一体的产业集聚体,是优化出口商品结构、促进外贸持续稳定发展的重要推动力量。我国高度重视外贸出口基地的培育工作,始终将其作为助推外贸转方式、调结构、扩出口的重要平台和培育外贸出口新动能的关键落脚点,坚持把培育外贸出口基地摆在促进外贸稳定发展的重要位置。2011年初,《商务部外贸转型升级示范基地培育工作总体方案》和《2011年国家外贸转型升级专业型示范基地认定工作方案》(以下分别简称《总体方案》和《工作方案》)出台实施,全国范围的外贸转型升级示范基地认定工作由此展开,其中外贸转型升级示范基地可分为专业型示范基地、企业型示范基地和综合型示范基地三种类型(见表1)。

表1 外贸转型升级示范基地的分类

示范基地分类		定义
专业型	具有一定出口规模、出口潜力和技术水平,示范带动效应较强的	某一特定行业的产业集聚区
企业型		某一特定行业的生产型龙头企业,或拥有长期、稳定产销渠道的流通型龙头企业
综合型		经各级政府依法批准设立的经济技术开发区、高新技术开发区和经海关依法批准设立的特殊监管区

资料来源:《商务部外贸转型升级示范基地培育工作总体方案》。

(一)甘肃国家级外贸转型升级示范基地概况

国家外贸转型升级示范基地是经商务部认定的产业优势突出,地域特色鲜明,公共服务体系完善,具备一定发展潜力、技术水平和自主创新能力,示范带动效应较强的产业集聚区。依据《总体方案》的规划部署和《工作方案》的技术标准,商务部于2011~2014年,连续认定了三批共计179个国家级外贸转型升级专业型示范基地,甘肃共有2家专业型基地入选,其中甘肃省天水市苹果产业基地入列第二批国家级示范基地，而甘肃省河西地区种子基地则入选第三批名单。为进一步加快外贸转型升级示范基地建设，立足专业型示范基地的认定基础，对考核未通过和整改不合格的基地进行清退，同时新增企业型与综合型示范基地，最终确定了255家国家外贸转型升级示范基地，并于2018年进行了公示。本次认定结果甘肃省国家级外贸转型升级示范基地的数量未受影响，仍然维持原状。

（二）甘肃省级外贸转型升级示范基地总体状况

甘肃将建设外贸出口基地作为促进外贸稳定增长、做大出口规模的关键抓手，为进一步做好省级外贸转型升级示范基地的培育工作，实现科学高效的监管与考核，2016年，甘肃对原外贸转型升级示范基地的认定标准、管理方式及考核办法进行了新修订，并印发《甘肃省外贸转型升级基地培育实施意见》。甘肃现有省级外贸转型升级示范基地28家（见表2），基地的产业类别涵盖新型材料、机械电子、农轻纺、中医药、生物医药和清真食品等特色优势产业，其中农产品基地居压倒性优势，占比高达60.71%，机电产品略显比较优势，比重为14.29%，新型材料、纺织服装和清真食品三类基地各有2家，所占份额为7.14%，医药基地仅为1家。从空间布局来看，全省有一半的市州拥有省级外贸转型升级示范基地，其中省会兰州独占鳌头，有示范基地12家，比重高达42.86%，酒泉市以5家位居第二，所占比重为17.86%，张掖市与临夏州各占3家，占比为10.71%，天水与庆阳两市各有2家，甘南州分布1家。

（三）甘肃科技兴贸创新基地的建设背景

为切实改变我国外贸经济的国际分工地位，实现从贸易大国向贸易强国的转变，商务部于2007年出台了《关于建设科技兴贸创新基地的指导意见》，并会同科技部组织认定了四批共计88家国家科技兴贸创新基地，其中兰州市新材料创新基地于2012年成功入选第四批国家级科技兴贸创新基地，成为甘肃唯一的国家级创新基地。在此基础上，为充分发挥外贸基地的

表2 甘肃省外贸转型升级示范基地名单

序号	所属市州	基地名称	领域
1	兰州市	兰州市非金属材料(碳素)外贸转型示范基地	新型材料
2		兰州市(金川科技园)新材料外贸转型示范基地	新型材料
3		兰州石化装备制造外贸转型升级示范基地*	机电产品
4		兰州耐驰单螺杆泵外贸转型升级示范基地*	机电产品
5		兰州多相流量计系列产品外贸转型升级示范基地*	机电产品
6		兰州市亚盛国贸农产品外贸转型示范基地	农产品
7		兰州市杂粮杂豆产品外贸转型示范基地	农产品
8		兰州市毛精纺呢绒外贸转型示范基地	纺织服装
9		兰州市天然肠衣外贸转型示范基地	农产品
10		兰州市佛慈制药外贸转型示范基地	医药
11		兰州市七里河区百合产业外贸转型示范基地	农产品
12		兰州市绒毛产品外贸转型示范基地	纺织服装
13	天水市	天水圆锥滚子轴承产品外贸转型升级示范基地*	机电产品
14		天水市苹果汁外贸转型示范基地	农产品
15	酒泉市	酒泉市种子生产外贸转型示范基地	农产品
16		酒泉市番茄标准化生产外贸转型示范基地	农产品
17		酒泉市脱水洋葱种植外贸转型示范基地	农产品
18		酒泉市瓜类蔬菜制种外贸转型示范基地	农产品
19		酒泉市农产品外贸转型示范基地	农产品
20	张掖市	甘州区农产品外贸转型示范基地	农产品
21		民乐县银河农产品外贸转型示范基地	农产品
22		高台县番茄酱外贸转型示范基地	农产品
23	甘南州	甘南州干酪素产业外贸转型示范基地	农产品
24	临夏州	临夏州干酪清真食品外贸转型示范基地	清真食品
25		临夏州蚕豆种植外贸转型示范基地	农产品
26		和政县清真食品外贸转型示范基地	清真食品
27	庆阳市	庆阳市苹果汁外贸转型示范基地	农产品
28		正宁县奥神洲苹果产业外贸转型示范基地	农产品

注:资料来源于甘肃省商务厅《商务专刊》,带*者同时为省级机电产品外贸转型升级示范基地。

先导和引领作用,加快培育外贸新优势,甘肃省商务厅与科技厅联合出台了《关于建设甘肃省科技兴贸创新基地的指导意见》和《甘肃省科技兴贸创新基地认定办法》,省商务厅同时下发了《关于印发甘肃省机电产品外贸转型升级示范基地认定办法的通知》。为贯彻落实上述文件要求，2013年9月甘肃省认定了首批省级科技兴贸创新基地和机电产品外贸转型升级示范基地，其中机电产品外贸转型升级示范基地4家，科技兴贸创新基地7家（见表3），并于10月召开的机电与科技产品进出口形势分析会上对认定的创新基地进行了授牌。甘肃省级科技兴贸创新基地的行业属性涵盖新型材料、装备制造、生物医药和电子信息等四大产业，区域分布仅涉及兰州、白银和天水三市。

表3 甘肃省首批科技兴贸创新基地名单

序号	所属市州	基地名称	产业范围	建设单位
1	兰州市	兰州金川有色金属新材料科技兴贸创新基地	新型材料	兰州金川新材料科技股份有限公司
2		兰州炭素新材料科技兴贸创新基地	新型材料	方大炭素新材料科技股份有限公司
3		兰州石油化工装备制造产业科技兴贸创新基地	装备制造	天华化工机械及自动化研究设计院有限公司
4		兰州中药（甘草）提取物及衍生产品科技兴贸创新基地	生物医药	甘肃泛植生物科技有限公司
5		兰州中药和保健品科技兴贸创新基地	生物医药	兰州佛慈制药股份有限公司
6	天水市	天水半导体封装测试科技兴贸创新基地	电子信息	天水华天科技股份有限公司
7	白银市	白银稀土产品科技兴贸创新基地	新型材料	甘肃稀土新材料股份有限公司

资料来源：甘肃省商务厅，《商务专刊》。

二 甘肃省外贸基地的发展现状与建设成效

甘肃坚持立足自身，主动顺应国际与国内两大市场的需求变化，树立以企业为主体、产业为基础、市场为导向、科技为动力的发展思路，凝心聚力、攻坚克难，强力推进外贸基地的培育、建设和发展工作，大力推进科技、产业与贸易融合创新，外贸基地建设取得了显著的发展成效。

（一）特色农产品产业优势卓越，出口规模稳步扩张

特色农产品出口优势进一步凸显。全省现有农产品进出口重点企业 112 家，出口品种达 120 余个，远销 100 多个国家和地区。2015~2017 年，农产品出口贸易额稳定在 20 亿元左右，尽管出口规模有所收缩，但占全省出口总额的比重大幅上升，提高了 10.58 个百分点。就外贸基地涉及的农产品种类看，鲜苹果比较优势突出，占农产品出口额的比重保持在 1/5 以上，最高值达 30.8%，苹果汁位居其次，比重在 6.5%~9.5%。平凉、庆阳、天水和陇南等地既是农业部划定的苹果优势生产区之一，也是甘肃的苹果主产区和出口地，苹果出口已成为上述地区发展外向型经济的主要驱动力，其中苹果出口占平凉市出口总额的比重高达 90% 以上，庆阳和陇南的比重分别为 78% 和 77.4%。

制种产业占据全国领先优势。河西走廊的酒泉、张掖和武威 3 市既是全国最大的杂交玉米制种基地，也是全国最大的蔬菜、瓜类、花卉对外制种基地，蔬菜、瓜类、花卉等对外制种外繁育种量占全国制种出口量的比重高达 75%，出口额占全国总出口额的比重可达 60% 以上。初步形成了专业化、规模化、标准化的种子生产基地，已建成以河西地区为主的 150 万亩玉米种子生产基地，年产种占全国大田玉米用种量的 60% 以上，以酒泉、张掖和武威为主的 32.17 万亩蔬菜、花卉种子生产基地，以及以河西地区为主的 5 万亩啤酒大麦种子生产基地，已成为全国的种子生产大区、外繁育种大区和种子出口大区。

干酪素出口量居全国榜首。甘南州与临夏州已成为全国最大的食用和工业干酪素生产基地，出口额飞速增长，2017 年出口增速高达 99.1%，较 2015 年抬升了 153.7 个百分点，产品出口量稳居全国首位。基地内有加工企业 5 家，年加工能力达 1.2 万吨，占全国总加工能力的 72% 左右，生产规模位居国内同行第一位；牛乳酪蛋白及乳副系列产品年生产量占全国同行业总量比重达 72%，出口量占国内同行 78% 的份额，是国内干酪素最大的生产与出口基地，产品远销欧盟、美国、中东、中非及东南亚等 86 个国家和地区。

（二）高技术产品出口势头良好，特色产业规模持续壮大

甘肃高度重视外贸与产业的互动发展，在外贸基地建设中大力推动传统产业转型升级，将扩大高技术产品出口作为抢占国际贸易制高点的制胜关键。机电高新产品出口主体地位不断强化，近三年来出口额占全省出口总量的比重稳步上升，占比由2015年的36%提升至2017年的41%。其中高新产品出口规模再创新高，增势回稳向好，2017年实现出口额5.73亿元，相当于2015年的2.42倍。优势产业基础不断巩固，产业规模持续扩张。方大炭素已成为国内最大的碳素制品研发生产企业，金川新材料致力于打造集新材料和电池材料于一体的产业发展园区，已成长为中国最大的钴产品生产企业。佛慈制药以六味地黄丸、逍遥丸、知柏地黄丸等为代表的30余种系列浓缩丸占国内市场的份额约为30%，其中六味地黄丸约占35%以上，而甘肃泛植在甘草制品的研究开发和生产规模上已发展成为国内最大的企业之一。

（三）技术装备水平全面提升，产业转型升级步伐加快

全省各类基地都将科技含量高、辐射带动能力强、具有长远竞争力的产品作为重点发展方向，特色产业转型升级步伐进一步加快。甘南州与临夏州干酪素生产线为全亚洲最大，其基础设施、生产设备及工艺水平均达到国内外食品级干酪素顶级水平。方大炭素助推产业方向向新兴产业转化，紧盯核电产品、新能源产品、炭素新材料和高纯元素产品的开发，依托先进设备引进、技术改造、加大研发力度等举措，主要工艺装备达到国际先进水平。天华院有限公司拥有国内完整的阳极保护工业应用成果，在推动行业设备与工艺更新、技术进步中发挥着重要的促进作用。甘肃稀土着眼于调整优化产业和产品结构，形成了七大联系紧密的产业链条，实现了由初级产品生产向高附加值和功能材料的战略转变。华天电子保持引进设备的技术水平与国际主流厂家同步，产品技术逐步向价值链中附加值较高的环节演进。甘肃泛植通过对原工艺装备进行改造，使企业生产能力和测试手段迅速提升到国内先进水平。

（四）龙头企业培育成效明显，国际标准制定实现新突破

龙头企业是引领和带动外贸基地发展的中流砥柱，甘肃各产业基地的龙头企业培育工作稳步推进，骨干企业成长较快，规模效应初步显现。河西制种产业基地吸引了国内外大批知名种业企业落户，其中中国种业 54 家骨干企业中有 41 家在甘肃建立了生产基地或加工中心，全球前 5 家种业公司中有 4 家以不同方式落户，极大促进了甘肃种业与全国及国际种子市场的接轨。干酪素生产基地现已培育出以甘肃华羚集团为龙头的 5 家加工企业，其中国家级龙头企业 1 家，上述企业陆续通过了 HACCP 认证、ISO9001：2008 国际质量标准认证、犹太清洁 HALAL/KOSHER 认证、OU – D 认证、英国皇家认证委员会颁发的 UKAS 国际质量最高认证证书。兰州新材料国家级创新基地现拥有方大炭素、金川科技园、金川新材料、金川科力远、甘肃天星稀土、兰州西脉记忆合金等六家高新技术企业，其中兰州西脉通过了南德 TUV 对该公司 ISO：13485 质量体系及产品的 CE 认证。佛慈制药浓缩当归丸申请 EU – GMP 认证工作积极推进，同时承担当归提取物国际商务质量标准制定，西部中药材及饮片生产规范及标准制定，以及当归、党参等 6 个西部优势特色中药材基地建设升级及产品标准制定工作。

（五）自主创新能力大幅提升，产品国际竞争力显著增强

坚持科技成果与市场需求相结合的发展方向，积极推动科技与产业融合创新，龙头企业自主创新能力建设取得了显著成效。省级科技兴贸创新基地自建设以来，累计新增各级研发机构 5 家，新增授权发明专利 133 项，占全省累计授权发明专利的 63.9%（见表 4）。方大炭素研发水平达到国内领先，产品向国家重大科技专项——高温气冷堆核电站示范工程供货，"方大牌"石墨电极和超微孔炭砖获甘肃省名牌产品；金川新材料形成了从新产品研发、检测到工程化应用的完整创新体系，其产品四氧化三钴主要应用于智能手机、笔记本电脑、电动工具等产品的锂离子电池，而三元前驱体则是动力汽车电池材料的热门前驱体，随着新能源汽车的迅猛发展，三元电池材

料的需求也将迎来爆发式增长；天华院有限公司于2014年获批成立博士后工作站，获国家科技进步二等奖1项，初步形成了研发项目的梯队建设，而天华化工主导产品的技术已达到国内领先水平，部分产品在国外同类产品中处于先进水平，以国家干燥工程中心为标志的技术平台更使我国干燥设备的研制能力达到世界先进水平。华天电子新增授权发明专利中60%为欧美日专利，2013~2015年连续三年获得"中国半导体创新产品和技术"荣誉。

表4 甘肃省级创新基地龙头企业自主创新能力建设

单位：项，个

龙头企业	授权发明专利	研发机构（研究中心/实验室）	
		国家级	省级
兰州金川新材料科技股份有限公司	—	2	—
方大炭素新材料科技股份有限公司	5	—	—
天华化工机械及自动化研究设计院有限公司	27	—	—
甘肃泛植生物科技有限公司	3	—	1
天水华天科技股份有限公司	89	—	2
甘肃稀土新材料股份有限公司	9	—	—

（六）公共服务平台处于起步阶段，资源共享特性初步显露

公共服务平台是反映外贸基地服务能力与水平的重要标志。甘肃外贸基地公共服务平台建设虽处于起步阶段，但仍取得了初步突破。兰州金川新材料科技股份有限公司举全企业之力，集中整合优势资源，建立起新材料研发、新材料检测与测试、新材料创新基地信息服务三大平台。其中，新材料检测与测试平台主要提供金属材料检测和测试方面的技术服务，而创新基地信息服务平台则致力于打造面向全市的新材料信息服务平台，同时平台的开放性特征也得以发挥。天水华天科技股份有限公司为同地区的华洋电子提供产品验证平台，而华洋则以每月向华天供给等价的产品作为交换条件，由此形成骨干企业服务带动中小企业、中小企业配套骨干企业的良性互补发展模式。

三 甘肃省外贸基地建设存在的突出问题

(一) 基地数量严重不足，转型升级基地类型过于单一

甘肃省外贸基地的数量总体偏少，从国家转型升级专业型示范基地来看，甘肃占全国总量的比重仅为1.12%，不仅全国排名垫底，在西部地区也是倒数第一，占西部地区总数的4.65%。从新一轮外贸转型升级示范基地的认定结果看（见表5），大部分地区的国家级基地数量均出现了不同程度的增减，且新增基地集中分布于沿海省份，其中辽宁、江苏、浙江、山东和广东5省新增基地共计57个，为全国新增量贡献了75%的份额，贸易大省的优势地位凸显。西部地区新增基地5个，总量达到48个，占全国总量的比重为18.82%。其中甘肃省入围基地数量保持不变，仅占全国总量的0.78%，比重下跌了0.33个百分点，占比明显低于其出口所占全国的比重，排位仍居全国倒数第一。就基地的类型看，甘肃无论是国家还是省级转型升级示范基地均为专业型示范基地，即依托某一特定行业或优势产业开展建设，而依靠龙头企业或各类开发区的优势基础进行建设的企业型或综合型示范基地尚属空白，未能形成优势互补、多元协调的发展格局，不利于产业集群优势的形成与发挥。

表5 国家外贸转型升级示范基地数量变化

单位：个

地 区	专业型示范基地			前三批合计	2018年认定	数量增减
	第一批	第二批	第三批			
北 京	2	—	—	2	2	—
天 津	3	1	1	5	4	-1
河 北	2	4	2	8	11	3
山 西	2	1	1	4	4	—
内蒙古	2	1	1	4	10	6
辽 宁	1	1	1	3	12	9

续表

地 区	专业型示范基地			前三批合计	2018年认定	数量增减
	第一批	第二批	第三批			
大 连	1	1	1	3	2	-1
吉 林	1	1	2	4	3	-1
黑龙江	1	1	2	4	3	-1
上 海	1	—	1	2	3	1
江 苏	3	4	5	12	18	6
浙 江	3	4	6	13	29	16
宁 波	2	4	2	8	10	2
安 徽	1	1	2	4	8	4
福 建	2	4	5	11	11	—
厦 门	2	2	1	5	4	-1
江 西	1	1	2	4	4	—
山 东	3	3	3	9	28	19
青 岛	2	1	1	4	4	—
河 南	1	1	1	3	10	7
湖 北	2	1	1	4	5	1
湖 南	3	1	2	6	9	3
广 东	3	4	5	12	19	7
深 圳	2	1	1	4	4	—
广 西	1	2	1	4	4	—
海 南	1	1	—	2	—	-2
重 庆	1	1	2	4	5	1
四 川	1	2	1	4	5	1
贵 州	1	1	1	3	2	-1
云 南	2	1	1	4	3	-1
西 藏	—	1	1	2	2	—
陕 西	1	1	1	3	3	—
甘 肃	—	1	1	2	2	—
青 海	1	1	1	3	2	-1
宁 夏	1	1	1	3	2	-1
新 疆	3	2	2	7	8	1
合 计	59	58	62	179	255	76

资料来源：中华人民共和国商务部，http：//wms.mofcom.gov.cn/subject/sfjd/。

（二）辐射带动能力偏弱，产业优势与出口规模不匹配

省级外贸基地的整体规模较小，行业层次偏低，龙头企业空间布局分散，既不利于产业集聚优势的形成，也给基础设施完善带来了不便，全省外贸基地的整体水平、综合实力与出口规模在西部地区的比较劣势明显，辐射带动能力有限。省级龙头企业普遍存在规模不足、实力不强、市场影响力与竞争力偏弱等共性问题，农产品出口基地表现更甚。出口农产品以原料及初级加工产品为主，主导产品处于产业链中低端，产品附加值低，国际市场竞争力缺乏。中药材产业优势未能有效转化为贸易优势。甘肃是全国中药材资源大省，种植面积与产量连续多年居全国第一，当归、党参、黄芪、大黄、甘草等道地药材在全球享誉盛名，然而出口受阻、价格偏低等因素导致出口规模与中药材产量大省的地位极不匹配。

（三）创新投入不足，国际市场开拓能力受限

自主创新能力是外贸基地的核心竞争优势所在。然而，受企业综合实力和经营效益水平等的影响，甘肃出口基地龙头企业的研发投入水平整体偏低。以科技兴贸创新基地为例，2015年研发投入占销售收入比重最高的方大炭素，占比为7.95%，华天电子与甘肃稀土近三年的年均研发投入占销售收入的比重分别在6%和5%左右，最低的兰州金川新材料有限公司不足1%。研发投入稳定增长长效机制缺失，无法形成对创新能力建设的有效支撑，核心关键技术与自主知识产权的攻关难以取得突破，国际竞争优势较难确立。

（四）产业集聚程度低，示范带动作用难以发挥

甘肃省科技兴贸创新基地和机电产品外贸转型升级示范基地全部是以行业龙头企业模式开展建设，基地内仅有负责建设的骨干企业，缺乏与基地产业链相配套的、具备一定实力的上下游企业作为支撑，产业集聚程度低，无法组建可持续发展的企业梯队。同时，创新基地与机电产品基地处于起步阶

段、产业链条、基础设施、配套功能等尚不完善，企业处于自我壮大阶段，自身建设尚不成熟，无法发挥行业示范及带动作用。此外，各基地之间的产业存在显著差异，其他基地无法直观感受到加快基地建设对扩大外贸出口的促进作用，影响了骨干企业投身外贸基地建设的积极性。

（五）政策体系不健全，公共服务供给不足

甘肃省高度重视外贸发展政策环境建设，为稳定外贸进出口总量，连续5年出台了促进外贸稳增长调结构的实施意见。然而受经济发展水平、地区财政实力、市场经济发育程度以及思想观念等的束缚，财政支持力度不够、资金投入不连续、企业融资困难、信用保险发展滞后、出口退税政策不完善等问题突出，外贸促进政策的系统性与全面性不够，创新水平不高，协同配套能力偏低，落实效果大打折扣，政策工具的杠杆作用不能充分发挥，无法形成助推出口基地建设的有效合力。同时，基地内企业数量较少，缺乏有效的激励机制，企业搭建公共服务平台的动力与积极性不高，导致服务平台数量极少、层次偏低，公共服务供给能力无法满足中小企业的发展需求。

四 促进甘肃外贸基地建设的对策建议

（一）强化规划引领，提升全行业发展水平

充分发挥规划的引领作用，加快完善规划体系，出台配套扶持政策，推动基地建设工作有序开展。从各出口基地的资源现状、产业基础、比较优势和发展潜力出发，科学确定功能定位、产业方向和空间布局。一是加快制定相关产业发展规划。坚持高标准高质量高水平编制出口基地发展规划，明确中长期发展目标、战略定位、重点任务和实施举措，确定基地重点企业、主导产业和重点目标产品，制定重点产业链图谱，为产业发展指明方向。二是鼓励企业制定创新能力建设规划。围绕提升自主创新能力和提高国际产业竞

争力的目标，鼓励企业立足全球产业分工体系，科学规划、合理确定自身知识产权发展空间，努力定位特色产业或优势技术在国内与国际的领先地位，切实增强企业国际市场的开拓能力。

（二）延伸产业链条，扩大出口特色产业优势

产业基础决定出口规模，推动产业优势向出口优势转变，构建以提高国际竞争力为目标的产业集群发展体系是甘肃外贸基地建设的核心任务。一是努力打造特色产业出口集群。依托产业园区和出口基地优势，鼓励和引导优势企业、关联产业和配套产业向园区或基地集聚，推动产业集聚向现代产业集群转变。围绕补链、延链、强链、优链开展精准招商，推进产业上下游延伸，加快形成覆盖全省、特色鲜明、辐射带动力较强的外贸产业集群。二是做大做强外贸出口龙头企业。重点培育一批创新能力和综合实力强、具备自主品牌的外向型骨干企业，着力打造面向国际市场、出口带动力强、具有跨国经营能力的优势产业。三是加大配套中小企业扶持力度。以提升出口基地产业配套能力为目标，大力发展与基地企业配套协作关系紧密、产业链完善、专业化程度较高的中小企业，促进中小企业向"专、精、特、新"方向发展，与龙头企业共同构筑分工合理的多层级培育体系。

（三）强化科技创新，增强出口产品国际竞争力

大力实施科技兴贸战略，积极对接甘肃"十三五"战略性新兴产业发展规划，主动融入"371"优势产业链培育发展行动，引导特色产业向新兴产业转化，助推产业集群转型升级。强化科技创新驱动，不断创新科技投入方式，建立多元化科技投入长效机制，鼓励企业持续追加研发投入，逐步完善研发体系，加大对先进技术和关键设备的引进消化吸收与再创新，通过技术改造升级、工艺改进、二次开发等方式，加快高端研发制造，不断开发新产品、新工艺与新技术，全面提升技术创新能力。鼓励企业与大学及科研机构开展联合攻关和科技成果转化推广应用，加大对产业共性技术研究的扶持力度，推动企业自主创新能力建设。

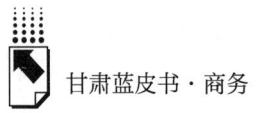

（四）加快平台建设，改善公共服务供给水平

公共服务平台是外贸出口基地建设的核心载体，坚持把平台建设作为外贸基地建设的核心任务，不断加大扶持力度，推进完善以公共试验检测、公共技术研发、产品展示设计、公共交易和公共物流等为重点的综合性服务平台建设。突出平台的公共性与服务性，提升平台设施服务功能和服务质量，着力打造功能完备、能级较高、与出口基地相配套的公共服务平台体系。鼓励和引导实力雄厚的龙头企业积极搭建服务平台，完善相应的监督与激励机制，对企业型平台进行规范、监督和考评，对提供优质服务的平台给予适当资金奖励，激发企业参与平台建设的积极性。

（五）推动机制创新，持续优化基地发展软环境

全方位的政策支持是加快外贸基地建设的坚实后盾和有力保障。一是争取设立外贸基地建设专项资金。进一步加大财政资金扶持力度，充分发挥科技计划项目、外贸发展资金等的引导和放大作用，大力推动投资主体多元化，鼓励外来资本以参股、并购、融资租赁及PPP等方式参与出口基地建设，争取省级财政列支外贸基地专项资金。二是全面提升公共服务供给质量。以各基地特色优势产业为依据，分类指导、量体裁衣、制定差别化的政策支撑体系，同时加强对政策落实情况的跟踪问效。加大对外贸企业的服务力度，完善重点企业定期走访制度，围绕技术研发、进出口业务等领域开展指导帮助。完善与海关、商检、税务、工商、外管等部门的联席会议制度，高效解决通关、退税、审批等问题，推进落实贸易便利化政策，为外贸企业创造良好的发展环境。完善基地考核与交流机制。促进基地之间加强交流与合作，相互借鉴、共同进步，实现又好又快发展，对其成功经验和具体实践进行总结与推广，发挥示范与带动作用。对长期发展缓慢的基地要限期整改，对整改不到位者，视情况减免相关优惠政策，直至取消示范基地称号并予以摘牌。

参考文献

《我省河西制种产品出口超越一亿美元》，甘肃商务网，http://www.gsdofcom.gov.cn/channels/gsswzk/gsswzk/20304.html，2013年10月9日。

《我省干酪素出口位居全国第一位》，甘肃商务网，http://www.gsdofcom.gov.cn/channels/gzdt/201310/111532010028.html，2013年10月11日。

姜静：《外贸出口基地建设取得成效》，《天津日报》2011年11月29日。

招商引资篇

Investment Invitation Reports

B.9 甘肃利用外资与对外投资状况分析报告

索国勇　李　伟*

摘　要： 利用外资已经成为甘肃国民经济和社会建设的重要组成部分。2018年，在国际、国内经济大环境不利的情况下，甘肃不断完善招商引资政策，改善投资环境，努力提升利用外资水平，扩大和丝绸之路经济带沿线国家的全方位合作。本报告通过分析国家和甘肃新出台的招商引资政策，利用统计数据，对外商在甘肃的投资规模、投资来源国、投资行业结构和分布地区等状况进行详细解析，对向西开放和对外投资状况做阶段性分析。同时，对本省的招商引资环境和向西开放中存在的问题和制约因素进行了梳理，就甘肃在未来进一步对外开放中如何更好地利用外资提出了相关的对策建议。

---

* 索国勇，甘肃省社会科学院决策与咨询研究所副所长、副研究员，主要研究方向为政治学；李伟，甘肃省商务厅外资处副处长。

关键词： 甘肃 招商引资政策 利用外资 对外投资

利用外资是对外开放基本国策的重要内容，也是一个地区经济发展水平和改革开放程度的重要标志。利用外资助推经济增长一向是甘肃省扩大对外开放的重要举措，对繁荣地区经济、增加本省就业、带动对外贸易和产业升级具有重要的作用。

"一带一路"倡议与向西开放的国策，给甘肃的发展带来了新的机遇。近年来，甘肃省出台了一系列对接国家"一带一路"政策的实施方案，如2014年出台的《"丝绸之路经济带"甘肃段建设总体方案》和2015出台的《甘肃省参与丝绸之路经济带和21世纪海上丝绸之路建设实施方案》，都在政策支撑上加快了甘肃省对外开放的步伐；2017年12月，甘肃省又出台了《甘肃省人民政府关于进一步加强招商引资促进外资增长若干措施的通知》，加大了招商引资和对外投资的政策力度。

2017~2018年，随着国际资本向成本更低的国家流入以及中美贸易摩擦的发生，国际资本回流倾向明显，对甘肃利用外资产生了一定的影响，各项指标出现明显下滑。"走出去"的企业在积极开展国际产能合作的同时，还存在境外收益率低、投资资金不足、项目论证不足和政策沟通不畅等问题，亟待获得政府主导下整合信息、法律和金融等各种综合社会资源的支持。

针对这种情况，从国家和地区层面出台的一系列的扶持措施，利用各种手段营造利用外资和对外投资的良好政策环境，在一定程度上缓解了各项指标下滑的速度。

一 贯彻国家招商引资新政策改善投资环境

2017年至2018年上半年，国家和甘肃省相继推出一系列利用外资的新政，进一步改善投资环境，简化审批程序，防止外资过快回流，保证国民经济稳定发展。

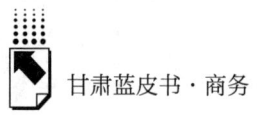

（一）2017～2018年国家出台的招商引资新政策

1. 国家出台的招商引资新政策

2017年，国家出台的政策有《关于扩大对外开放积极利用外资若干措施的通知》、《关于促进外资增长若干措施的通知》和《关于积极有效利用外资推动经济高质量发展若干措施的通知》等，这些政策的出台有效引导了外商的投资预期。

2018年上半年，中央政府连续出台了一系列招商引资政策，防止外资过快回流。

1月15日，发布《企业投资项目事中事后监管办法》；3月2日，发布《中国开发区审核公告目录（2018年版）》；5月17日，发布《国务院办公厅关于进一步压缩企业开办时间的意见》；5月18日，发布《国务院办公厅关于开展工程建设项目审批制度改革试点的通知》；5月24日，发布《进一步深化中国（广东）、（天津）、（福建）自由贸易试验区改革开放方案》；6月15日，发布《国务院关于积极有效利用外资推动经济高质量发展若干措施的通知》；6月28日，发布《外商投资准入特别管理措施（负面清单）（2018年版）》；6月29日，发布《外商投资企业设立及变更备案管理暂行办法》；6月30日，发布了《自由贸易试验区外商投资准入特别管理措施（负面清单）（2018年版）》等，这些新出台的扶持政策和措施，对于全国各省市的招商引资工作是重大利好。

2. 国家招商引资新政策：全面改善和优化国内整体的投资运营环境

招商引资和市场准入制度的大幅度调整，对改善和优化国内整体的投资营商环境意义深远。新政策的实施把深化行政管理审批改革放到了第一位，以制度创新为核心、风险控制为底线，深入推进简政放权、放管结合、优化服务改革，营造法治化、国际化、便利化营商环境，对全国各省市的招商引资和利用外资工作来说是重大利好。

（1）企业投资项目事中事后监管办法。新出台的《企业投资项目事中事后监管办法》（2018年1月15日）规定，所有在监管范围内的招商引资项目,都需要按照此规定进行事中事后监管。这项规定的实行将全面推动政府投资管理的重心,将从事前审批转向过程服务和事中事后监管,同时保留了企业投资项目事前审批程序。

(2) 公布中国开发区审核公告目录。国家发改委等六部门于3月2日发布的《中国开发区审核公告目录(2018年版)》,包括了2543家开发区,其中国家级开发区552家和省级开发区1991家。这是继2006年版本后,时隔12年首次发布的重磅目录,共增加了975家开发区,将对未来各地资源整合、产业集聚、招商引资等具有重要和深远的意义。

(3) 提升企业开办效率。《国务院办公厅关于进一步压缩企业开办时间的意见》是改革开放以来力度最强的要求压缩企业开办时间的政策,对提升各地区的招商引资工作水平起到了极大的政策支持。该意见要求,于2018年内,各直辖市、计划单列市、副省级城市和省会城市要将企业开办时间压缩至一半以上,由以往的平均20个工作日缩减至8.5个工作日以内,其他地方也要积极压减企业开办时间,要求于2019年的上半年在全国实现上述目标。

(4) 赋予地方政府更多自主权。《国务院关于积极有效利用外资推动经济高质量发展若干措施的通知》,共23条,从投资自由化、投资便利化、投资促进、投资保护、优化区域开放布局、推动国家级开发区创新提升六个方面提出了发展的若干措施。其中最大的亮点是进一步赋予各省级人民政府更多的自主权。

(5) 外商投资准入特别管理措施。《外商投资准入特别管理措施(负面清单)(2018年版)》的出台,缩短了清单长度,推出了系列有标志意义的举措,具体表现为:一是推进了行业的全方位开放,如一二三产业全面放宽市场准入,涉及金融、交通运输、商贸流通、专业服务、制造、基础设施、能源、资源、农业等各领域,共22项开放措施;二是大幅精简了负面清单,例如,2018年版负面清单保留48条特别管理措施,比2017年版63条减少了15条,缩小了外商投资审批范围;三是对部分领域的开放进行整体安排,例如,2018年版负面清单,列出了汽车、金融领域对外开放路线图时间表,逐步加大开放力度,给予相关行业一定过渡期,增强开放的可预期性。

(6)外商投资企业设立及变更备案管理。《外商投资企业设立及变更备案管理暂行办法》规定,从2018年6月30日起,外企在向工商和市场监督管理部门办理设立登记时,应在线报送外商投资企业设立备案信息,对于通过并购和吸收合并等方式转变为外商投资企业的非外商投资企业,在办理变更登记时也要求在线报送备案信息。新的暂行办法实施改变了之前设立外企要在营业执照签发前或者签发后30日内,在线提交备案表和相关文件的程序。外企登录各地工商与市场监管部门网站的"单一窗口",在线填写"单一表格",就可以同时办理商务备案和工商登记手续,整个过程实现"无纸化""零见面""零收费"。这是继公布外商投资准入负面清单,在22个领域大幅放宽市场准入后,中国改善营商环境的最新举措。

(7)自由贸易试验区外商投资准入特别管理措施。2018年7月30日起,施行的《自由贸易试验区外商投资准入特别管理措施(负面清单)(2018年版)》,在农业、采矿、文化和增值电信等领域实现更大力度的开放,同时大幅度放宽了航空领域的市场准入,取消了包括干线飞机、支线飞机、通用飞机、直升机、无人机、浮空器等各类型飞机外资股比限制。与2017年相比,清单条目从95条大幅缩减至45条,这说明我国的自贸区试点已经取得重要进展,体现了扩大对外开放的政策动力。

(8)放宽市场准入限制和积极推进立法工作。为了扩大市场准入范围,限制性措施减少了33条,制造业方面基本实现全面放开,服务业准入限制也进一步放宽,修订《外商投资产业指导目录》和《中西部地区外商投资优势产业目录》,新增139条鼓励条目,同时积极推进《外国投资法》的立法工作。

(二)2017~2018年甘肃省出台的招商引资政策

为积极有效利用外资,甘肃省积极响应国家招商引资新举措,结合本省情况,于2017年12月出台了《甘肃省人民政府关于进一步加强招商引资促进外资增长若干措施的通知》（甘政发〔2017〕90号）。在提升对外开放水平、完善招商引资政策、营造国家级开发区综合投资环境、加强招商引资工作、优化投资环境等五个方面提出了24条措施，概括起来有以下五个方面的亮点。

1. 放宽准入限制，提升对外开放水平

在以往基础上进一步放宽了外资准入限制，促进内外资企业公平竞争。引导外商向先进制造业等实体经济的方向投资，同时逐步和有序地吸收外商资金、民间资本进入国有资本投资领域，允许外资企业参与国有企业混合所有制改革和政府科技计划项目，并且鼓励外商投资企业与全省高等院校及科研机构合作开展技术创新和科学研究，联合申报科技发展计划项目等。

2. 设立政府奖励标准，激励发展实体经济

为激励现有的外资企业和省内民营企业加大资本投入的力度，甘肃设立了招商引资激励机制，并制定了省级和市州级的两级奖励标准。对投资额达到省级奖励标准的企业，省政府给予奖励；对未达到省级奖励标准，但达到市州级奖励标准的投资企业或重大招商引资项目，由市州政府给予奖励；对招商引资有贡献的社会组织、中介机构和个人，由项目所在地的市州政府给予相应奖励。省、市两级政府的奖励政策中都加重了激励发展实体经济的分量。

例如，《甘肃省人民政府关于进一步加强招商引资促进外资增长若干措施的通知》规定，对引进投资15亿元人民币以上的产业项目，省政府给予企业3000万元奖励；引进投资10亿元以上的产业项目，奖励2000万元；引进投资5亿元以上的产业项目，奖励1000万元。

3. 强化招商引资政策，优化开发区综合环境

《甘肃省人民政府关于进一步加强招商引资促进外资增长若干措施的通知》规定，政府在法定权限内，应着力从用地、税费、用电、融资、金融、人才等六个方面对招商引资给予政策支持。具体来看有三个方面针对性的举措：①针对投资客商关心的土地出让问题，提出在确定土地出让底价时，可

按不低于所在地土地等别相对应的全国工业用地出让最低价标准的70%执行；②针对投资者和企业引进高端人才的子女问题，提出了为其子女入学、入托、就业、参加社保等提供便利服务；③针对开发区招商引资平台的功能发挥不足问题，提出要加大横向和纵向放权力度，落实国家级开发区享有省一级人民政府部门经济管理权限，省级开发区享有市州一级人民政府部门经济管理权限，从而全面优化开发区综合投资环境。

4. 实行负面清单管理，外商投资流程更加便捷

2018年上半年，甘肃省已全面实行外商投资准入前国民待遇加"负面清单"管理模式，对不涉及准入特别管理措施的外商投资企业，在其企业设立及变更中实行备案管理，外资企业取得营业执照的时间大幅缩短，由原来审批制的10个工作日缩短为3个工作日，实现了外商投资企业备案流程的快捷便利性。例如，外国投资者可以24小时从全世界任意地点，通过网络登录我国外商投资综合管理系统，在线填报投资者、实际控制人、投资领域等信息，工作人员核对后，3个工作日内就能收到短信提示并完成网上备案。

5. 实行商务备案与工商登记"一口办理"，手续简洁高效

为营造公平的市场竞争机制，甘肃省全面落实外商投资准入前国民待遇加"负面清单"管理制度，在引进外资的关键环节发力，于2018年6月30日，实行外资企业设立商务备案与工商登记"一口办理"，外资企业或外国投资者可以通过登录甘肃省各市州工商和市场监管部门网站的"单一窗口"，在线填写"单一表格"，能同时办理商务备案和工商登记手续，不需要再跑两个部门，也不需要重复填写信息，大大节约了外资企业的时间成本和人力成本，这就是甘肃省深化外商投资领域的"放管服"改革，是改善投资环境的一项重要举措之一。

二 甘肃省利用外资状况

2017~2018年，受国际国内大环境影响，甘肃省利用外资情况总体上

呈下滑趋势。根据省商务厅提供的统计数据，甘肃省在实际利用外资规模和外资来源国（地区）方面比上年同期都有一定程度的缩减变化。

（一）利用外资规模

1. 外商直接投资(FDI)企业数量

（1）外商直接投资企业数量趋势呈下滑状态。比照四年的数据可以看出，2015~2018年，外商直接投资企业数量呈明显下滑状态，从2015~2018年的外商直接投资（FDI）企业数量变化来看，2016年，外商直接投资（FDI）企业数量最多达到30家，比上年增加了36.4%；2017年，外商直接投资（FDI）企业11家，比上年减少了63.3%；2018年1~6月，外商直接投资（FDI）企业9家，比上年减少了18.2%，比2016年减少了70%，是三年来外商直接投资（FDI）企业数量最少的。

（2）中国香港在甘肃的外商直接投资企业数中占比最大。从分国别（地区）外商直接投资企业数量来看，中国香港2015~2017年连续三年居于外商直接投资（FDI）企业数量之首，2018年上半年仅次于投资性公司，中国香港已成为在甘肃外商直接投资企业中数量最多的地区（见图1）。

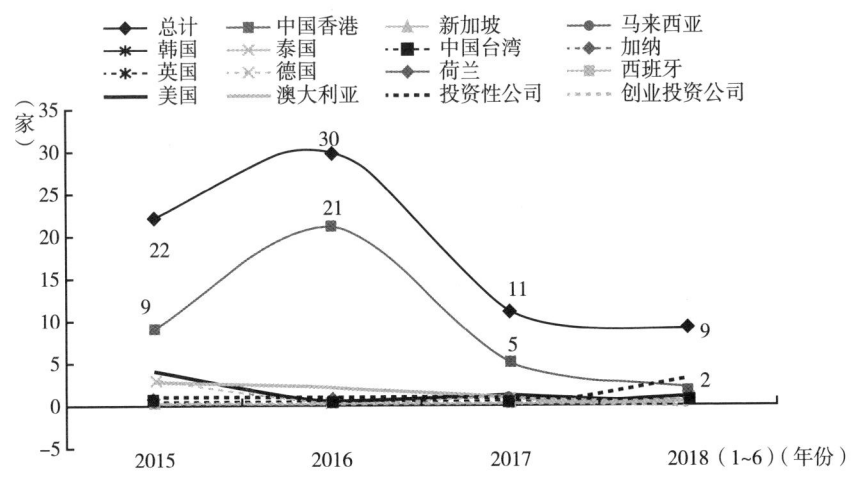

图1　甘肃省外商直接投资分国别（地区）企业数量走势

资料来源：甘肃省商务厅。

（3）企业结构类型方面中外合资企业数量占比大。2018年1~6月中外合资企业6家，比上年同期增加了50%；外资企业3家，比上年同期增加了50%。从企业结构看，外商直接投资企业数量比例，外资企业占比33%，中外合资企业占比67%，表明中外合资企业比例占甘肃省外商投资企业的多数（见图2）。

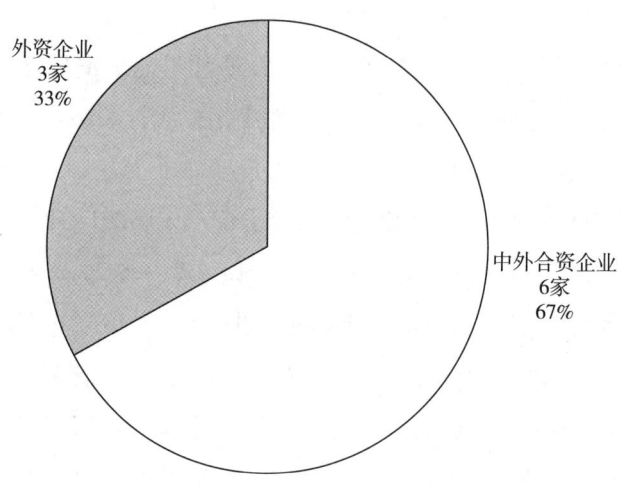

图2　2018年1~6月外商直接投资企业数量与结构

资料来源：甘肃省商务厅。

2.外商合同外资金投资规模

2018年1~6月，外商直接投资（FDI）合同外资金额21210万美元，比上年同期减少4.37%，表明合同外资金额略有下降。

（1）不同类型企业合同外资金投入规模。2018年1~6月，中外合资企业合同外资金额7587万美元，比上年同期减少了64.63%；外资企业合同外资金额13623万美元，比上年同期增加1771.29%（见表1）。

（2）不同行业（产业）合同外资金投入规模。2018年1~6月，制造业，电力、热力、燃气及水的生产和供应业等行业合同外资金额较上年有增加，并新增加了水利、环境和公共设施管理业。制造业合同外资金额4195万美元，比上年同期提高39.83%；电力、热力、燃气及水的生产和供应业

表1 2018年1~6月分企业类型外商投资合同外资金额及增速

单位：万美元，%

利用外资方式	合同外资金额（本年数）	合同外资金额（上年同期）	合同外资金额（同比增速）
外商直接投资	21210	22180	-4.37
中外合资企业	7587	21452	-64.63
外资企业	13623	728	1771.29

资料来源：甘肃省商务厅。

合同外资金额15827万美元，比上年同期增加140.53%；水利、环境和公共设施管理业合同外资金额474万美元；农、林、牧、渔业合同外资金额639万美元，比上年同期减少92%；租赁和商务服务业合同外资金额75万美元，比上年同期减少94.12%（见表2）。

表2 2018年1~6月分行业外商投资合同外资金额及增速

单位：万美元，%

行业	合同外资金额（本年数）	合同外资金额（上年同期）	合同外资金额（同比增速）
农、林、牧、渔业	639	7983	-92
采矿业	0	2916	-100
制造业	4195	3000	39.83
电力、热力、燃气及水的生产和供应业	15827	6580	140.53
批发和零售业	0	797	-100
交通运输、仓储和邮政业	0	-375	100
信息传输、软件和信息技术服务业	0	0	
租赁和商务服务业	75	1276	-94.12
科学研究和技术服务业	0	0	
水利、环境和公共设施管理业	474	0	
教育	0	3	-100
总计	21210	22180	-4.37

资料来源：甘肃省商务厅。

（3）各市州外商合同外资金投入规模。2018年1~6月，在外商投资合同外资金额总体下降的背景下，部分市州表现出明显增长形势。兰州市外商投资合同外资金额17958万美元，比上年同期增加了427.56%；金昌市外商投资合同外资金额2682万美元，比上年同期增加了100%；酒泉市外商投资合同外资金额570万美元，比上年同期增加了100%。表明兰州、金昌和酒泉三市较上年同期有增长，张掖、陇南等市没有发生外商投资合同外资金额（见表3）。

表3 2018年1~6月各市州外商投资合同外资金额

单位：万美元，%

地　区	合同外资金额（本年数）	合同外资金额（上年同期）	合同外资金额（同比增速）
嘉峪关市	0	0	
金昌市	2682	0	100
白银市	0	0	
天水市	0	0	
临夏回族自治州	0	0	
酒泉市	570	0	100
张掖市	0	7983	-100
武威市	0	0	
庆阳市	0	0	
定西市	0	0	
陇南市	0	10793	-100
兰州市	17958	3404	427.56
总　计	21210	22180	-4.37

资料来源：甘肃省商务厅。

（4）分国家（地区）外商合同外资金投入规模。2018年1~6月，亚洲国家（地区）合同外资金额12647万美元，比上年同期减少10.9%，其中中国香港合同外资金额减少512万美元，比上年同期减少103.82%；新加坡合同外资金额13145万美元，比上年同期增加100%；中国台湾合同外资金额14万美元，比上年同期增加100%。欧洲国家合同外资金额3750万美元，比上年同期增加100%，其中德国合同外资金额增加；荷兰合同外资金额增加；西班牙合同外资金额增加；挪威合同外资金额增加。其他投资性公司投资合同外资金额4813万美元，比上年同期增长100%（见表4）。

表4 2018年1~6月分国家（地区）合同外资金额

单位：万美元，%

国别地区	合同外资金额（本年数）	合同外资金额（上年同期）	合同外资金额（同比增速）
亚洲	12647	14194	-10.9
中国香港	-512	13397	-103.82
马来西亚	0	797	-100
新加坡	13145	0	100
韩国	0	0	0
中国台湾	14	0	100
欧洲	3750	0	100
英国	0	0	0
德国	152	0	100
荷兰	221	0	100
西班牙	107	0	100
挪威	3270	0	100
北美洲	0	3	-100
美国	0	3	-100
其他	4813	7983	-39.71
创业投资公司投资	0	7983	-100
投资性公司投资	4813	0	100
总 计	21210	22180	-4.37

资料来源：甘肃省商务厅。

3. 外商实际使用投资金额规模

2018年1~6月，外商实际使用外资总金额2019万美元，比上年同期总体了减少了35.06%，表现出外商实际投资金额量大幅度下降的态势。

（1）不同类型企业实际使用外资规模。2018年1~6月，中外合资企业实际使用外资金额1789万美元，比上年同期增加了4.36%；外资企业实际使用外资金额230万美元，比上年同期减少了83.51%。甘肃省中外合资企业实际使用外资额略有增加，而外资独资企业实际使用外资金额呈大幅度下降态势（见图3）。

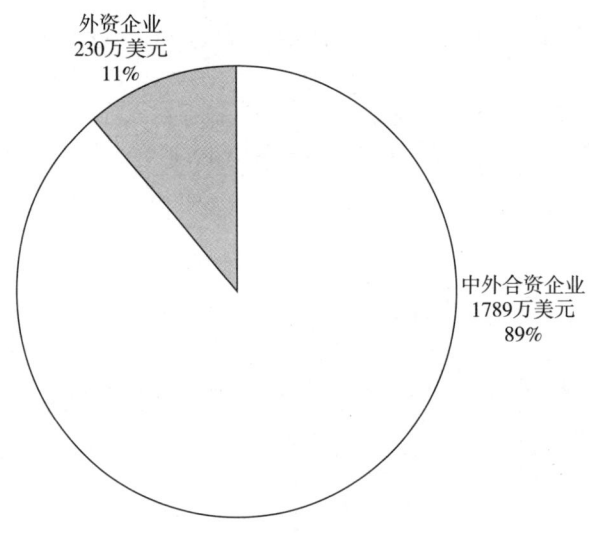

图3　2018年1～6月实际使用外资金额分企业类型结构

资料来源：甘肃省商务厅。

（2）不同行业（产业）实际利用外资规模。2018年1～6月，采矿业、租赁和商务服务业两个行业实际使用外资金额较上年明显增加，并且新增加了两个行业，其他行业均有不同程度的下降。采矿业实际使用外资金额1332万美元，比上年同期增加123.12%；租赁和商务服务业实际使用外资金额292万美元，比上年同期增加5740%，增幅最为明显。新增两个行业投资为信息传输、软件和信息技术服务业实际使用外资金额3万美元，科学研究和技术服务业实际使用外资金额159万美元。农、林、牧、渔业实际使用外资金额39万美元，比上年同期减少38.1%；制造业实际使用外资金额35万美元，比上年同期减少53.33%；电力、热力、燃气及水的生产和供应业实际使用外资金额159万美元，比上年同期减少93.28%（见表5）。

表5　2018年1~6月行业（产业）实际使用外资金额

单位：万美元，%

行　业	本年数	上年同期	同比增速
农、林、牧、渔业	39	63	-38.1
采矿业	1332	597	123.12
制造业	35	75	-53.33
电力、热力、燃气及水的生产和供应业	159	2366	-93.28
信息传输、软件和信息技术服务业	3	0	
租赁和商务服务业	292	5	5740
科学研究和技术服务业	159	0	
水利、环境和公共设施管理业	0	0	
教育	0	3	-100
总　计	2019	3109	-35.06

资料来源：甘肃省商务厅。

（3）各市州实际使用外资规模。2018年1~6月，兰州市外商实际投资652万美元，比上年同期增加了15.3%；武威市3万美元，比上年同期减少了99.37%；陇南市1332万美元，与上年同期相比增加了123.12%；临夏州32万美元，比上年同期增加了77.78%。金昌、白银、天水、酒泉、张掖、庆阳和定西市没有外商进行实际投资。从各市州的投资额比较来看，临夏州和陇南市的外商实际投资额大于其他地区，陇南市在全省的排名靠前，表明临夏和陇南两个市州的投资环境和资源环境对外商投资的吸引力增强（见表6）。

表6　2018年1~6月2018年各市州实际使用外资金额

单位：万美元，%

地　区	实际使用外资金额（本年数）	实际使用外资金额（上年同期）	实际使用外资金额（同比增速）
嘉峪关市	0	11	-100
金昌市	0	0	
白银市	0	0	
天水市	0	0	
临夏回族自治州	32	18	77.78
酒泉市	0	1326	-100
张掖市	0	0	

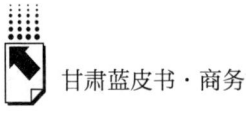

续表

地 区	实际使用外资金额（本年数）	实际使用外资金额（上年同期）	实际使用外资金额（同比增速）
武威市	3	1112	-99.73
庆阳市	0	0	
定西市	0	5	-100
陇南市	1332	597	123.12
兰州市	652	40	15.30
总 计	2019	3109	-35.06

资料来源：甘肃省商务厅。

（4）分国家（地区）实际使用外资规模。2018年1~6月，亚洲国家（地区）外商实际投资1825万美元，比上年同期增加2.76%，其中中国香港实际投资1663万美元，比上年同期增加164.81%；新加坡实际投资159万美元；中国台湾实际投资3万美元，与上年同期相比减少96.16%。欧洲国家实际投资3万美元，与上年同期相比减少72.73%；美国实际投资191万美元，比上年同期增加634.62%（见表7）。

表7 2018年1~6月分国家（地区）外商实际投资额

单位：万美元，%

国家(地区)	实际使用外资金额（本年数）	实际使用外资金额（上年同期）	实际使用外资金额（同比增速）
亚洲	1825	1776	2.76
中国香港	1663	628	164.81
新加坡	159	0	—
韩国	0	1070	-100
中国台湾	3	78	-96.15
欧洲	3	11	-72.73
英国	3	0	—
荷兰	0	11	-100
北美洲	191	26	634.62
美国	191	26	634.62
其他	0	1296	-100
投资性公司投资	0	1296	-100
总 计	2019	3109	-35.06

资料来源：甘肃省商务厅。

（5）实际利用外资规模趋势。比照 2015 年至 2018 年上半年的统计数据，各个国家和地区对甘肃的实际投资呈下滑趋势，尤其是 2017 和 2018 年上半年，下滑趋势尤为明显，这也是与国际资本回流和转移的大数据相吻合（见图 4）。

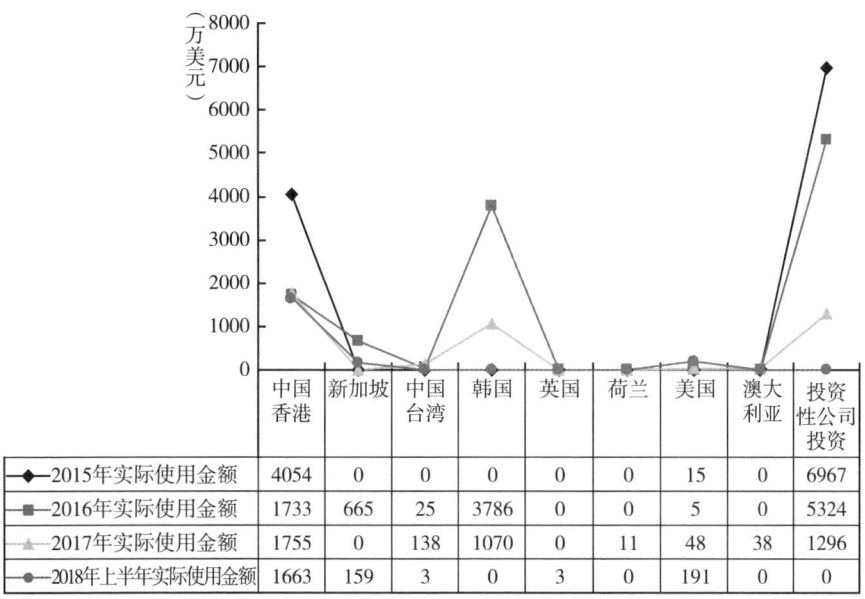

图 4 甘肃省外商直接投资实际使用金额走势

资料来源：甘肃省商务厅。

（二）外资来源国家（地区）结构

2018 年 1~6 月，甘肃利用外资的投资来源国家（地区）按投资规模排列，主要为中国香港、美国和新加坡，其投资额分别为 1663 万美元、191 万美元、159 万美元，占比分别为 82%、10%、8%，其余的投资来源国家和地区还有英国和中国台湾（见图 5）。

通过外商投资来源国家（地区）结构分析，可以明显看出甘肃省引进外资的来源国家和地区结构单一，利用外资渠道狭窄，外商投资的空间性结构不合理，极大地制约了利用外资优势促进经济社会发展的需要，必须引起高度重视。

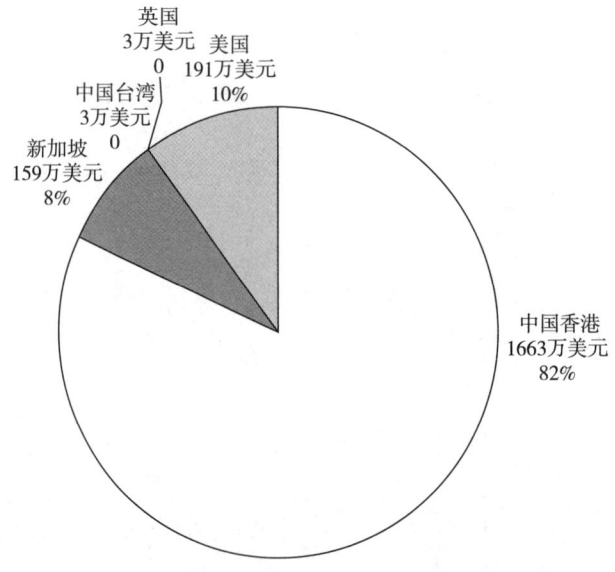

图5　2018年1~6月甘肃外资来源国家（地区）结构

资料来源：甘肃省商务厅。

（三）外商投资的行业结构情况

从行业结构看，2018年1~6月，外商直接投资的行业主要有采矿业，电力、热力、燃气及水的生产和供应业，农、林、牧、渔业，信息传输、软件和信息技术服务业，科学研究和技术服务业，制造业，租赁和商务服务业等，其中采矿业位居第一，占整个行业投资总量的66%，其次是租赁和商务服务业，占整个行业投资总量的14%（见图6）。表明外商在甘肃投资的行业以采矿业为主，改革开放40年来引进外资水平依然停留在依赖自然矿产资源的状态中（见图6）。

三　甘肃对外投资合作发展状况

充分利用通道优势，发挥甘肃省连接欧亚大陆桥的战略通道和沟通西

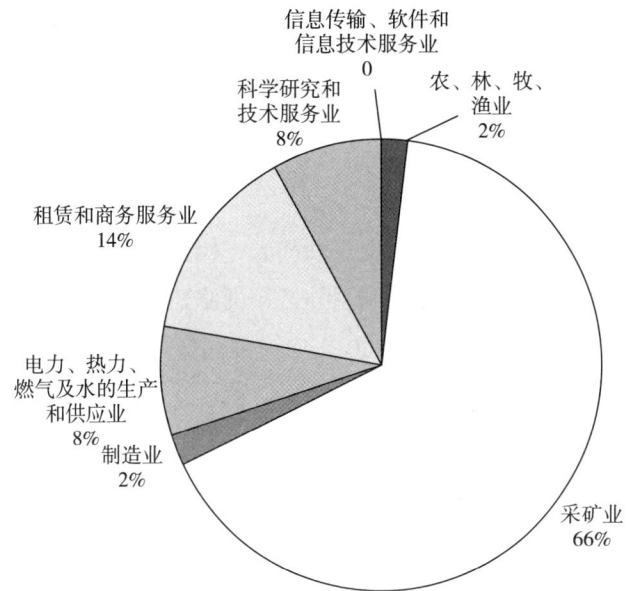

图6 2018年1~6月甘肃省外商直接投资分行业（产业）结构

资料来源：甘肃省商务厅。

南、西北的交通枢纽作用，扩大内陆开放、沿边开放、向西开放，一向是甘肃省对外开放的重要定位。近年来，甘肃省努力加强兰州、敦煌等口岸建设，积极开辟甘肃到中亚、欧洲的国际班列，促进区域交通互联互通，并利用区位优势积极对外开拓市场，重点以新疆霍尔果斯口岸为起点开拓中亚市场，以伊朗为重点开拓西亚市场，以白俄罗斯为重点开拓中东欧市场，在对外投资的各个领域都取得了一定的成绩。

（一）对外投资合作的规模与特点

对外投资企业积极与印度尼西亚、柬埔寨、白俄罗斯、哈萨克斯坦等国家，在矿产资源、农产品种植、农副食品加工、批发零售、酒店餐饮服务和中医药服务等领域，积极开展投资合作。截至2018年6月底，甘肃省对外投资企业对"一带一路"沿线国家实际投资额累计达到23709万美元，设立境外企业共89家，累计执行承包工程项目23项，完成营业额30883万美元，甘肃省对"一带一路"沿线国家的投资合作成效日益显著。

以下具体从对外直接投资额、投资市场、投资行业、投资方式等四个方面进行分析。

1. 对外直接投资规模持续增强

国有企业稳中有进，投资力度不断加大，民营企业勇于创新，突破单一投资格局，促进了产业技术升级和境外营销网络建设。

（1）国有企业。国有企业自2015年以来，在对外直接投资中实际投资额达到16.1亿美元。如2015年，实际投资额1.2亿美元，同比下降55%；2016年，实际投资额7.7亿美元，同比增长5倍；2017年，实际投资额4.8亿美元，同比下降37.2%；2018年1~6月，协议对外投资额21152万美元，实际投资额24023万美元，同比下降20%。截至2018年6月底，实际对外直接投资企业达219家，对外直接投资累计实际投资额49.5亿美元。

（2）民营企业。民营企业直接投资的行业主要涉及医疗服务、计算机元件制造、通用设备制造、页岩油气开发、农业、餐饮服务以及进出口贸易等领域。甘肃省对外直接投资的民营企业，通过"走出去"参与"一带一路"建设，积极投入国际产能合作，突破了国有大型企业在非洲市场上单一的以自然资源开发为主的投资格局，有力地促进了产业技术升级和境外营销网络建设。截至2018年6月，民营企业对外实际投资额累计达5.1亿美元，占全省对外投资总额的11%，这些对外直接投资的资金主要流向为澳大利亚、美国、德国等发达经济体和"一带一路"沿线国家。

2. 对外投资市场不断拓展扩大

对外投资由传统非洲市场向美洲、大洋洲等市场拓展。甘肃省对外投资主要集中在非洲、拉丁美洲等矿产资源丰富的国家和地区，对非洲地区投资累计实际投资额21.4亿美元，占全省累计实际投资总额的43%；美洲15.8亿美元，亚洲6.7亿美元，大洋洲5.0亿美元，欧洲0.6亿美元。对外直接投资累计实际投资额排名前六位的国家（地区）依次是南非、牙买加、澳大利亚、中国香港、美国、墨西哥，这六个国家累计实际投资额共计41.9

亿美元,占全省累计实际投资总额的85%,对外直接投资国家(地区)集中程度较高。

3. 对外投资行业结构持续优化

甘肃省对外投资的方向以采矿业为主,同时辐射其他领域,投资产业结构在实践中持续优化。截至2018年6月,采矿业对外实际投资额累计达36.2亿美元,占全省对外累计实际投资总额的73%,其他依次是商务服务业对外实际投资5.8亿美元、制造业对外实际投资3.5亿美元、卫生事业对外实际投资1.03亿美元。甘肃省的对外投资逐步向现代农业、高端制造业、高端医疗服务、专业技术服务、商务设计咨询等实体经济领域发展,对房地产业、酒店业、体育俱乐部没有新增的投资项目。中国甘肃国际经济技术合作总公司在白俄罗斯投资设立了子公司,突破传统建筑行业,开展建筑设计和商务咨询服务;天水华天科技并购美国GTI项目,进入人工智能科技领域;甘肃恒康医疗并购澳大利亚PRP医疗影像诊断机构,开展高端医疗服务业。

甘肃企业通过对外投资和国际合作,获得了先进的技术和品牌,并构建了国际营销网络,提升了企业国际化经营水平,促进了产业升级,拓展了销售渠道。

4. 对外投资方式不断创新

甘肃企业对外投资方式有绿地投资、收购并购、中资企业联合投资、实物投资、股权置换、返程投资等多种方式,其中跨国并购为主要手段。2017年,企业实施跨国并购项目5项,分布在美国、墨西哥、澳大利亚、南非、蒙古国等5个国家,行业涉及采矿、卫生、制造业等领域,并购交易额10916万美元,占当年对外投资总额的22.6%。白银集团实施的班罗和隆明项目是中国首个使用收入流方式投资的国际矿产资源类项目,有效规避了资源行业跨国投资限制,降低了国际矿产品价格波动带来的风险,保障了资源的稳定供应。

(二)对外承包工程合同额与派出人员

甘肃省对外承包工程新签合同额15.8亿美元,完成营业额9.5亿美元。

其中，2015年，新签合同额8.5亿美元，同比增长192%；2016年，新签合同额4.7亿美元，同比下降44%；2017年，新签合同额1.9亿美元，同比下降59%；2018年1~6月，新签合同额6256万美元，同比下降37%。

工程项目派出人员累计4258人，其中2015年派出人员1371人，同比下降11%；2016年派出人员829人，同比下降40%；2017年派出人员837人，同比增加1%；2018年1~6月，派出人员1221人，同比增长4倍。

（三）积极推进国际产能项目的合作

国有企业是对外投资的支撑力量，甘肃国有企业对外投资的国家（地区）分布主要为南非、牙买加、中国香港、澳大利亚、墨西哥、印度尼西亚等，投资行业以矿产资源开发为主，近年已实现对外实际投资额累计达44.4亿美元，占全省投资存量的89%。

以金川、酒钢、白银为代表的矿产资源开发企业，充分发挥产业、技术优势，在非洲、南美洲、东盟等地区通过跨国并购开展矿产资源国际产能合作，在境外建立矿产品的原料供应及初加工基地，取得了良好的经济和社会效益。此外，白银集团南非第一黄金项目，金川集团印尼红土镍矿项目，酒钢集团牙买加氧化铝项目等一批重大国际产能合作项目顺利实施，有效保障了资源原料的稳定供应，对带动甘肃省装备、技术、标准、人才"走出去"起到了积极的促进作用，大项目的示范作用不断增强。酒钢集团牙买加氧化铝厂投料生产，首批3.42万吨进口氧化铝产品已于2018年2月，运抵连云港，实现了第一笔"走出去"商品回运。金川集团印度尼西亚红土镍矿开工建设，甘肃省建投白俄罗斯总部基地项目等有序推进，白银公司间接收购美国静水矿业公司，华天科技收购美国企业获得欧洲客户渠道。

（四）完善对外投资合作的政策法规

"十三五"以来，甘肃陆续出台了《甘肃省对外投资合作重点项目跟进服务制度》《关于进一步做好境外生产安全与风险防范工作的通知》《甘肃省对外投资合作"双随机一公开"监管工作细则（试行）的通知》《甘肃省人民政府关于规范企业海外经营行为的实施意见》等一系列规章制度，深化"最多跑一次"改革，加强政务公开和核准、备案项目事前指导，加强统计规范，落实商务部统计考核办法，在符合规定的基础上按时完成统计月报、年报，摸清在外投资企业家底。

（五）以平台建设拓宽信息渠道

在"一带一路"沿线国家中，甘肃与55个境外商会建立了合作机制，与180多个国家和地区建立了经贸往来关系，而且设立了12个境外商务代表处，每年参与或举办30多个境内外专业展会。"十三五"以来，积极申请承担国家对外援助项目下的人力资源培训项目，共承担24期，为89个国家的615名政府官员和技术人员进行了培训。另外，在霍尔果斯口岸中哈国际边境合作中心建成"甘肃特色商品展示展销馆"，甘肃省特色农产品阿拉木图集散中心建成运营，甘肃临夏清真食品认证中心建成并成为中国清真产品国际认证机构。

四 存在的问题分析

面对国家经济调增速、调结构、调政策等形势，甘肃省无论是引进外资还是对外投资合作，其不利因素都显示在各项指标中，特别是近两年来出现了外商投资规模连续下降的态势，表明多年积淀的问题随之显露出来。

（一）利用外资发展中存在的问题

利用外资发展中存在利用外资的规模有限、外资来源国家（地区）单一、产业结构不合理、各市州吸引外资能力差别大、利用外资质量不高、对全省经济增长带动作用不强等问题。

1. 外资投入规模小，各市州分布不平衡

首先，利用外资规模有限，没有形成明显的外资产业集群，发展空间有待拓展，总体表现出外商投资量偏小、吸引外资能力弱、外资投入下降幅度大、对全省经济增长带动作用不强的问题。

其次,各市州对积极吸引和利用外资发展的重视程度轻重不一,外商在各市州的资金投入存在很大差距,表现出外商投资分布严重失衡、利用外资成效不明显的问题。例如,从外资企业设置地区分布看,92家外商投资企业中有近60%的企业集中在兰州市;从外资实际投入资金规模看,酒泉、武威、张掖、陇南、兰州等市的实际投资额分别为22140万美元、6056万美元、3930万美元、3920万美元和3880万美元,占比分别为50.77%、13.89%、9.01%、8.99%和8.9%。

2. 外资来源地单一,投入产业结构不合理

甘肃省实际利用外资十大来源地为:投资性公司、中国香港、韩国、新加坡、美国、澳大利亚、中国台湾、加拿大、阿联酋和荷兰。这些国家和地区中有78.26%外资来源于中国香港和投资性公司,而来自美国、德国等欧美等发达国家的外资投入较少,表现出外资来源地区相对单一的问题。

外资投入产业结构不合理主要因素如下。

(1) 外资投入领域结构占比不合理,外资投入优势集中在单一领域,长期满足于单一行业带来的暂时性效益,任其自然发展,不做结构性调整。

(2) 对于外资投入产业结构不合理状况的潜在缺陷认识不足,缺乏研究和应对措施,当出现政策调整影响到这个领域的项目拓展时,便出现了目前投资规模持续回落的现象。

(3) 缺乏依据甘肃经济社会发展态势和需要,做出利用外资的行业(产业)与项目相结合的中长期引导规划,造成无论是招商引资者还是寻求项目投资者都没有稳定清晰的现实目标,严重影响了利用外资发展的可持续性效果。

由于以上原因,甘肃在吸收利用外资的行业(产业)结构调整中始终处于被动,造成面对国内外经济形势变化和国家政策调整时无力应对。例如,"十二五"期间,外商在甘肃省新能源项目的实际投资额达到1亿美元以上,然而在2016年,国家停止新增新能源项目建设的审批后,甘肃缺少新的大型外商投资项目做应对准备,导致年均减少7000多万美元的投资,

实际利用外资额连续大幅下降。

3. 吸引外资能力弱，利用外资质量不高

一方面，国家级经济开发区等外向型经济水平较低，在利用外资中吸引外资的能力较弱，多年以自然矿产资源开发为主，缺少在制造业等大型项目投资的外资企业，现有外资企业形成的相关产业链带动能力不强，利用外资质量和水平有待提高。

例如，甘肃省的5个国家级经济开发区，目前只有15家外商投资企业落户，占全省现存外资企业233家的6.4%。在全省正常运营的233家外商投资企业中，注册资本500万美元以下的企业占绝大多数。

又如，服务业领域外资主要集中在商贸流通、住宿餐饮等行业，而证券公司、期货公司、保险机构、交通运输、会计、审计、教育、医疗等行业则很少有外商投资进入，表现出开放水平不高、吸引外资能力不足的问题。

（二）对外投资中存在的问题

甘肃省对外投资企业存在境外投资收益率低、资金投入不足、规避风险能力弱和经贸合作机制不畅等一系列问题，亟待解决。

1. 项目经营困难，境外投资收益率低

甘肃省境外投资总体上表现出经营亏损状态，经营困难和较低的收益率导致企业后续投资资金汇出意愿不强，继续扩大产业领域发展后劲不足，一些企业选择了撤资或退出。

例如，酒钢集团投资的南非国际铬铁合金有限公司，由于矿产开采成本过高，以及受到当地"黑人经济振兴法案"影响，项目经营始终处于困难中，走到了集团公司援助维持的状态；金川公司参股的境外矿山，由于经营状况不佳，正计划退出境外参股项目的投资；庆阳元方工程技术有限公司在缅甸投资成立的元方工程技术服务有限公司，自2012年公司成立至2017年，已累计亏损71.31万美元，亏损额接近于其实际投资额，可谓血本无归。

2. 资金投入不足，制约企业投资规模

甘肃企业开展境外投资的最大制约因素是资金不足，已经影响了企业在境外投资项目的正常建设和经营。

甘肃对外投资企业资金不足的主要原因如下。

（1）境外融资困难。后欧洲金融危机时期，欧洲银行业信贷依然采取较为严苛的条件，加之境外金融机构不熟悉或者难以了解甘肃省内的企业状况，导致企业从境外直接融资比较困难。

（2）国内融资困难。2017年以来，国内资金链整体紧张，国内银行融资门槛提高，导致企业融资成本相应增加，从国内融资依然比较困难。

（3）金融机构设置地与投资地域错配。国内银行在境外的分支机构大多分布在欧美等发达国家，在非洲、亚洲等许多发展中国家相对比较少，而甘肃企业在境外投资的地域主要集中在发展中国家，金融机构的设置地与投资目的地的区域分布不能对应或匹配，企业从投资项目所在地直接获得国内银行支持少，导致融资渠道狭窄。

例如，武威市目前对外投资的6家企业，均未获得国内及国外融资款项，投资资金均为企业自有外汇和人民币资金购汇后汇出款。这表明资金问题已成为制约境外投资发展的最大障碍。

3. 项目论证不足，规避风险能力不强

企业对境外投资项目缺乏系统翔实的调查研究和严密的项目可行性论证，导致企业盲目投资，规避风险能力不强。具体表现在企业对境外投资项目所在国家或地区的市场情况、投资环境、政策法规等了解有限，以及缺乏严密的可行性论证，项目投资存在很大的盲目性，导致企业规避风险的能力不强。

例如，甘肃夏博岚葡萄种植有限公司在法国设立的夏博岚农业地产集团，由于先期对其所收购的法国酒庄及葡萄园考察论证不到位，企业盲目收购的葡萄庄园树种老化，酒庄的生产和酒窖储藏设施陈旧，同时对国际红酒市场受欧洲经济危机影响认识不足，企业一方面要投入大量资金对葡萄庄园、酒庄生产设备和酒窖储藏设施进行改造，另一方面所生产的红酒销售不

畅，结果自投资以来企业就一直处于亏损状态，仅2014~2016年就已累计亏损26.5万欧元。

4. 政策沟通不畅，经贸合作机制滞后

一是甘肃省境外投资的区域主要集中在非洲和亚洲，而这些发展中国家普遍存在法律不健全、政策不连续、自由贸易区建设水平低、贸易投资壁垒多、海关程序与文件不统一等问题。二是甘肃省对外投资公司的主体多为民营企业，其经济实力以及金融和法律等全方位人才支撑力量相对比较薄弱，单纯依靠民企自身力量难以合理应对遇到的困难和问题，因此很难有效维护自身合法权益，这已成为向这些国家投资的主要阻碍。

例如，武威圣源商贸有限公司投资的甘肃全圣白俄罗斯贸易有限责任公司，因其投资项目、发展方向、经营目标与外方对法律条文、投资前景、合作方式等方面的理解不同，在经过近两年的谈判后，仍无法与外方达成一致，公司最终被迫放弃投资。

五 对策建议

面对国际经济形势变化和国内经济增速换挡、战略政策调整等一系列巨变，甘肃省面临传统经济体活力不足、新的经济增长点不确定等难点，需要在准确判断经济形势的基础上，认真贯彻落实国家招商引资新政策，在实施《甘肃省人民政府关于进一步加强招商引资促进外资增长若干措施的通知》中，有重点地做好利用外资与对外投资工作。

（一）利用外资

针对2017~2018年甘肃省外商投资规模连续下降的态势，以及外资规模小、产业结构不合理、外资来源地单一、引资能力弱等问题，提出以下建议。

1. 升级服务体系，稳定外资规模

在政策保障的条件下建设政府主导的高质量的服务体系，是留住优质外资企业、稳定外资投入规模的根本,而改善基础设施、保护好生态环境、树立政府诚信等建设是升级服务体系、稳定外资规模的基础。

(1)升级服务体系要打好环境基础。要不断强调必须下大力气改善甘肃的基础设施建设,治理好由于粗放式开发造成的资源枯竭和生态环境硬伤,保护好尚存一息、未及损坏的脆弱生态,去掉环境艰苦之名,从而打好建设升级服务体系的基础。

(2)升级服务体系要树立政府诚信。认真兑现向外商投资企业做出的政策承诺,履行在招商引资等活动中依法签订的合同和协议,保持政策的清晰、稳定、透明和连续,彻底改变"承诺随人,人变失信"的现象。

(3)升级服务体系要强化政策服务意识。改变服务理念落后、服务能力不强、服务方式单一等问题,全方位提高政府的服务意识和服务水平。

(4)升级服务体系从做好近期具体工作开始。一是建立国家级经济开发区定期工作会议联系制度,听取年度工作计划和工作总结,讨论研究建设发展中存在的困难和问题;二是建立外商投资企业联系制度,召开外商投资企业座谈会,加强与外商投资企业的联系沟通;三是指导全省推进外商投资准入前国民待遇加负面清单管理模式,构建外资企业全周期管理服务体系,将外商投资设立及变更备案纳入"多证合一",与工商等部门及时共享外资管理信息;四是加强对全省从事外商投资管理工作人员的业务指导,提高备案服务效率;五是紧盯重点外商投资项目,做好后续服务工作,帮助企业解决生产经营中的困难和问题,督促外商投资资金及时到位;六是探索建立与负面清单管理模式相适应的事中事后监管体系,构建事前诚信承诺、事中评估分类、事后联动奖惩的监管格局;七是要通过完善政策措施,培育和支持现有外贸企业做强做大。

2.拓展引资渠道,优化外资结构

只有积极拓展引进外资渠道,不断吸引国际资本的投资,积极优化外资结构,才能逐渐打破外资来源单一等问题。具体拓展引进外资渠道和优化外资结构的五个方面如下。

(1)以展会平台拓展引资渠道。充分利用投洽会国际性投资贸易洽谈的大平台和赴港澳地区和"一带一路"沿线国家参展和招商的机会,以优势特色产业和优惠政策广泛吸引各国和地区的外商来甘肃投资兴业。

(2) 以承接优质外资企业产业转移拓宽引资渠道。提升开发区招商引资水平,积极承接珠江三角洲、长江三角洲、环渤海地区产业梯度转移中的优质外资企业的产业转移。

(3) 以项目对接拓宽引资渠道。组织外资企业来甘肃考察对接项目,按照《商务部 甘肃省人民政府关于建立合作机制的框架协议》精神,商请商务部外资司组织世界500强及知名跨国公司赴甘肃省兰州新区和国家级经济开发区开展项目考察对接。

(4) 以通道经济拓宽引资渠道。从过去注重发展物流大通道,向今后注重发展通道经济、全面挖掘通道潜力、提升通道带动能力转变,落实好与重庆、贵州、广西签订四省区市政府合作共建南向通道框架协议,推动信息互通、经贸互动和关检互助,提升区域协作水平。

(5) 以优化外资结构提升利用外资质量。在拓宽引资渠道积极引进外资的同时,要把优化利用外资结构放在首位。引进与先进制造业、新兴战略性产业、现代服务业契合度高的外商投资企业,鼓励外资企业向产业和价值链高端延伸,设立研发中心、销售中心和区域功能总部,由行业结构调整实现提升利用外资质量。

3. 放宽投资领域,提升引资能力

扩大对外开放是提升引资能力的有效途径,要扩大对外开放就要从放宽外商投资领域做起,不能只停留在宣传层面上。放宽准入限制,减少外商投资障碍,才能促进经济社会各领域的协调,带动和增强甘肃发展的现代化水平。

(1) 加大自然资源优化领域利用外资力度。在生态治理、水资源保护、中草药种植开发、土地改良、荒地沙漠利用等领域放宽准入限制,引进外商投资企业。

(2) 加大生产性服务业利用外资力度。重点引入与制造业良性互动的金融保险、现代物流、商务会展、中介服务、软件与服务外包、科技和信息服务等产业。

(3) 加大生活性服务业利用外资力度。依托中心城区,积极放宽和引进现代商贸、文化创意、健康娱乐、职业技能培训等生活消费型服务业,带动和提升甘肃省生活服务业的层次和水平。

(二) 对外投资

针对甘肃省对外投资公司境外收益率低、投资资金不足、项目论证不足和经贸合作机制不畅等问题,提出以下建议。

1. 企业选择境外投资项目,要建立有效的风险管理体系

对外投资企业应根据自身发展阶段和实力,对海外投资项目进行审慎调查。企业的管理层要有正确的风控管理理念,从财务、技术、收购和项目等各个环节对境外投资企业进行全方位的评估,尽量规避风险、减少损失。最好能结合企业自身经营管理状况,建立一定的评估方法和预警机制,或者请专业部门对所有风险进行分类管理和实时监测。针对选择投资国家的具体情况,事先设立风险应急预案,施行动态评定机制,以便在面临危机时能把损失降到最小。

2. 企业要重视营商环境的评估,避免政治和经济风险

一是重视对东道国的营商环境进行全面评估,根据实际情况合理安排投资结构,纠正将国内的投资经验和做法直接移植到国外的做法,从而避免产生与当地经营环境不相适应的风险;二是通过调整经营政策,积极与国外其他公司合作等,降低和分散投资风险;三是把原材料来源等项目与国外的市场连接在一起,把特有技术和关键部分的研发集中在国内等,以此降低政治和经济的风险。

3. 加快金融机构国际化步伐,创新境外投资金融服务

加快商业银行和政策性银行等金融机构的国际化步伐,在东南亚、中东、非洲、拉美等境外投资比较集中的区域增设分支机构,在境外经贸合作区配套跟进相应的金融服务机构,为境外的中国企业提供全方位的金融服务。

设立由金融机构、地方政府和企业共同出资的甘肃境外投资股权投资基金，设立境外投资小额贷款公司、资金互助机构和担保机构，为甘肃企业的战略性并购、重大资源开发、经贸合作等境外投资项目提供支持，有效解决境外投资企业资金投入支撑不足的问题。

4. 发挥政府信息资源优势，为境外投资企业提供支撑

（1）在政府主导下利用商务厅、海关等涉外经济管理部门的信息优势，以多种灵活的方式及时向企业发布有关国内外政治形势、境外投资环境、经济金融、国外法规等信息，减少信息不对称导致的境外投资风险。

（2）以优惠政策引导企业的投资方向，可以借鉴日本、韩国、新加坡等国政策经验，出台鼓励类项目境外所得税收减免，重大战略性项目允许企业预提亏损准备金以及加速折旧、延期纳税等税收政策。

（3）搜集整理国外政治、法律、经济、文化、风俗、市场需求等信息，建立境外投资信息数据库，为企业提供境外投资风险指导，并且引导省内优质中介服务机构或组织，建立市场化的境外投资中介服务部门，为省内企业提供国外市场信息的咨询服务和必要的技术帮助。

5. 多种所有制企业联合"走出去"，以混合模式降低投资风险

在对某些准入审查风险不断提高的国家进行投资时，可以考虑民营企业和国有企业联手的混合所有制海外投资模式，减少投资项目的受关注度和政治风险。

参考文献

霍应奎：《"一带一路"倡议下中国企业对外投资的风险》，《国际贸易》2018年第20期。

郑健鹏：《关于我国与"一带一路"沿线国家深化金融合作的思考》，《中国市场》2017年第19期。

B.10
甘肃营商环境建设状况调查报告

张晋平*

摘　要： 2018年是甘肃"营商环境建设年"，对于构建新型政商关系、降低制度性成本、激发市场活力、促进民营经济发展、改善投资环境都具有重要意义。推进营商环境建设不仅是国家重大治理工程，也是经济转向高质量发展的客观要求，是破解经济发展中结构性矛盾的有效手段。同时，营商环境建设的对于扩大投资、拉动消费需求、消解贸易摩擦影响等具有积极的现实意义。为了解甘肃商务系统营商环境的建设状况，课题组通过问卷调查进行了分析。

关键词： 甘肃　营商环境　满意度

一　引言

　　2018年是甘肃省委、省政府确定的"营商环境建设年"，甘肃以省委、省政府开展"转变作风改善发展环境建设年"和"深化放管服改革工作突破年"活动为契机，以群众和企业到政府办事"最多跑一次"为目标，全面推行"一窗办、一网办、简化办、马上办"改革，年底前省、市、县80%以上政务服务事项"一网通办"，实现"最多跑一次"，群众和企业的获得感和满意度明显增强。[①] 全省商务部门全面部署安排，扎扎实实开展

---

* 张晋平，甘肃省社会科学院决策咨询与政策研究所副研究员，研究方向为信息学。
① 沈丽莉：《为企业松绑，为创新除障，为公平护航——甘肃推进"放管服"改革综述》，《甘肃日报》2018年8月21日。

作风建设年各项活动，进一步构建"亲""清"新型政商关系，努力打造务实高效、公平有序、开放包容的营商环境，促进全省商务发展再上新台阶。

（一）甘肃营商环境的建设内容

营商环境是指伴随市场主体从开办、运营、贸易活动、纳税、执行合约、注销整个过程中遵循的政策法规所需的时间和成本等条件，是各种外部条件的总和。[①] 通常包括政务环境、市场环境、法治环境、人文环境以及国际经贸环境等，是一个国家或地区经济软实力的重要体现。甘肃营商环境建设的重点是着力解决环境不优的三个方面的问题。一是深化"放管服"改革的集成性、协同性不够，相关改革举措配套衔接不到位的问题。二是简政放权不够彻底，行政审批项目多、审批方式不够优化、准入门槛过高、涉企税费管理不规范的问题。政务服务质量不高、效率低下，部门专网林立、互不兼容、业务不协同，办事程序复杂、要件多、时间长，群众"多头跑""事难办""来回奔波"的问题。三是行业主管部门监管缺失、工程项目建设乱象丛生、搞利益输送、官商勾结、权钱交易等的问题。[②]

（二）甘肃营商环境的制度建设

为进一步深化简政放权、放管结合、优化服务改革，推进政府职能转变，着力优化改善营商环境，推进政府职能转变的决策部署，甘肃省出台了《"互联网＋政务服务"技术体系建设指南》（甘政办发〔2017〕80号）、《甘肃省深入推进"放管服"改革重点任务分工方案》（甘政办发〔2017〕126号）、《甘肃省中小企业信用体系建设实施方案》（甘政办发〔2017〕198号）、《关于深化"放管服"改革推进政府职能转变的意见》（甘政发〔2018〕19号）、《甘肃省2018年推行"一窗办一网办简化办马上办"改革

[①] 于保明、刘政：《营商环境评价将在全国推开》，《中国改革报》2018年8月29日。
[②] 《甘肃省深入开展"转变作风改善发展环境建设年"活动实施方案》，《甘肃日报》2018年4月12日。

实施方案》（甘政办发〔2018〕28号）、《甘肃省深入开展"转变作风改善发展环境建设年"活动实施方案》、《关于进一步压缩企业开办时间的实施方案》（甘政办发〔2018〕138号）、《甘肃省优化建设领域营商环境实施方案》（甘政办发〔2018〕174号）、《甘肃省加快建设一体化在线政务服务平台进一步推进政务服务"一网、一门、一次"改革重点任务落实方案》（甘政办发〔2018〕184号）等文件。各市州和各职能部门也成立了深化"放管服"改革推进职能转变领导小组。2018年4月，甘肃出台了《甘肃省深入开展"转变作风改善发展环境建设年"活动实施方案》。作风建设年活动从2018年2月开始，至2019年2月底结束，共分为精心谋划准备、集中查找问题和广泛开展评议三个阶段，加快营商环境改善——"变革正在路上"。

（三）商务营商环境的建设

近年来，为支持企业发展壮大，全省商务系统加大商务政策支持力度，省商务厅加大商务改革的政策措施，出台一系列支持外贸进出口稳定增长，改善营商环境促进甘肃市场发展。在促进和保障外向型经济发展的具体措施中，进一步突出资金支持、优化出口退税管理、拓宽外贸企业融资渠道等；落实好生产企业的出口退（免）税审批权下放协调管理，加快出口退税进度。这些支持政策，从现实和长远来看，都有利于营造良好的营商环境和干事创业环境，有利于促进企业发展和稳定增长。2018年第一季度，甘肃进出口总值97亿元人民币，较上年同期增长32.9%，比全国平均增速高出23.5个百分点，增幅位列全国第六，这与商务部门持续改善营商环境密不可分。

二 甘肃商务系统营商环境的调查分析

为配合甘肃省商务系统营商环境建设的顺利推进，课题组通过商务部门、食品药品管理部门、工业信息化管理部门发放调查问卷，以此收集企业、商户、投资者等的看法以及对商务营商环境建设的评价。本调查总共发放问卷400份，其中：兰州100份、定西100份、天水100份、张掖100份。回收问卷372份，未完成4份，有效问卷368份，问卷回收率92%，符合调查预期。问卷样本中，小微企业占22%，商户占51%，投资人占16%，国企占6%；在甘肃经营了10年左右的占63%，5年左右的占17%，3年以下的占13%，20年以上的占7%。

（一）对营商环境的评价

1. 受访者普遍认为，甘肃营商环境有所改善或明显改善

认为最近两年，营商环境有"明显改善"的占26%，"有所改善"的占71%，"没有改变"的占3%（见图1）。

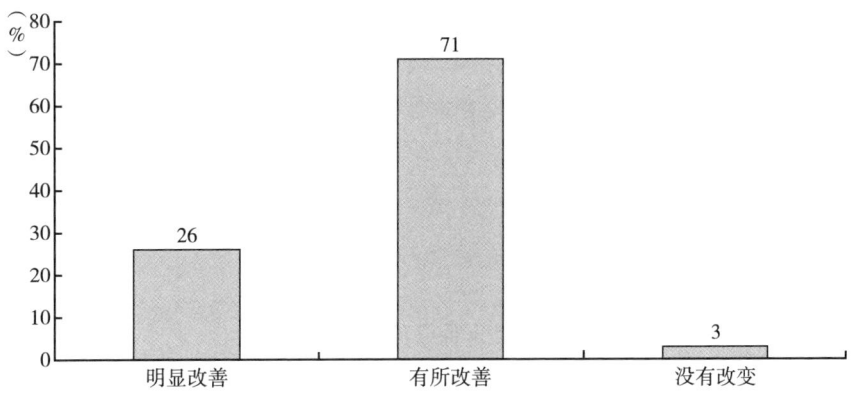

图1 对营商环境改善的看法

九成以上的被调查者认为，甘肃的营商环境"有所改善"或"明显改善"。2018年5月，省政府办公厅召集第一批重点单位对解决"堵点"问题进行安排部署和责任分工，省上各个部门，如省教育厅、民政厅、公安厅、建设厅、工商局等相关部门立即行动，采取行之有效的措施推动问题解决，政策效果明显。这说明甘肃营商环境的活力在不断增强，"门难进、脸难看、事难办""庸、懒、散、浮、托"等突出问题得到整治。

2. "一带一路"建设氛围较好,但甘肃经济发展仍然滞后

被调查者对各个选项的满意度分别为:"'一带一路'开放氛围"为83%、"经济发展状况"为61%、"区域经济地位"为58%和"省外市场联系紧密度"为33%(见图2)。

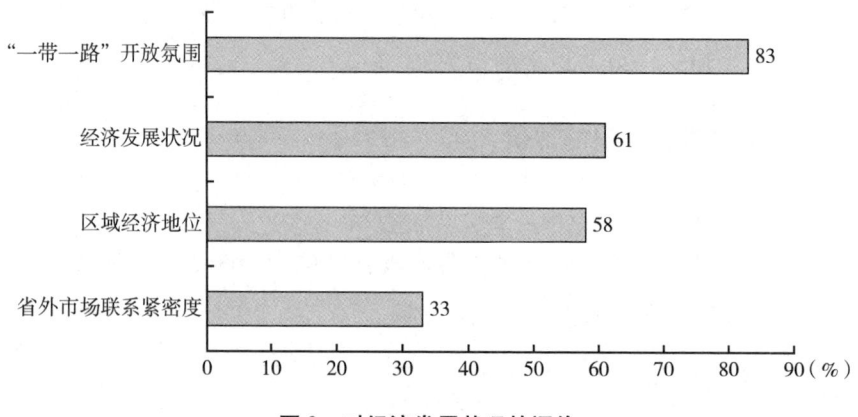

图2 对经济发展状况的评价

在经济发展状况评价中,被调查者普遍认可甘肃的"'一带一路'开放氛围",但对于"经济发展状况""区域经济地位""省外市场联系紧密度"等选项的满意度不高。说明被调查者对甘肃的省情心中有数,也鞭策我们把甘肃的营商环境营造得更好。

3. 基础设施建设局面喜人,但环保设施建设凸显不足

被调查者对各个选项的满意度分别为:"邮电通信"为91%、"电力供应"为88%、"铁路服务"为87%、"水、气、油供应"为84%、"公路服务"为81%、"空港及空运服务"为77%、"城市规划与建设"为67%和"环保设施"为61%(见图3)。

在基础设施状况选项中,诸如邮电通信等选项的满意度普遍较高。说明近年来甘肃省基础设施建设的成就有目共睹,为甘肃省今后的经济进一步发展奠定了坚实基础。同时,大家期待着在"城市规划与建设""环保设施"等方面的空间能够进一步提升。说明营商环境改善任重而道远,下一步的工作重点要放得更到位、管得更科学、服务更满意。

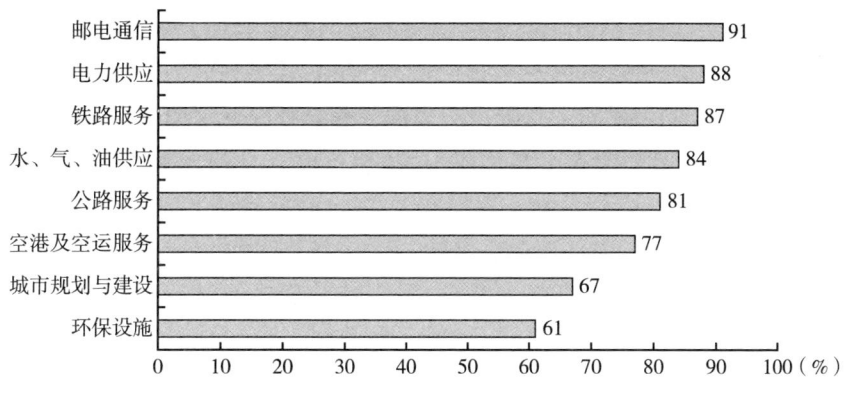

图3 对基础设施状况的评价

（二）对政务环境的评价

1. 营商环境建设年效果显著，政务环境改善明显

被调查者对各个选项的满意度分别为："政策环境"为93%、"税费减轻"为89%、"政务环境趋好"为81%、"职能部门办事"为78%和"政务环境改善"为72%（见图4）。

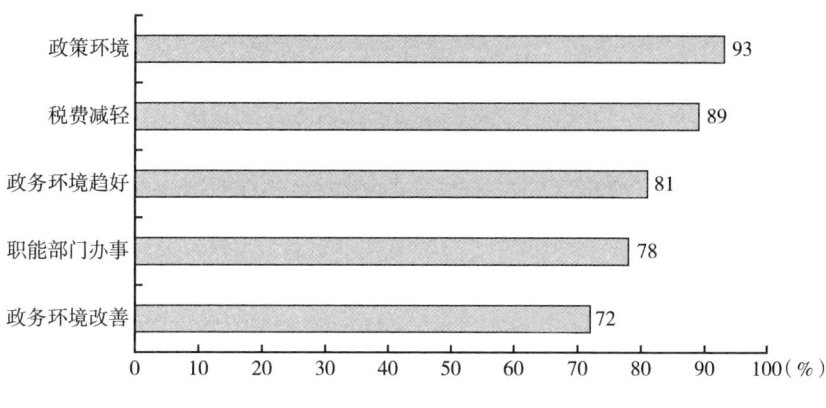

图4 对政务环境的评价

在各个评价选项中，满意度最高的是"政策环境"，其次为"税费减轻"、"政务环境趋好"、"职能部门办事"和"政务环境改善"。总体评价较

好，说明营商环境建设年效果受人们的认可。甘肃省先后两批向社会公布877项（第一批126项、第二批751项）群众和企业到政府"最多跑一次"政务服务事项，省政府办公厅整合力量成立省政务服务管理办公室专门负责协调推进"放管服"改革各项工作。① 说明目前"一网通办"下的"最多跑一次"已从重点解决"联"和"通"的问题转移到企业群众能从网上"办"的阶段，从重点解决群众密切相关的个性化问题，逐步转移到基础性、普惠性、公共性服务事项。

2.吃拿卡要情况越来越少，政务办事信息化程度明显提高

在各个选项中，认为"办事智能化程度提高"占93%、"行政审批事项减少"占81%、"政策法规明确透明"占81%、"行政审批费用减少"占77%、"服务态度改善，专业化水平提高"占73%、"弹性和选择性执法有所缓解"占71%、"一件事多个部门插手情况减少"占66%、"执法公正且效率提高"占63%、"频繁骚扰企业，吃拿卡要情况减少"占44%（见图5）。

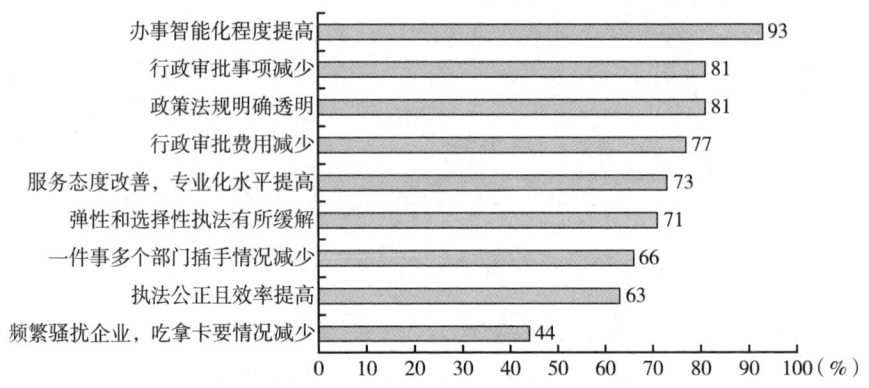

图5　对政务办事的评价

上述选项中"办事智能化程度明显提高"显示了目前政务办事信息化程度的一个基本状况，其他选项如"行政审批事项减少""政策法规明确

---

① 沈丽莉：《"转变工作作风，优化营商环境"系列报道之一：一份督导报告背后的思考》，《甘肃日报》2018年4月26日。

透明""行政审批费用减少""服务态度改善,专业化水平提高"等也获得认可。而"一件事多个部门插手情况减少"、"执法公正且效率提高"和"弹性和选择性执法有所缓解"选项满意度不高,"频繁骚扰企业,吃拿卡要情况减少"选项满意度较低。说明技术手段对于提升办事效率有明显作用,但一些问题仍然是政务办事中的弊病,还须在制度建设上下功夫进行治理。

3. 政务环境总体较好,服务意识还有待提升

被调查者对各个选项的满意度分别为:"政务总体环境"为81%、"廉洁奉公"为77%、"信息公开和获取"为73%、"依法行政"为66%和"服务意识"为51%（见图6）。

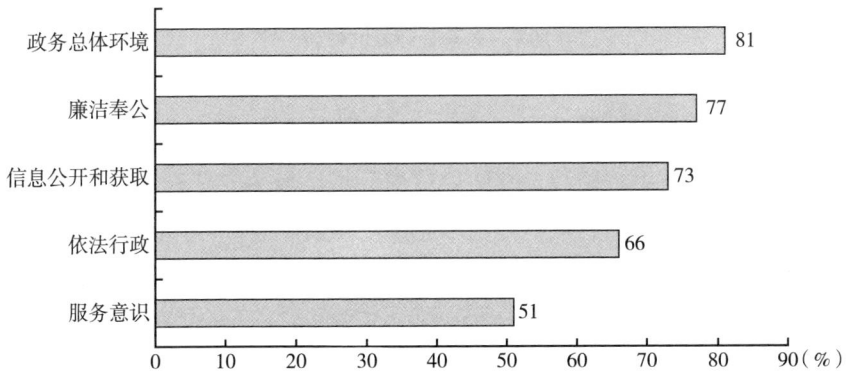

图6　对政务服务的评价

八成以上被调查者普遍满意"政务总体环境"。但"依法行政"和"服务意识"选项的满意度不高,说明大环境较好,但到具体环节、具体办事态度、具体事情上,仍然存在较多的问题。说明服务"加速度",营商环境才能够更优化,尤其针对小微企业自身"体质弱"、受外部环境影响大、融资成本高等问题,需要多方发力来优化营商环境。

4. 政策环境得到普遍好评,政府政策已经成为优化营商环境的主要抓手

被调查者对各个选项的满意度分别为:"政策透明度"为92%、"政务公开工作"为83%、"政策的稳定性"为81%、"行政复议及投诉解决

效果"为78%、"政策的规范与健全"为74%和"政策的有效性"为67%（见图7）。

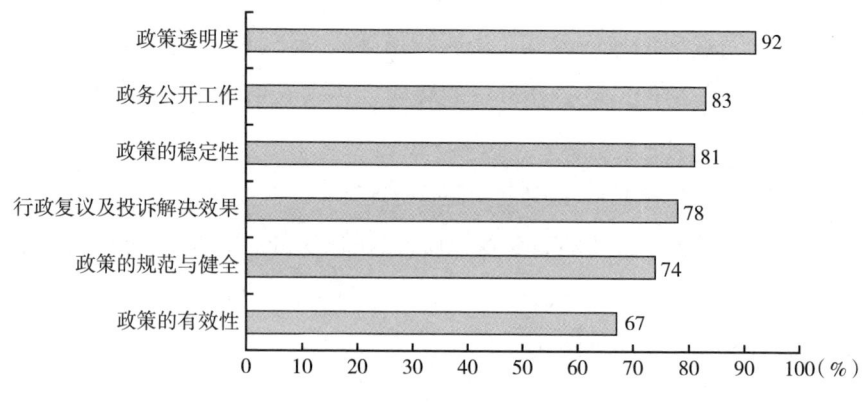

图7 对政策环境的评价

被调查者对政策环境满意度较高，说明省委、省政府2017年以来的顶层设计效果明显，出台的一系列建设营商环境的政策，支持实体经济发展、发展非公有制经济等的政策，得到广大企业和商户的认可。说明政策红利的释放，激励了市场向好发展。但政策的落地实施上仍有不少问题，如何让政策更加接地气、落实到位还需要花力气进一步推进，要抢抓高质量发展机遇，优化投资、法治、政策等环境，坚定未来发展信心。

5. 政府各个职能部门办事效率普遍提升，但部门之间差距较大

被调查者对各个职能目标选项的满意度分别为："财政部门"为90%、"生产服务部门"为88%、"税务部门"为87%、"工信委"为87%、"发改委"为83%、"商务部门"为80%，"人力资源和社会保障部门"为76%、"国土资源部门"为57%、"卫生防疫部门"为66%、"市场管理部门"为66%、"规划部门"为55%和"环保部门"为51%（见图8）。

在各选项中，政府主要职能部门的满意度都比较高。说明省委、省政府确定的"营商环境建设年"和"工作作风转变年"效果明显，政府各职能

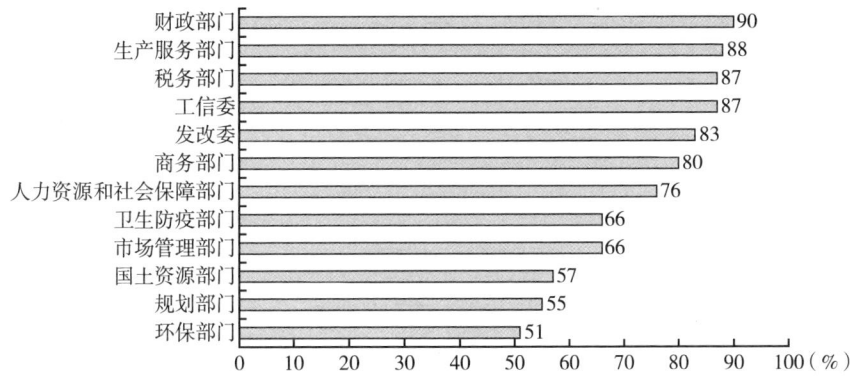

图8 对各个职能部门办事效率、服务态度、廉洁奉公情况的评价

部门积极为企业服务,把省委、省政府的决策落实到位。同时,也应该看到,"国土资源部门""环保部门""规划部门"等的满意度不高,一方面,这些部门的工作较为具体和烦琐,另一方面,经济发展较快,造成计划赶不上变化,也造成工作上的难度。

(三)对市场环境的评价

1.市场总体环境不尽如人意,物流环境满意度较高

被调查者对各个选项的满意度分别为:"物流环境"为91%、"技术环境"为83%、"金融环境"为74%、"劳动力质量"为73%、"市场环境"为66%和"产业配套环境"为63%(见图9)。

在市场环境的选项中,除"物流环境"的满意度较高外,其他选项满意度普遍不高。说明近年来甘肃省在"一带一路"建设、南向通道、电子商务建设等方面的物流体系建设成就显著。同时,甘肃省的市场环境发育仍然不够成熟,需要进一步积极推进和细化完善的地方还很多,企业贷款融资难、劳动力质量不高、市场发育不足、产业链条短等问题制约着企业生产经营的进一步开展。说明要将主动服务意识内化于心,营商环境建设仍需要多方面发力。

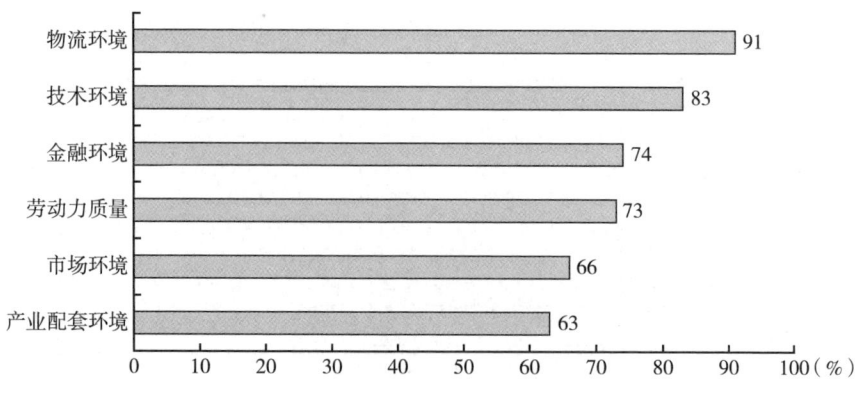

图 9　对市场总体环境的评价

2. 市场开放明显不足，政府信息公开认可度较高

被调查者对各个选项的满意度分别为："政府信息公开"为89%、"竞争平等性"为73%和"市场开放性"为67%（见图10）。

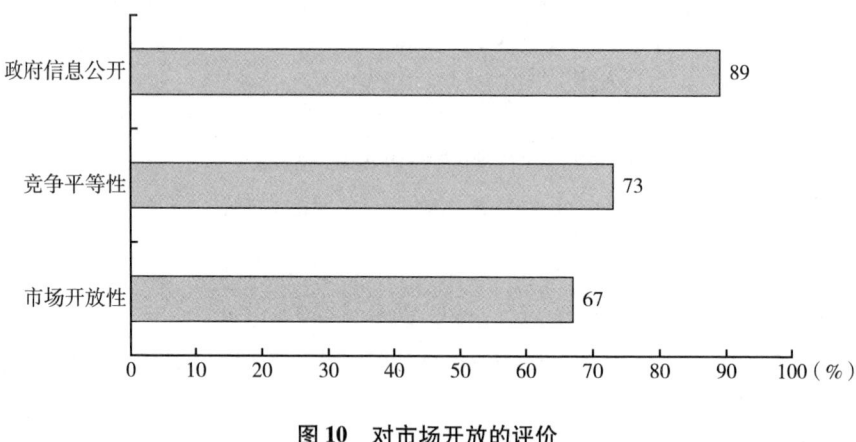

图 10　对市场开放的评价

在市场开放建设的满意度中，"政府信息公开"最高，"市场开放性"略低。说明各级政府在落实中央和省委、省政府决策方面，工作扎实到位。"市场开放性"是一个综合性问题，与经济发展水平、政策制度完善程度、地方保护主义等关系密切，应该引起有关方面的重视。

3. 九成经营单位认为所承担税费明显减轻，减税降费是优化营商环境最有效措施

在"所承担的税费"选项中，选择"减轻"的占89%，"不变"的占11%；在"接受各类检查"选项中，选择"减少"的占47%，"没有变化"的占53%（见图11）。

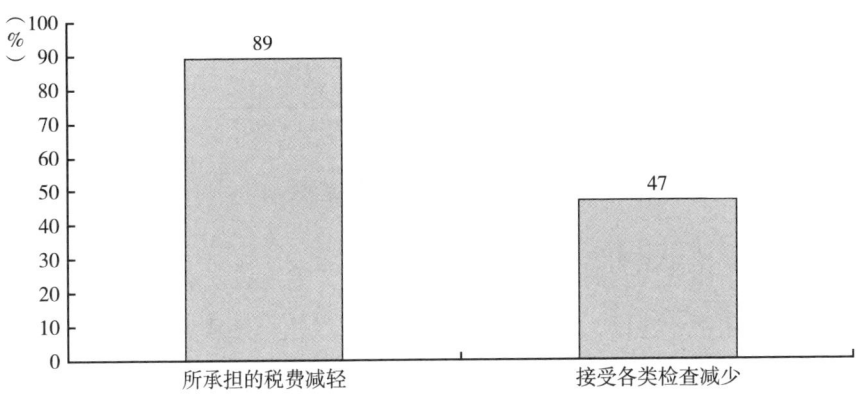

图11　对承担的税费、接受各类检查与以前相比情况的评价

在"所承担的税费"选项中，近九成的被调查者认为税费减轻了，"接受各类检查"也有减少。说明近年来政府采取的不断降税减费措施，降低经济社会交易成本取得一定效果。同时，对各类执法行为也进行了制度性规范，一般性企业检查在减少，关系民生的食品药品企业的检查相对多一些。

4. 受访者最担忧社会信用状况，信用建设滞后是营商环境面临的主要风险和挑战

被调查者对各个选项的满意度分别为："政府信用建设"为66%、"社会信用建设"为53%，"个体诚信意识"为41%（见图12）。

对社会信用评价的选项中，三个选项的满意度都不高。说明社会信用已经成为营商环境中的一个硬伤，应该引起有关部门的重视。当然，造成营商环境中的一些失信行为因素很多，但信用制度建设滞后是信用缺失的最主要

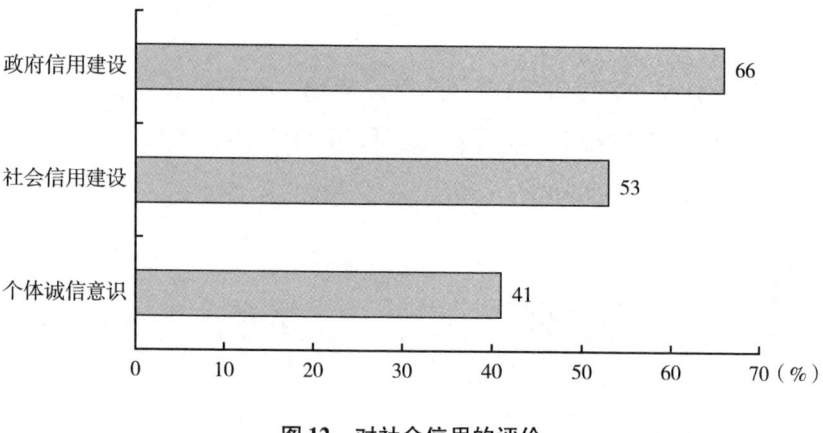

图 12　对社会信用的评价

原因，要让信用成为营商环境建设的"标尺"，重视规划筑牢信用建设的根基，夯实信用平台建设，实现信用全面监控以及出台惩戒失信鼓励守信等各种管理办法，是今后营商环境建设的一个重要组成部分。

（四）对社会环境的评价

1. 对人文环境的评价

被调查者对各个选项的满意度分别为："包容心态"为73%、"法制观念"为67%、"开放意识"为63%、"竞争意识"为52%和"合作意识"为49%（见图13）。

在人文环境的选项中，满意度较高的是"包容心态"，说明甘肃人善良厚道，能够和谐共存，容易打交道。但"竞争意识"和"合作意识"的满意度较低。说明甘肃人市场意识不是太强、小富即安、安于现状的思想较为普遍。

2. 对生活环境的评价

被调查者对各个选项的满意度分别为："社会治安"为92%、"公共交通"为74%、"居住条件"为66%、"文化氛围"为65%、"医疗卫生"为63%、"教育供给"为61%、"环境保护"为52%（见图14）。

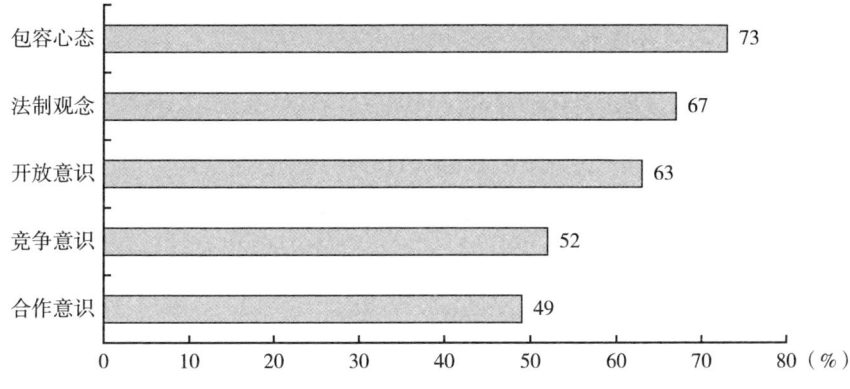

图 13 对人文环境的评价

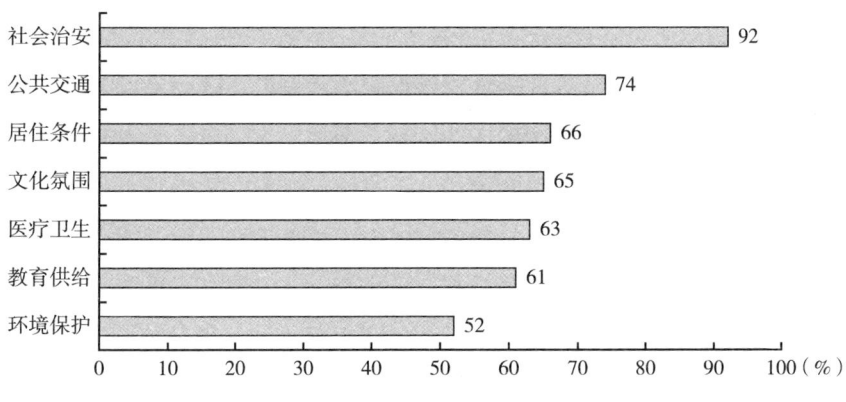

图 14 对生活环境的评价

近年来,各级政府对社会稳定发展给予了最大支持,社会各项治理活动有序推进。说明社会稳定,人们安居乐业,交通通信等基础设施建设飞速发展,是甘肃历史上从来没有过的和谐,为甘肃营商环境奠定了坚实基础。同时,"教育供给"和"环境保护"仍然是短板,需要进行长期的投入。

3. 受访者普遍看好甘肃今后发展,稳步推进甘肃经济发展是受访者美好预期的基础所在

被调查者在"看好未来"选项中,占88%;在"继续经营发展"选项

中，占84%；在"业务量增长"选项中，占76%；在"持观望态度"选项中，占11%；在"环境不理想"选项中，占5%（见图15）。

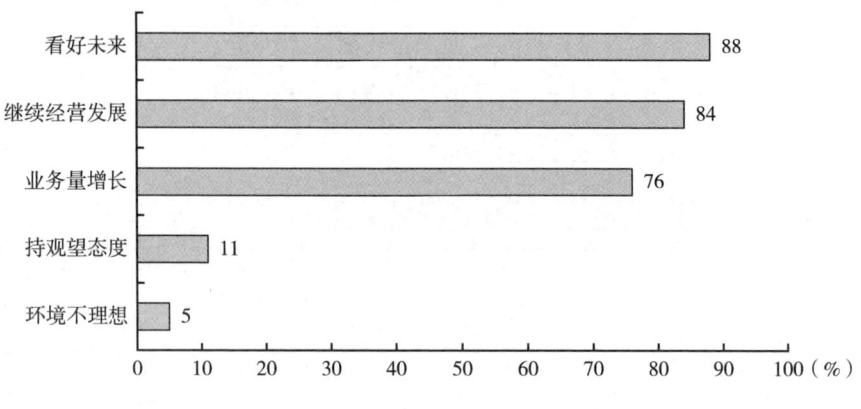

图15　企业/商户在甘肃经营发展的预期

调查显示，绝大多数企业和商户看好甘肃的发展，感觉本地的营商环境越来越好。说明企业对所经营的业务增长充满信心。甘肃省委书记、省人大常委会主任林铎在京知名商协会恳谈会上指出，甘肃实体经济、工业经济基础扎实，科技资源相对丰富，自然资源、电力、土地和劳动力等资源和成本优势十分明显，希望全国各商协会和广大民营企业家能把握机遇，紧扣甘肃优势共赢发展。①

三　优化甘肃营商环境的政策建议

上述调查显示，甘肃省营商环境在政务环境、市场环境、社会环境等方面有了一定的改善，但也都表现出许多的不足。目前，全省上下正在开展的作风大整治，对优化和提升营商环境绝对是正能量的举措。良好的营商环境是提升区域竞争力的根本条件。区域间的竞争，说到底就是营商环境的竞争。改革开放40年来的发展证明，一个地方政府管少、管精、不管死，为

---

① 《甘肃省在京知名商协会助力甘肃发展恳谈会举办》，《经济日报》2018年3月22日。

民众创新创业营造出较宽松的环境，经济社会就发展得快，甘肃省营商环境仍具有极大的提升空间。

（一）加快转变观念

习近平总书记说："改革开放的过程，就是思想解放的过程。没有思想大解放，就不会有改革大突破。"甘肃省经济发展过程中，出现大量新的情况、新问题、新矛盾，需要积极应对。当前，推进高质量、跨越式发展是首要战略。推动思想大解放，是解决一些干部思想上存在的"怕、慢、假、庸、散"等作风问题的前提。思想是行动的先导，推进改革必须先转观念。要牢固树立以人民为中心的发展思想，坚决克服"官本位"思想，强化为人民服务的宗旨意识，真正放下身段、俯下身子，为企业和群众服务。好的营商环境，可以为高质量发展提供创新的动力、优化低成本的张力、聚焦发展的能力，有利于增强企业的获得感和责任感，增强企业家的信心和信任。打造营商环境要消除把营商环境等同于招商引资、在营商环境建设中急于求成和将营商环境建设独立于其他工作的三个方面的认识误区。要通过做专做优做精，做出核心技术，做出核心产品，做出核心竞争力，推动企业高质量发展，建立"亲""清"新型政商关系，良好的营商环境是建立"亲""清"新型政商关系的重要保证。非正常的政商关系会破坏地方的政治生态，进而会影响营商环境。"饭不吃，礼不收，但事也不办""脸好看，门好进，事难办"，宁可让人说与企业家不"亲"，也不让别人怀疑与企业家不"清"，这样的政商关系无疑对企业来说是一种"冷暴力"，对营商环境产生最直接、最深刻的不良影响。而一旦有了良好营商环境，政府部门想方设法为企业提供高效服务，化解企业存在的难点和痛点，这样企业家可以将精力、财力用在跑市场，而不是找市长上，"亲""清"新型政商关系哪有建立不起来的道理？建议每位省、市、县领导挂点1~2家规模较大、发展前景好、市场潜力大、竞争力强的企业，鼓励企业创新图强、破解企业发展难题、维护企业合法权益、协调执法部门改进作风，为提升优化营商环境树立标杆示范。

（二）就营商环境建设来促进生产力发展

2018年"两会"上，甘肃省省长唐仁健在谈起营商环境时坦言：我们承认很多方面确实没有做好。但是2018年省委明确部署，积极构建"亲""清"新型政商关系，努力营造亲商、爱商、安商、护商的良好环境。① 在营商环境建设中，也不同程度存在着怕担责、怕犯错，服务意识不强，成本偏高，融资难融资贵，新官不理旧账等问题。这些问题，或多或少地跟甘肃省一些地方干部作风中存在的"怕、慢、假、庸、散"密切相关。2018年"放管服"改革任务重、时间紧，没有过硬的作风，难以完成既定目标任务。2019年要按照省委、省政府"转变作风改善发展环境建设年"的要求，坚持刀刃向内、动真碰硬，坚决打破部门利益藩篱和行政、技术"两个壁垒"，只要是关系企业群众切身利益的事，再难也要干，再难也要干好。唯有勇当"敢死队"和"尖刀排"，唯有以"踏石留印、抓铁有痕"的决心、"钉钉子"的精神和"敢死拼命"的勇气开展工作，才能勇闯改革"腊子口"。深入开展"转变作风改善发展环境建设年"和"深化放管服改革工作突破年"活动，落实好各种优惠政策，该放的一定要放到位、放彻底。对企业和群众反映强烈的突出问题进行专项治理，抓一批典型进行曝光和问责，以此推动甘肃营商环境有一个大的改善。甘肃省政协主席欧阳坚指出，优化营商环境是系统工程，不能简单地认为都是政府的事，需要相关的要素同心同向、多管齐下，聚焦短板和弱项、抓住关键环节，共同发力，用系统的思维去补短板、优环境、增活力。② 建议甘肃省制定"优化营商环境条例"，作为地方法规发布、施行，多措并举，营造"爱商、敬商、亲商、富商"的营商环境；依法平等保护企业家合法权益，慎重使用罚款、停产、停业等强制措施；对优化和提升营商环境中碰到的问题，要用改革的精神持之以恒抓实抓好。

---

① 贾世煜、薛珺：《甘肃省长唐仁健：今年要构建亲清政商关系》，《新京报》2018年3月7日。
② 欧阳坚：《优化营商环境须"四要素"共同发力》，《甘肃日报》2018年8月28日。

（三）加强市场监管机制规范化运行

在深化"放管服"推进政府职能转变中，要着力构建招商重商的政务环境，全省上下积极围绕省上确定的"营商环境建设年"和"放管服"改革突破年主题，立足职能，努力优化投资环境，破解服务发展难题。全省上下凝聚思想共识，转变工作作风，苦干实干，促使全省营商环境得到根本性好转。各地各部门都要将推进"放管服"改革作为"一把手"工程，主要负责同志亲自上手、亲自安排部署，分管负责同志狠抓具体落实。各单位要加强协同配合，建立牵头单位负总责、各有关单位密切配合的工作机制，形成工作合力。眼下，在全球贸易保护主义冲击加剧、发展的不稳定不确定因素增多的情况下，好的营商环境无疑有利于增强应对不稳定、不确定因素的能力。企业稳，则就业稳；就业稳，则社会稳，提升和优化营商环境，要做的工作很多。一是进一步营造高效务实的政务环境，政府职能部门要持续推进"放管服"改革，职能到位，不断开创新局面，该给企业的给企业，该压缩的压缩，该简化的简化，真正给企业营造一个宽松且充满活力的发展空间。加大执法问责力度，对乱作为、政策不落实和向企业"吃拿卡要"等行为，一查到底，严肃问责。营商环境好不好，企业说了算。只有企业更舒心、更安心、更有获得感，才能说营商环境好。二是继续深化"最多跑一次"改革，提高行政审批效率。对能够跑一次办结的事项，若因办事人员事前告知服务不到位，一次未办结，则规定办事人员必须上门服务，利用倒逼机制提高办事人员的服务水平。逐步推行网上受理、网上审批、网上办结。营商环境不仅应包括对企业合理经营行为的激励，还应包括对企业不合理行为的约束和惩罚。这就要求加强反垄断、反欺诈，同时加强对企业的产品质量、生产安全、环保设施和环保质量等方面的监管，尤其是加强食品、药品的安全监管，确保生产安全和消费安全。

（四）以法治理念提升"做事规则"

问卷调查发现，一些企业、商户和投资者的获得感不强，行政管理不依法行政、市场执法随意，有的市场准入门槛高、搞地方保护，各种隐性壁垒不同程度存在。在"放管服"改革大潮涌起的当下，有些监管理念和管理模式已经滞后，无法适应新经济发展特点，监管方式不够创新，事中事后监管不够完善，政府服务不够完善等也是亟待解决的问题。一是进一步营造规范有序的经营环境。鼓励引导民间资本进入法律法规未明确禁止准入的行业和领域，降低投资准入门槛，取消不合理的准入限制，明确进入途径、进入后的运行方式和监管办法，不得单独对民间资本设置附加条件。同时，对地方政府对企业的承诺兑现情况来一次"回头看"，只要符合国家和省里的政策法规，就必须予以兑现，不得以政府换届、相关责任人更替等理由毁约。畅通政府和企业之间的协调沟通渠道，对企业反映的政府职能缺位、越位、不到位的情况，和由于政府部门间职责不清致使问题久拖不决的情况，要及时处理并反馈。涉企政策的制定和调整应该有行业和企业代表参与，充分听取行业和企业意见，真正营商环境的改善还是要靠法治。二是进一步营造普惠企业的政策环境。甘肃省的营商环境，自己同自己纵向比较，改善是很大的，但与其他地区相比，差距仍然很明显，最主要的差距就是服务企业过程中的差距。一些部门仍然不同程度存在怕担责怕犯错、服务意识不强、创新性服务不足、行政执法不规范、收费多且收费高、人工成本持续上涨、用能成本偏高、融资难融资贵、新官不理旧账等问题。一个突出体会是，甘肃省营商环境存在的问题，或多或少与甘肃省一些地方干部作风中存在的"怕、慢、假、庸、散"密切相关。要降低制度性交易成本，对涉企事项尽量不收费或少收费，即使收费也必须明确标准。三是要切实降低民营企业融资难融资贵的问题，严禁金融机构在存贷款利率以外附加条件、支付费用，对单方面采取抽贷、断贷、停贷措施的金融机构和以贷转存、存贷挂钩、借贷搭售等变相提高利率、加重企业负担的行为要严肃查处。要把为民营企业做好服务和落实好支持民营企业发展的各项政策，从增加地方就业、培育地方经济发展、促进民生发展的高度来认识。

市场建设篇
Market Construction Reports

B.11
甘肃供应链体系建设报告

王 荟*

摘 要: 2018年,我国全面展开流通领域现代供应链体系建设,在此背景下,甘肃省的供应链体系建设工作亦逐步推进。本文通过阐述甘肃省开展供应链体系建设的背景、面临的机遇及发展方向,分析甘肃供应链体系建设概况和存在的主要短板,认为甘肃省发展供应链体系应在物流基础设施、冷链物流、供应链管理人才、重点行业领域建设等方面寻求突破口。

关键词: 甘肃 供应链体系 冷链物流 智慧物流

---

* 王荟,甘肃省社会科学院决策咨询研究所助理研究员,主要研究方向为信息经济与区域经济发展。

一 相关概念解读

（一）供应链

供应链是指围绕核心企业，从配套零件开始，制成中间产品以及最终产品，最后由销售网络把产品送到消费者手中的，将供应商、制造商、分销商直到最终用户连成一个整体的功能网链结构。供应链的概念是从扩大生产概念发展来的，它将企业的生产活动进行了前伸和后延。国家标准《物流术语》将其定义为生产与流通过程中所涉及将产品或服务提供给最终用户的上游与下游企业所形成的网链结构。

（二）供应链体系

供应链体系是一个系统工程，整个体系类似一个树状结构。树根就是最基础的生产企业；各代理商构成系统树的枝干；再往下的各分销渠道就类似枝条；最终用户就落在枝条的终端即叶片之上。可以发现，如何设置树干与分支之间的联系和结构对整个系统的功能发挥起着至关重要的作用。根系与主干、支干之间交流沟通的就是信息、资金和商品。只有整个系统协调发展，各个节点和枝干之间相互配合，才能做到枝繁叶茂，才能实现最高的经济效益。研究供应链体系建设则必须统筹考虑企业、物流、基础设施、信息网络等多方面的资源。

二 甘肃省开展供应链体系建设的背景、面临的机遇及发展方向

（一）背景

近年来，随着"一带一路"倡议的提出，中国的物流需求持续增长，

公路、铁路货运量和港口吞吐量多年来位于世界第一。在新一轮全球经济发展的大潮中，衡量一地区全球经济竞争力的重要指标之一就是该地区的现代供应链体系是否完备，是否处于优势地位。党的十九大也第一次把"现代供应链"建设写进报告，指引我国的供应链体系建设发展。在此背景下，一批物流企业集中上市，企业间的兼并重组与联盟合作日益活跃，平台经济、智慧物流、物流金融、现代供应链正在成为行业发展的新动能。

（二）面临的机遇

国务院发布的《关于积极推进供应链创新与应用的指导意见》指出，全面部署供应链创新与应用有关工作，标志着我国现代供应链步入重要发展机遇期。麦肯锡的研究报告显示，通过供应链等方式推进企业运营转型，可使中国劳动生产率提升15%以上；而通过发展全球供应链等方式，还可使劳动生产率再提升10%以上，供应链发展潜力巨大。与此同时，甘肃省根据财政部、商务部《关于开展2018年流通领域现代化供应链体系建设的通知》，将兰州作为流通领域供应链体系建设试点城市进行申报，并获得评审通过。兰州市申报流通领域现代供应链体系建设具体内容包括五个体系、两个平台建设，五个体系分别是以高原夏菜为主的农产品供应链体系、冷链物流供应链体系、商贸集约化供应链体系、医药城乡配送供应链体系、兰州牛肉拉面供应链体系。两个平台则是托盘租赁公共服务平台和物流信息化公共服务平台。这对于加快推动甘肃省供应链体系建设、促进经济发展提质增效降本具有重大现实作用，是一次绝好的契机。

（三）发展方向

建设甘肃省现代供应链体系是一项系统工程，需要多方合力，统筹部署。一是要积极创新，在理念、模式、技术、业态等方面广开思路，契合新一轮科技革命带来的机遇，寻求"互联网+"战略与现代供应链体系结合点。二是要促进城乡之间、区域之间、产业链环节之间均衡发展。甘肃作为一个农业大省，地区之间经济发展不平衡，城乡二元结构明显，要借助现代供应链体系建设进一步打破这些桎梏。三是要走绿色可持续发展路径，重点关注生态文明建设要求，坚持做好节能环保，降低能耗水平。四是要按照共享理念，探索共享经济新模式，与供应链体系中的各企业和客户，共享收益。五是要客观研判甘肃省省情，扬长避短，抓住发展重点，重视农产品、餐饮等优势行业领域的现代供应链体系改革和建设。

三 甘肃省供应链体系建设基础分析

（一）甘肃省发展现代供应链体系的基础交通网络初步完善

1. 公路建设

近年来，甘肃加大交通基础设施投资力度，截至2017年，累计完成投资5600亿元。甘肃省公路通车总里程14.23万公里，其中高速公路里程达到4016公里，二级及以上公路里程达到1.33万公里以上，农村公路里程达到11万公里，有效缓解了交通运输对经济社会发展的制约状况。截至目前，甘肃境内全线贯通的国家高速公路有连霍高速和京新高速等，全省14个市州政府驻地、86个县区政府驻地全部实现二级以上公路连接，高速公路县通比例为64%。[①] 国道主干线高速化、西部通道高等级化、县乡公路通畅化、运输站场网络化的目标得到初步实现，为全省发展现代供应链体系夯实了一定基础。

2. 铁路建设

截至"十二五"末，甘肃省铁路营运里程达到4245公里，其中快速铁路里程860公里，铁路网密度达到91公里/万平方公里，复线率和电化率分别达到60%和80%，铁路网覆盖12个市州。已经形成了以兰州枢纽为中心，陇海线、兰新线为主轴，宝中线、西平线和干武线等线路为支撑，便捷联通省内市州及周边省份的铁路运输网络。主要铁路有：陇海铁路、兰新铁

---

① 数据来源于甘肃交通运输厅。

路、兰新铁路第二双线、包兰铁路、宝中铁路、干武铁路、兰青铁路、西平铁路、红会支线、镜铁山支线、门南支线、敦煌铁路、宝成铁路、安口南线、嘉策铁路、清绿支线、金阿线金红段、中川马家坪线、兰州中川线、天平铁路、额哈铁路。

3. 机场建设积极推进

截至2015年末，甘肃省民航机场数量达到8个，县级单元覆盖率由"十一五"末的41%提高至55%。金昌金川机场、张掖军民合用机场、甘南夏河机场建成通航，兰州中川机场二期扩建工程和庆阳机场扩建工程完成，陇南成州机场、平凉机场、扩建敦煌机场和迁建天水机场等重点建设项目稳步推进，机场体系进一步完善。

（二）物流信息化建设步伐日益加快

近年来，甘肃省积极开展信息化建设，省内通信网络逐步形成，现代数字信息源体系初具规模。2017年甘肃省邮政业务总量26.70亿元，比上年增长20.5%，电信业务总量455.9亿元，比上年增长97.3%，快递业务收入7201.7亿元，比上年增长18.7%。① 网络网站建设同步推进，一系列物流信息网站"甘肃运输信息网""甘肃物流网""甘肃电子商务网""甘肃邮政网"等相继开通，成为物流信息的集散地。目前，甘肃省已经建成14个市州级道路信息中心、86个县市区级信息站和150个运输企业信息站，并通过运用全球卫星定位系统、道路运输视频系统、车辆跟踪服务系统等网络实时信息监控手段，进一步提升了物流网络化、现代化水平。

（三）甘肃的特色产品生产为发展现代供应链体系提供了商品保障

甘肃气候类型多样，光热、生物种质、土地资源丰富，自然隔离条件好、土地污染程度轻。目前已经培育形成了牛、羊、果、菜、薯、药六大特色优势产业，为西北内陆地区农产品消费市场提供了强大的物资保障（见

---

① 数据来源于甘肃省2018年统计年鉴。

表1）。甘肃省是中国官方列入规划的西北内陆出口蔬菜重点生产区域，更是我国"北菜南运""西菜东调"的五大商品蔬菜基地之一。果蔬及其制品是甘肃农产品出口的主要支柱，占全省出口农产品总值的60%以上。鲜苹果、红枣、梨、苹果汁、番茄酱、鲜蔬菜、蔬菜种子、白瓜子、葵花籽、中药材等出口潜力较大。出口主要国别有泰国、印度、俄罗斯、美国以及欧洲等60多个国家。截至2017年，甘肃省牛饲养量742.2万头，居全国第13位；羊饲养量3598.5万只，居全国第7位；蔬菜种植面积868万亩，产量2107万吨，分别居全国第18位和第17位；中药材种植面积450万亩，产量118万吨，面积和产量均居全国第1位；苹果种植面积470万亩，产量383万吨，分别居全国第2位和第5位；马铃薯种植面积1083万亩，产量1300万吨，分别居全国第3位和第2位。①

表1 甘肃省历年主要农产品产量

单位：万吨

年份	粮食	薯类	中药材	蔬菜	园林水果	肉类总产量
2011	1014.60	63.52	61.94	18.08	330.84	88.46
2012	1109.70	67.00	75.94	24.65	359.71	92.28
2013	1138.90	69.72	86.66	24.72	391.37	95.10
2014	1158.65	72.42	99.37	27.42	425.23	99.73
2015	1171.13	225.3	108.20	1823.1	461.80	100.55
2016	1140.6	226.1	115.5	1951.5	506.44	101.9
2017	1128.3	232.9	123.3	2106.5	557.7	105.3

注：根据甘肃经济信息网数据整理。

甘肃省作为一个农业大省，丰富的特色农产品生产具有较好的竞争优势，进一步为甘肃省发展现代供应链体系提供了商品保障。

（四）物流枢纽布局为打造现代供应链体系奠定框架

目前，兰州综合保税区、甘肃（兰州）国际港务区、武威综合保税

---

① 数据来源于中国甘肃网。

区、丝绸之路（敦煌）国际文化博览会已经稳步开展运营，国家内陆自贸区——兰州自由贸易区正在积极申请中。借助"一带一路"发展，甘肃省多角度多点打造开放平台，依托项目平台，进一步提升经济发展水平。2015年，甘肃省制定了《甘肃省"十三五"物流业发展规划》《进一步促进全省物流业发展实施方案》《甘肃省"互联网＋"现代物流五年行动计划（2016~2020年）》等，提出聚集物流重点领域和环节，积极推进物流发展的十大工程和重点任务。同时，针对甘肃经济发展的现实情况，结合甘肃省产业布局、区域规划和各市州资源、区位和商品物资流向等因素，初步形成了以兰州市为核心，天水、武威、酒（泉）嘉（峪关）等主要节点城市物流园区为支撑的物流基础设施网络，依托物流节点开展网络化运营。通过进一步完善物流公共信息平台，全省物流资源和物流效率显著提高。通过建设面向"一带一路"沿线的国际物流组织中心，丝绸之路经济带重要国际物流枢纽将基本建成。甘肃省的物流产业将成为全省经济社会发展的重要支撑产业和先导产业，并以此为框架构建起符合甘肃省情的现代供应链体系。

四 甘肃省发展现代供应链体系存在的主要桎梏

（一）基础设施建设依然任重而道远

甘肃省地形狭长，各区域之间经济发展不平衡，地区的交通网依然亟待健全。一是铁路建设相对滞后。目前，贯穿甘肃全境内的铁路多为东西向的干线，而南北向的支线布局建设偏少，还有些偏远地区甚至没有通铁路，最终带来的影响就是干线的运输负担较重，铁路运输的便利难以有效覆盖全省。二是公路网覆盖面偏低，路网等级结构不合理，道路建设质量有待进一步提高。三是甘肃省机场建设进度相对缓慢。航空货运成本偏高，导致大部分商品放弃采用这一运输方式，甘肃省的航空货运水平整体偏低，货运吞吐量小。

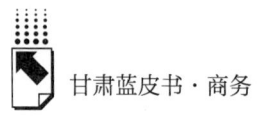

（二）物流行业发展水平不高，供应链管理人才匮乏

首先，近年来，从事专职或兼职的物流人员数量不断增加，但囿于甘肃省城乡二元结构的现状，物流和供应链业务多集中于城市，相应的物流点和供应链节点企业也都设置在城市，导致村镇的物流业务开展不足。其次，甘肃省农产品物流业依然处于较低的发展水平，没有深加工，产品附加值低，造成农产品价格低廉，难以支撑物流及供应链发展。最后，甘肃省从事特色农产品物流研究的专业机构较少，在农村地区，相关的业务培训几乎空白，导致本地的农业物流从业人员的综合素质与行业发展的实际需要不匹配。

（三）冷链物流的仓储技术和运输手段较为欠缺

一是冷链物流信息技术亟须提升。甘肃省物流信息技术比较落后，管理也缺乏经验，先进的物流信息技术开发应用尚在应用初期，企业高层管理针对信息技术运用的意识不足，社会缺乏必要的公共物流信息平台。二是针对农产品的绿色物流冷藏冷链、保鲜技术的资金等专项经费尚显不足。同时，在整个流通环节中由于行业标准不统一而重复、迂回运输、野蛮装卸搬运等经常发生，延长了物流的流转周期，降低了资金的流动性，增加了不必要的流通环节，致使物流成本居高不下。三是冷链农产品加工力量薄弱。甘肃省定西市的马铃薯产量居全省第一位，马铃薯已畅销全国多地，并出口境外。商品马铃薯的销售渠道已经打开，如何将马铃薯这一产品做大做强，还需要根据自身的特点提高其附加值。

（四）甘肃供应链体系建设信息化水平亟待提升

一是甘肃省市场经济信息、物流信息、供应商信息等的传播手段依然以传统传播媒介为主，相关数据的收集汇总和记录分析仍采用手工方式，效率低，准确率低。二是甘肃省现代信息技术的发展水平一般，在物流和供应链领域的使用和普及程度就更低。三是物流和供应链相关数据没有与之匹配的大型数据库做支撑，市场信息不对称，导致经济效率低下。四是信息网点多设置在城市，农村作为农产品的供给点没有与之配合的信息采集系统，导致信息传递效率低、信息准确性差，乡村一级信息断层进一步导致农民在获取市场经济信息时路径不畅。

五 打造覆盖全省重点和特色产业的现代供应链体系之几点建议

（一）强化物流基础设施建设，科学规划物流网络布局

一是要创新交通基础设施建设模式。积极利用PPP模式、众筹模式、"互联网+"等模式，积极开发基础设施建设发展需要的金融产品，多渠道为项目建设提供融资服务。二是要合理规划物流网络布局、合理规划物流网络体系，节点建设非常重要，大型的配送中心、物流中心、物流园区正在新建或改造，打造区域性的货运枢纽指日可待。可针对甘肃省已有的大型农产品批发市场，升级改造具有本地特色的蔬菜、瓜果、肉类等鲜活农产品批发市场，尤其对其中比较典型的大型农产品批发市场和区域性专业批发市场要根据特点有所侧重，设置不同的节点功能。

（二）重视冷链物流发展，提高供应链绿色化水平

一是严格执行优惠政策，建立健全监察、协同机制，将相关政策落到实处。为促进绿色冷链物流的发展，甘肃省近几年发布的相关政策，其中2009年《甘肃省农产品质量安全条例》将特色农产品作为重点监管对象，从产地、生产、经营、监管等诸多节点进行了科学的规范与约束，保障了甘肃省农产品的质量安全，使特色农产品从生产到消费的整个过程处于监督之下。2010年甘肃省"绿色通道"新政策为合法整车运输各类新鲜蔬菜、瓜果、活畜禽等鲜活农产品的车辆开辟绿色通道，为了确保绿色通道的畅通，各级相关部门严格认真地执行优惠政策，采取各种有力措施，提高特色农产品货运的

通行能力和效率。二是加大扶持政策的出台和落实。对于冷链物流的相关供应链企业给予税收、补贴等方面的优惠。三是要加快完善和规范相关的法规体系，加强监管。相关部门要做好监督管理的协调和配合。

（三）重视供应链管理人才队伍建设，发展智慧供应链

一是要加大专业人才培养力度，积极培训基层供应链人才。要积极引进物流供应链专业人才，配合开展相关的职业技术培训和继续教育。二是要提高供应链体系的信息化水平。为减少流通环节、简化交易手续、提高作业效率，建立健全、监管机制，还需大力推进产销衔接，对已建成的城乡市场主动监测，重点跟踪监测农产品市场运行状况，提升农产品商务预报水平。三是多层次运用"互联网+"战略，培训"网络+供应链"复合型人才。

（四）聚焦重点行业领域，提高供应链协同化水平

就甘肃省而言，在做好供应链体系建设中基础设施建设、物流枢纽配置、物流信息化等工作的基础上，具体的供应链体系建设应重点聚焦于以下几个方面。

1. 以高原夏菜为主的农产品供应链体系

兰州高原夏菜是甘肃省重点工程和兰州市重大建设项目。项目规划建设西北最大、功能完善、运作高效、管理规范、范围多元、业态先进、面向西部、辐射全国、对接东亚、连接西亚的国际高原夏菜副食品采购中心，将形成以"高原菜"为主，瓜果、肉类、水产、副食、粮油、农资、花卉等为辅的交易、展示、贮存、加工和配送中心，并提供检验检测、电子商务、信息发布、休闲旅游、办公住宿等配套服务，同时引入税务、工商、金融、公交等公共服务机构。这一供应链体系主要依托农融网与兰州高原夏菜共同出资成立的兰州高原夏菜电子商务有限公司作为供应链核心企业开展具体业务，以"农融网—高原夏菜"供应链平台为纽带，打造全新农产品全产业链体系，通过服务"三农"，给市民提供安全、优质、放心的农产品，并以此为平台让兰州高原夏菜走向全国、面向世界，也让兰州成为西北地区农产

品通道物流产业集散基地,以增强区域竞争实力,切实保障人民群众的"菜篮子"工程持续健康发展。同时甘肃特色农业电子商务网——高原夏菜网(http://www.gyxcw.net)也是甘肃以高原夏菜为主的农产品供应链体系中的重要企业,但目前这两个网站或企业的运行状况一般,作为这一供应链体系中的核心企业,还没有真正发挥其重要作用。首先,应该重视对网站和企业的宣传,扩大知名度和美誉度,应该在各传统媒体和新兴媒体积极进行广告宣传。其次,与下游的蔬菜供应商的联系程度依然偏低,信息沟通速度和效率偏慢,应该进一步细化供应网点,做到及时、即时的信息对接。最后,对于市场的占领和市场信息的把握程度不够,应加强销售人员的技能培训,提高销售人员的业务能力。

2. 医药城乡配送供应链体系建设

甘肃省正在积极推行农村药品集中配送和城乡药品连锁经营,鉴于医药产品的特殊属性,甘肃省开展医药城乡配送供应链体系建设的重点,一是要把好药品批发企业或药品零售企业的准入关,应该制定较高准入标准以确保医药的品质,加强对遴选企业的考核管理,动态调整配送企业。二是要处理好相关企业与基层卫生机构尤其是农村卫生机构的对接和信息沟通问题,建议责任到人。三是做好药品采购配送过程中的监管,杜绝寻租现象,杜绝贪污腐败问题。

3. 兰州牛肉面产业供应链体系建设

对于兰州牛肉面产业供应链体系的建设重点,一是要坚持市场导向,遵循市场规律,深入调研、合理规划,使牛肉面产业发展体现饮食文化底蕴,适应大众消费需求。科学管理供应链运营,解决兰州牛肉面原料配送问题,致力打造牛肉面示范店及旗舰店,起到引领示范作用。二是相关商务部门要组织专业培训,依托兴陇、玉鼎、顶乐牛肉面职业培训学校和各种职业技术学校的专业班,重点抓好经营理念、经营技能(包括原料配方、制作工艺、烹饪技术等)、标准标识、食品安全、文明经商、服务礼仪等方面的培训。三是做好品牌宣传。多方式、多渠道宣传"兰州牛肉面"品牌,扩大兰州牛肉面的知名度和美誉度,全方位宣传和展示兰州牛肉面的特色餐饮文化,将餐饮文化和旅游文化相结合,鼓励开发和制作兰州牛肉面相关旅游纪念品。

参考文献

卜梅兰:《农产品冷链物流运作风险及其发展路径分析》,《赤峰学院学报》(自然科学版) 2011 年第 9 期。

董葆茗:《低碳经济与我国绿色物流的发展》,《中国流通经济》2011 年第 5 期。

张彤:《甘肃省发展农产品现代物流的思考》,《物流科技》2009 年第 9 期。

韩小花、周维浪、沈莹、后锐:《"以旧换再"闭环供应链策略选择及其定价协调研究》,《管理评论》2018 年第 1 期。

高金阳:《甘肃现代物流创新发展对策研究》,《铁道运输与经济》2018 年第 9 期。

《甘肃省"十三五"铁路发展规划》,甘肃省政府网,http://www.gansu.gov.cn/art/2016/10/31/art_ 4786_ 289779. html。

付滨、龚大鑫、窦学诚:《产业经济学视角的物流产业发展问题研究——以甘肃特色农产品物流为例》,《湖北经济学院学报》(人文社会科学版) 2018 年第 3 期。

刘静、谭克东:《甘肃省物流行业在国家"一带一路"战略中的机遇》,《合作经济与科技》2015 年第 10 期。

《关于积极推进供应链创新与应用的指导意见》,中国政府网,http://www.gov.cn/xinwen/2017 – 10/13/content_ 5231577. htm。

B.12
甘肃物流基地建设及物流行业发展报告

尹小娟*

摘　要： 2018年物流园区建设持续推进，物流行业规模不断扩大，铁路、公路运输总体稳定，航空货邮吞吐量增速位居全国前列，国际贸易物流通道全面推进。目前，甘肃省物流行业发展处于多种政策机遇叠加的黄金时期，但仍面临基础设施建设任务繁重、物流企业发展优势不足、冷链物流等服务业态发展缓慢等问题。全省应紧抓"一带一路"重大机遇，通过加强物流基础设施建设、提高产品附加值和品牌效应、推进城乡配送体系建设、促进物流技术与装备革新、完善政府评价监管机制等政策措施，多方面、多路径促进甘肃物流业健康可持续发展。

关键词： 甘肃　物流基地　物流行业　物流通道建设

物流是物质资料从供应者到需求者的物理运动，是运输、保管、包装、装卸、流通加工、配送以及信息等多项基本活动的统一整体。在经济全球化背景下，随着信息网络技术的不断发展，电子商务迅速崛起，物流行业在国民经济中的重要性不断增加。未来，以信息化、智能化、自动化、网络化、标准化等为特征的现代物流业将代替传统物流业，成为国民经济最重要的基础性产业之一。

---

* 尹小娟，甘肃省社会科学院公共政策研究所副研究员，研究方向为生态经济学、消费经济学。

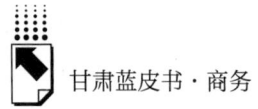

一 甘肃省物流基地和物流行业发展现状分析

（一）物流基地（园区）建设现状分析

"一带一路"背景下，甘肃省加快推进物流园区建设，形成了一批具有一定规模和资源集聚辐射能力的物流基础设施。其中，甘肃（兰州）国际陆港、酒泉嘉峪关国际物流园区等一批综合型物流园区发挥了物流资源整合和示范带动作用；①武威保税物流中心、兰州新区综合保税区等保税物流基础设施建设投入运营并取得显著成效；兰州、酒泉、嘉峪关等节点城市重点建设了一批客运枢纽和货运枢纽场站及物流园区。全省物流基础设施规模不断扩大，资源集聚辐射能力得到进一步提升。

1. 优先发展通道优势，三大国际陆港建设提速

在国家"一带一路"倡议下，为了充分发挥通道优势和枢纽作用，甘肃着力打造兰州、武威、天水三大国际陆港。

甘肃（兰州）国际陆港荣获"全国优秀物流园区"称号。甘肃（兰州）国际陆港位于兰州市西固区，区位优势明显，属于全国城镇体系9大综合交通枢纽、21个物流节点、18个铁路集装箱中心站之列，是一个包括产业发展、用地布局、综合交通、市政工程、环境保护等，集历史风貌特色、交通枢纽特色、产业发展特色于一体的综合性国际港务区，也是甘肃省扩大对外开放、服务国家向西开放战略的重要门户和平台，②还是"一带一路"重要的国际物流中转枢纽和国际贸易物资集散中心，我国面向欧洲和中西亚、南亚陆路进出口货运班列编组枢纽，先后被确定为甘肃国际陆港的龙头、甘肃实施"十三五"规划的标志性工程。③目前，已实施建设核心功

---

① 《甘肃省人民政府办公厅关于印发〈甘肃省"十三五"物流业发展规划〉的通知》，甘肃省发改委网站，2016年8月30日。
② 《甘肃（兰州）国际陆港简介》，甘肃（兰州）国际陆港网站，2017年3月16日。
③ 《"丝路新枢纽 南亚新通道"——甘肃（兰州）国际陆港国家向西开放的枢纽和重要平台》，《兰州日报》2017年7月4日。

能项目、基础道路设施及物流配套项目 27 个，累计完成固定资产投资 273 亿元。兰州铁路口岸正常运行，东川铁路物流中心（铁路集装箱和货运中心）已投入运营，保税物流中心（B 型）初步建成，多式联运项目列入全国首批多式联运示范工程，智慧陆港和国际贸易单一窗口加快建设，国际贸易通道建设和国际班列发运初见成效，开创性地打通了全国唯一一条南亚公铁联运国际贸易通道，中亚国际货运班列实现常态化发运，中新南向通道建设和班列发运有序推进，货运量累计达 880 万吨，进出口贸易额达 30 亿元，[①] 2018 年荣获"全国优秀物流园区"称号。

甘肃（武威）国际陆港建设稳步推进。甘肃（武威）国际陆港位于武威城区东南约 45 公里处，地处"一带一路"黄金节点和中新南向大通道建设重要节点，是服务甘肃、辐射西北、链接亚欧的现代化国际物流平台和加强向西合作交流的重要载体，也是甘肃省"十三五"重点建设的三大国际陆港之一。目前，武威保税物流中心已封关运营，进口肉类指定查验场已通过原国家质检总局正式验收，正在招商启动运营，进境木材检验检疫监管区已报请海关总署正式验收，铁路口岸已列入甘肃省"十三五"口岸发展规划，武威铁路国际集装箱场站项目委托中国铁路兰州局集团有限公司下属公司代建，初步设计已获批复，正在编制施工图和办理文物保护手续。航空口岸依托武威民用机场建设同步申报审批。粮食、整车内陆进口口岸正在积极对接申报前期工作。

甘肃（天水）国际陆港建设步伐不断加快。甘肃（天水）国际陆港位于天水市麦积区三阳川，是根据国家"一带一路"发展规划，甘肃省委省政府打造"丝绸之路经济带"黄金段建设的三大国际陆港之一，是天水市"十三五"规划的重点项目。目前，甘肃（天水）国际陆港正在加快建设，完善基础设施和公共服务 PPP 项目"两评一案"。天水市委常委会议和市政府常务会议审议通过了《甘肃（天水）国际陆港控制性详细规划》，正在编

[①]《大交通大枢纽大物流——甘肃（兰州）国际陆港打造"一带一路"综合物流枢纽综述》，《甘肃日报》2018 年 9 月 12 日。

制综合服务区、生活配套北区、电子商务产业园、农产品深加工及冷链物流产业园等功能区的修建性详规和市政基础设施工程方案。秦州至三阳川城市隧道工程已完成施工招标工作。

2. 积极推进"一带一路"基础建设，重点物流节点城市商贸物流基地建设日益加快

为贯彻落实建设丝绸之路经济带核心区发展战略，全省在兰州、酒泉、嘉峪关等节点城市重点建设了一批客运枢纽和货运枢纽场站及物流园区。

兰州市全力打造西北区域国际、国内货运重要的集散中心。甘肃（兰州）国际陆港建设自2014年初启动建设以来，利用其独特的区位、交通、枢纽、能源、产业等综合优势得到了迅速发展。目前，基础道路设施建设、五大核心功能项目建设以及四大国际贸易通道建设等重点项目正在稳步推进。兰州东川铁路物流中心是兰州局集团公司申报中国铁路总公司规划建成的一级铁路物流基地，地处"甘肃（兰州）国际陆港"核心区域，物流中心总占地3140.3亩，项目总投资49.98亿元，2015年12月逐步开通运营，目前已完成投资的82%，共建有整车货物线路5条、集装箱线路2条、长大笨重线路2条，年到发能力1500万吨。同时，按照甘肃省、兰州市两级政府就东川铁路物流中心申报一类铁路口岸的要求，兰州局集团公司利用集2线北侧原集装箱作业区建成11700平方米海关监管作业区，包括海关监管仓库、海关查验场地、海关卡口及其他相关辅助设施等，完全具备国际货物运输海关监管功能。该基地集大宗商品仓储、集散、监管、跨境运输、货运代理等多种服务于一体，是西北区域国际、国内货运重要的集散中心。①

酒泉市加快交通枢纽和国际空港建设，打造现代物流集散地。目前，酒泉公铁联运集装箱中心站、马鬃山口岸公铁联运站、敦煌航空港联运工程正在稳步推进中。肃州、敦煌两个省级物流节点城市加快建设大宗物资交易、综合物流主导的物流中心，同时加强与中农网、中远海运等大型物流企业合作，积极融入国内现代化供应链物流体系。大力支持酒泉"农厂汇"在本

---

① 《兰州谱写通道枢纽"交响"诗篇》，《国际商报》2018年8月6日。

市建设大宗农产品集散中心，在江苏、广西、贵州、陕西等省市设立仓储中心和营销网点，汇聚西部名优农产品，向全国扩散。

嘉峪关市加强交通设施联通，积极合作开展多式联运。在陆路交通建设上，全市加快推进镜天铁路、G312嘉峪关至清泉段改线工程、S06酒嘉绕城高速公路、S215线改造、S301九条岭—瓜州公路金塔县至嘉峪关段、嘉策铁路改造提升、嘉峪关铁路综合货场、多式联运物流园等项目。积极合作开展多式联运，推动国际海铁联运，在现有"嘉峪关号"中哈铁路集装箱班列基础上，开通嘉兰渝桂铁路集装箱班列，使跨省、跨国联运效率更高、成本更低。在空中航道建设上，加快推进嘉峪关机场改扩建、嘉峪关国际空港建设，同时在现有直航城市的基础上，尽快与重庆、南宁及东南亚有条件的城市开通直航。

张掖市深度融入"一带一路"，农产品潜力巨大。一是积极开拓了中亚和俄罗斯市场。2014年，张掖首次实现对中亚和俄罗斯自营出口贸易。目前全市已有7家企业从事对中亚、俄罗斯等国的出口供货贸易，每年向中亚国家和俄罗斯输出新鲜果蔬均在30万吨以上，供货价值在10亿元人民币以上，自营出口2000万元人民币以上。二是成功打开了东南亚市场。2018年全省首列农产品国际专列从张掖发车，800吨张掖蔬菜运往广西凭祥口岸，经越南进入东南亚市场，这标志着甘肃农产品通过南向通道运输实现常态化运行，改写了传统物流发展的格局，有效推动了张掖市外贸规模扩大和现代物流体系建设，带动了特色优势产业加快发展。

武威市以通道物流和口岸建设为重要抓手，全力发展外向型经济。武威保税物流中心出口退税、进口保税、报关报检等口岸功能正常发挥，中国邮政速递物流、甘肃中欧国际物流等企业已签约入驻开展业务。中欧货运班列"天马号"自2014年底运营以来，累计发运126列，货运总量24.1万吨，货运总值3.32亿美元（经兰州海关驻武监管组监管发运41列，货运总量5.6万吨，货运总值1.41亿美元）。目前依托进境木材检验检疫监管区启动运营，正在组织发运中俄木材货运专列，同时与周边市州合作，争取发运"天马号"南向通道农产品班列。作为发展外向型经济的主战场和招商引资的主平台，甘肃（武威）国际陆港各项基础设施项目正在有序推进。

天水市着力打造"三地两城一枢纽"，① 积极开辟向南发展通道。目前，宝兰客专、麦甘公路建成通车，天水南站综合交通枢纽及站前广场中轴线和中区旅客通道、宝兰客专秦安站枢纽工程等基本建成，陇海铁路元龙段改线工程顺利实施，天平高速公路天水段启动建设。甘肃（天水）国际陆港按"一核、两区、三园、四心"② 总体布局，规划建设期限为2016～2030年，估算总投资167.4亿元。

3. 多式联运港站枢纽体系项目建设不断推进，融入"中新南向通道"进程提速

为融入"一带一路"建设南向通道，甘肃省加快多式联运港站枢纽体系和运行示范基地建设，目前重点建设的项目主要有：①兰州国际港务区多式联运综合体项目。该项目主要包括基础配套设施、物流信息中心、多式联运物流园、保税物流中心（B型）等27项个重点项目。目前，已与郑州陆港、西安陆港等全国首批16家示范港口签订了多式联运企业联盟合作框架协议。③ ②兰州新区空铁海公多式联运项目。项目建设内容包括多式联运集装箱中心站物流基地、中川北站物流园提升工程、兰州新区进境粮食指定口岸、航空物流综保区物流园和多式联运信息平台系统等。该工程被列为国家第二批多式联运示范工程。这些多式联运港站枢纽体系项目建设，将为甘肃产业发展提供现代化物流技术支持，逐步破解"空铁海公"多式联运发展瓶颈，有利于甘肃形成"陆海内外联动、东西双向互济"的开放格局。

2018年5月，甘肃省出台《关于加快发展现代商贸物流业的意见》，指

---

① 全球华人寻根祭祖圣地、中国先进装备制造业基地、中国西部优质特色农产品生产加工基地、中国最佳历史文化旅游城市、中国西部宜居城市和区域信息交通物流枢纽。
② 一个综合服务核（集商务办公、会议会展、文化商贸为一体的综合服务区）、两个生活配套区（即生活配套北区与生活配套南区）、三个产业园（即电子商务产业园、农产品深加工及冷链物流产业园、创新型产业园）、四个中心（铁路物流中心、公路物流中心、保税物流中心、商贸服务中心）。
③ 《大交通大枢纽大物流——甘肃（兰州）国际陆港打造"一带一路"综合物流枢纽综述》，《甘肃日报》2018年9月12日。

出要构建立体商贸物流大通道，强化铁路、公路、民航、水运等多种运输方式，加快互联网信息技术创新，同时构建四大商贸物流节点和六大商贸物流基地，推进陆、海、空、网四位一体联通，形成内外联动、东西互济、南北畅通、向西为主、多向并进的开放新格局。预计到2020年培育5个年营业收入超10亿元、10个年营业收入超5亿元的商贸物流龙头企业，培育5个年交易额超100亿元、5个年交易额超50亿元、15个年交易额超20亿元的大市场。①

（二）物流行业发展概况

1. 全省社会物流总额增幅减缓，物流业景气指数回升

社会物流总额不断增长，增幅减缓明显。如表1所示，2017年全省社会物流总额完成13623.27亿元，同比增长0.3%，增幅比上年同期减少3个百分点。在社会物流总额构成中，工业品物流占全省社会物流总额的49.12%，仍占主导地位。2017年全省工业品物流总额完成6691.2亿元，同比下降1.7%。

物流业景气指数（LPI）反映物流业经济发展的总体变化情况，以50%作为经济强弱的分界点，高于50%时，反映物流业经济扩张；低于50%，则反映物流业经济收缩。② 2018年7月甘肃省物流业景气指数（LPI）为56.0%，比上月回升1.5百分点，快递业景气指数（LPI）为61.0%，高于全省平均水平。各分项指数除物流服务价格、主营业务成本、固定资产投资完成额、从业人员外，均有不同程度的回升。分析认为，7月甘肃省物流业景气指数回升，显示经济运行中的物流需求有所回升。③

---

① 《甘肃省人民政府关于〈加快发展现代商贸物流业〉的意见》，《甘肃商务》2018年5月16日。
② 《中国物流与采购联合会正式发布中国物流业景气指数（LPI）》，中国物流信息中心，2013年3月5日。
③ 《2018年7月甘肃省物流业景气指数为56%》，甘肃省工业和信息化委员会，2018年8月14日。

表1　2016～2017年甘肃省社会物流总额及增速

项目	2016年	2017年
社会物流总额(亿元)	13553	13623.27
增速(%)	3.3	0.3

资料来源：《2016年甘肃省物流业运行情况》《2017年甘肃省物流业运行情况》，甘肃省工业和信息化委员会。

2. 铁路、公路运输总体稳定，航空货邮吞吐量增速位居全国前列

2018年1~8月，全省铁路货运量4031.4万吨，下降0.7%；货运周转量965.5亿吨公里，增长8.8%；全省公路货运量4.1亿吨，增长8.2%；货运周转量702.4亿吨公里，增长7.2%。兰铁集团积极组织中欧中亚及南向通道班列，在兰渝线大力拓展煤炭、粮食、中药材等货源。精心打造"河西号"零散货物运输品牌，确保货运量稳中有升。深入公路运量较大的重点企业，发展重点"公转铁"项目。端午小长假期间，兰铁集团公司共发送货物82.86万吨，日均装车3366车，创造了2018年日均装车新纪录。

2017年甘肃省民航旅客吞吐总量为1440万人次，同比增长了16.65%；航班运输起降11.87万架次，同比增长了11.31%；货邮吞吐量6.33万吨，同比增长了2.22%。其中，兰州中川国际机场旅客吞吐量1281.64万人次，同比增长17.61%，连续三年实现"两百万级"增长，排名上升至全国第27位。敦煌、嘉峪关支线机场旅客吞吐量首次突破50万人次和40万人次①。2018年10月5日，嘉峪关机场累计完成旅客吞吐量43.66万人次，运输起降3940架次，货邮吞吐量1055吨。此外，2018年1月31日陇南机场正式获得民用航空运输机场运营资格，具备了通航的所有条件。目前，陇南机场开通了至兰州、青岛、重庆、北京等地的航线航班，今后将逐步与全国各大城市、地区架起空中桥梁，切实改善陇南地区居民出行条件，拉长产

---

① 《2017年甘肃省民航旅客吞吐量达1440万人次》，人民网，2018年2月7日。

业链带动地区经济发展。①

3. 跨境物流设施规模不断扩大，积极发展国际物流业务

全省跨境物流设施建设跨越发展，开放平台支撑作用逐步增强。在国际物流基础设施建设方面，"十二五"期间，兰州中川机场、敦煌机场国际航空口岸实现全方位开放；武威保税物流中心、兰州新区综合保税区相继封关运营；具备国际货运和物流配送能力的兰州国际港务区已部分运营，甘肃（武威）国际陆港建设稳步推进，甘肃（天水）国际陆港建设进度不断加快。在国际物流货运组织方面，省内兰州、敦煌、嘉峪关三大国际空港已具备国际航空货运能力，2016年6月8日"兰州—迪拜"国际货运包机成功首飞，打通了兰州至西亚的空中国际物流通道；2016年12月兰州中川机场开通第二条国际货运通道"兰州—达卡"航线。"兰州号""天马号""嘉峪关号"等国际集装箱班列相继开行，并实现常态化运营，在中亚和欧洲国家形成了一定的辐射能力。② 国际物流基础设施建设及国际物流货运组织方面的显著进步，为甘肃省国际物流及外向型产业发展提供了有力支撑。

省级物流平台公司成功组建，积极发展国际物流业务。"南向通道"是在中新（重庆）战略性互联互通示范项目框架下，以重庆为运营中心，中国西部相关省区市与新加坡等东盟国家通过区域联动、国际合作共同打造、有机衔接"一带一路"的复合型国际贸易物流通道。③ 为全面落实渝桂黔陇四省区市《关于共建中新互联互通南向国际贸易物流通道的工作方案》，甘肃省国际物流有限公司于2018年3月31日挂牌成立。该公司的组建运营是推动中新南向通道建设的一项重点任务，有助于进一步完善集聚物流、人流、信息流的协同配套推进机制，研究提出资金、政策等方面的支持措施，并积极引入战略投资者进行混合所有制改革，把资源优势、通道优势加快转

---

① 《陇南通航路，入蜀上青天——甘肃省陇南成县机场投运》，《中国交通报》2018年4月16日。
② 《甘肃省人民政府办公厅关于印发〈甘肃省"十三五"物流业发展规划〉的通知》，甘肃省发改委网站，2016年8月30日。
③ 《中新互联互通建设加快推进》，《经济日报》2017年11月27日。

化为经济优势，着力促进甘肃省对外开放水平。南向通道国际班列自2017年9月29日首列运行以来，截至2018年8月底，省国际物流有限公司共协调发运班列21列，货值24653.3万元，货重18936吨，其中外贸19188.3万元，内贸5465万元。货物主要以苹果、洋葱、铝卷、铝合金锭为主，主要发往新加坡、泰国、印度、缅甸等国家。下一步，甘肃省物产集团公司积极引入战略投资者对甘肃省国际物流有限公司进行混改，创新机制体制，创新商业模式，进一步增强活力，充分释放甘肃省的国际物流潜力。

4. 四大国际贸易通道建设全面推进，外向型战略平台初步构建

2018年1~7月，"兰州号""天马号"国际货运班列共发运87列（3886车），累计货运60806.39吨，货值18524.29万美元。其中，中亚共发运50列（2302车），累计货运37735.99吨，货值10827.29万美元；南亚共发运36列（1534车），累计货运21770.4吨，货值7670万美元；中欧回程国际班列共发运1列（50车），累计货运1300吨，货值27万美元。截至7月底，中新南向通道国际货运班列累计发运19列（541车），累计货运16726吨，货值20757万元人民币。兰州新区综合保税区内企业进出口4.76亿元人民币，其中，进口1.21亿元，出口3.55亿元。①

中新南向国际贸易通道班列密度逐步加大。2017年9月29日兰渝铁路开通之际，成功首发了2列中新南向通道国际货运班列（兰州—广西钦州港、兰州—重庆）。截至2018年9月初，中新南向通道国际货运班列共计发运22列616组，货重约1.92万吨，货值约2.4亿元，货物主要以苹果、洋葱和部分工业品为主；其中，回程班列1列25组、1200吨，货值约500万元，货物主要是进口氧化铝、进境水果和冰冻水产品等。②

中亚国际贸易通道实现常态化运营。2017年5月18日，由中铁集捷时特公司牵头组织，兰州国际港多式联运公司配合，甘肃（兰州）国际陆港

---

① 甘肃省商务厅综合处：《全省进出口保持快速增长——2018年1~7月全省进出口运行情况》，《甘肃省进出口运行参考》2018年第7期。
② 《大交通大枢纽大物流——甘肃（兰州）国际陆港打造"一带一路"综合物流枢纽综述》，《甘肃日报》2018年9月12日。

东川站作为始发站，组织发运兰州—吉尔吉斯斯坦的中亚国际货运班列，是兰州铁路口岸封关运营后发运的首列国际班列。现在每周组织发运2~3列，是发运最多、最成熟的中亚班列，已累计发运91列4204组，货重约8.3万吨，货品主要以轮胎、瓷砖、电器和日杂用品为主，货值约32.8亿元；其中，回程4列52组、2812吨，货值3406万元，由哈萨克斯坦装载进口铬铁矿石抵达甘肃（兰州）国际陆港清关。①

南亚国际贸易通道建设步伐不断加快。南亚公铁联运班列是甘肃省落实国家"一带一路"倡议的创新之举，畅通了16亿人口的南亚市场，辐射印度、孟加拉国、巴基斯坦等国家和地区，有力促进了中尼边境贸易大幅增加。2016年5月11日，甘肃省首次开通"兰州号"（兰州—日喀则—加德满都）南亚公铁联运国际货运列车并发车43车86个标准箱。截至目前，已发运3394车、5万余吨，主要商品为日用百货及食品。②

中欧国际贸易通道建设稳步推进。在成功发运"兰州—德国杜伊斯堡"中欧试验班列的基础上，7月2日，组织发运首趟中欧国际货运回程班列，发运50组，货重1300吨，货源主要是俄罗斯、白俄罗斯、乌克兰等国原产的在俄罗斯新西伯利亚地区加工完成的樟子松、冷杉松板材。

二 甘肃省物流行业发展面临的机遇与挑战

（一）物流行业发展的机遇

宏观物流发展加深机遇。在经济全球化背景下，信息网络推动电子商务快速发展，物流行业在国民经济中的地位越来越重要。国家出台了一系列规划意见，不断加强物流基础设施建设、推动物流行业积极可持续发展。例如《关于加强物流短板建设促进有效投资和居民消费的若干意见》《"十三五"

---

① 《兰州国际港务区：打通全国唯一一条南亚国际贸易通道》，《兰州日报》2018年7月2日。
② 《兰州国际港务区：打通全国唯一一条南亚国际贸易通道》，《兰州日报》2018年7月2日。

现代综合交通体系发展规划》《全国物流园区发展规划（2013～2020年）》《物流业发展中长期规划（2014～2020年）》《"十三五"铁路集装箱多式联运发展规划》《关于开展物流园区示范工作的通知》《物流业降本增效专项行动方案（2016～2018年）》《支持现代物流业发展战略合作协议》等。

向西开放机遇。随着国家"一带一路"建设的实施，甘肃逐步由昔日的内陆腹地转为向西开放的前沿。近年来，甘肃省委省政府抢抓"一带一路"建设机遇，立足国家赋予甘肃的"向西开放的重要门户和次区域合作战略基地"的定位，[1]坚持将道路联通作为基础性工作，稳步推进三大空港[2]、三大陆港[3]建设，积极推进海关特殊监管区和各类指定口岸建设，物流通达和集散能力得到进一步提升，甘肃的黄金地段效应初步显现。同时，甘肃不断强化与"一带一路"沿线国家在人文、经贸等方面的交流合作，推动全省对外开放不断取得重大进展，全力打造向西开放"新高地"。

南向通道建设机遇。2017年8月底，渝桂黔陇四省区市在重庆签署了合作共建中新互联互通项目"南向通道"的框架协议和关检合作备忘录。该通道将利用铁路、公路、水运、航空等多种运输方式，由重庆向南经贵州等省份，通过广西北部湾等沿海沿边口岸，通达新加坡及东盟主要物流节点，进而辐射南亚、中东、大洋洲等区域；向北与中欧班列连接，利用兰渝铁路及甘肃的主要物流节点，连通中亚、南亚、欧洲等地区。南向通道的建设打通了西部地区最便捷的出海通道，有效缩短了西部地区货物的出海距离，[4]是甘肃向南开放及其重要的国际贸易物流通道。2018年，甘肃省研究制定《甘肃省商务厅中新南向通道建设推进计划（2018～2020年）》，印发《关于印发甘肃省南向通道货运班列物流补贴资金管理办法（试行）》的请示等规划意见，不断推进"一带一路""中新南向通道"建设与区域产业合

---

[1] 中共甘肃省委理论学习中心组：《服从服务国家战略大局　打造我国向西开放新高地》，《求是》2017年第8期。
[2] 兰州、敦煌、嘉峪关三大国际空港。
[3] 兰州、天水、武威三大国际陆港。
[4] 《将"南向通道"培育成稳定发展的国际贸易物流通道 中新互联互通建设加快推进》，《经济日报》2017年11月27日。

作，探索现代物流合作发展新模式。

刺激内需发展国内贸易机遇。近年来，甘肃省出台一系列政策措施，通过加大市场建设、推动电商发展、降低市场运行成本等，千方百计搞活城乡流通市场，促进消费稳定增长，为全省经济转型发展助力。[1] 全省消费品市场需求不断增长，对外贸易结构加快调整，有效带动了物流需求的较快扩张。省内陆续出台了多项规划和政策措施支持物流基地与行业发展。2016年8月甘肃省人民政府印发了《甘肃省"十三五"物流业发展规划》；2017年1月省发改委出台《物流业降本增效专项行动实施方案（2016～2018年）》；2017年3月省商务厅印发《关于贯彻物流业降本增效专项行动实施方案（2016～2018年）落实措施》，推动物流行业积极、持续发展。

（二）物流行业发展的挑战

1. 基础设施建设任务繁重

一是全方位立体化交通基础设施网络化建设程度偏低。全省虽在交通基础设施建设方面取得了一定成绩，但还存在综合交通运输体系建设缓慢、交通网络化程度低、"断头路"和"瓶颈路"较多等问题。[2] 目前，铁路运输网络贯通全省，公路路网初步形成，县县通高速还未实现。二是省级之间的交通联动不足。作为西北铁路、公路、航空的综合交通枢纽，甘肃兰州虽然在地理位置上具有一定优势，但受自然环境恶劣和经济发展落后的影响，仍未发挥出对西北地区"互联互通"的带动作用，与郑州、武汉、广州这三大交通枢纽城市相比更是落后。甘肃省、青海省、宁夏回族自治区等西北省区在基础设施、发展战略方面联动不足，对外联系薄弱，难以发挥西北城市群经济圈的吸附效应和带动效应。三是物流基地建设滞后，发展后劲不足。省列重大物流基地（园区）等绝大多数项目完成了项目选址、可行性研究等前期工作，并基本完成总体规划和控制性详细规划编制，开工时间总体滞

---

[1] 《甘肃推进内贸发展促消费扩内需纪实》，《甘肃日报》2016年3月28日。
[2] 《甘肃省人民政府办公厅关于印发〈甘肃省"十三五"物流业发展规划〉的通知》，甘肃省发改委网站，2016年8月30日。

后成为甘肃项目建设中存在的突出现象。部分省列重大物流基地（园区）项目仍处于可行性论证阶段，缺乏有实力的民间投资主体的参与和支持，延期开工现象普遍存在。此外，部分基地处于季节性闲置状态，物流基地（园区）与综合保税区集聚辐射效应尚未完全发挥。

2. 物流企业发展优势不足

一是企业发展成本高。甘肃地处内陆，地形复杂，自然地理条件极大地约束了甘肃物流企业的发展。地理区位偏远，区内交通不便利，增加了物流企业的发展成本。二是物流企业经济规模小。与外省相比，省内物流企业知名度不够、效益不够突出。企业融资渠道不畅，流动资金不足仍是困扰企业发展的最大难题。三是高端物流企业数量少。小型物流企业难以保证采购、生产、质量、物流等方面同时高质量发展，无法为那些外资企业、医药企业等特殊行业提供高端物流服务。四是物流专业人才短缺。随着物流行业由传统物流业向现代物流业过渡，物流企业对专业、高端物流人才的需求越来越大，包括一些从事采购、仓储、运输等操作型人才和从事销售、供应商管理、体系维护的管理型人才。虽然很多高校开设了物流专业，但是教学过程普遍存在"重理论轻实践"的现象，再加上物流行业发展迅速、专业知识更新不足，高校培养的物流专业人才从质和量上皆不能满足市场需求。物流人才本就不足，再加上外资物流企业储备和垄断物流人才的影响，物流专业人才短缺不仅是甘肃省，也是全国的物流企业长期面临的问题。

3. 冷链物流等服务业态发展缓慢

冷链物流业态在甘肃省目前尚处于起步阶段，业态发展缓慢，制约行业发展。一是冷链物流成本高，制约生鲜电商行业发展。目前，冷链运输主要分为从产地运输到城市的干线物流和城市内部的物流两部分，存在产地"最先一公里"和城市配送"最后一公里"的突出问题。"全程冷链、送货上门"要求生鲜电商增加产品包装成本、员工培训成本，甚至为了提高客户物流体验自建物流。高昂的成本严重制约生鲜电商行业发展。二是冷链物流产业链难打通，对农畜产品精品化、高端化路线支撑不足。冷链物流设施不健全，尚未形成完整的产业链条，直接制约了农产品走出去的时效性和现代农业的发展。全省粮食、蔬菜、瓜果、中药材等农作物种植和畜牧养殖已初具规模，其中高原夏菜、苹果、中药材等农产品对带动农民增收致富作用明显，亟须冷链物流等业态加快发展，提升农畜产品的附加值和竞争力。

三 促进甘肃省物流行业发展的政策建议

（一）加强物流基础设施建设，提高物流行业硬件水平

加强流通网络体系建设，借助丝绸之路和南向通道建设，打开省内、省级、国际物流通道。一要推进大流通网络建设。以流通产业集聚带的消费集聚、产业服务、民生保障功能为重点，形成"商贸基地—区域中心—县乡流通结点"三层次商贸物流结构，着力提升连接国内国际市场、城市和农村市场的能力，形成畅通高效的骨干流通网络。二要持续改善贫困地区路网结构，不断完善农村物流网络。目前，部分地区特别是临夏州、甘南州等一些贫困乡村农村物流"最后一公里"还存在配送难、配送贵的问题。2018年，全省围绕构建骨架和完善网络的要求，建设支持都市经济、通道经济、开放经济、县域经济发展的交通走廊，统筹路网、民航、物流、基础管网项目建设，积极补齐基础设施短板。在交通物流基础设施领域安排省列重大项目52个，年度计划投资683.4亿元，占年度总投资的55.1%（其中安排铁路、公路、航空、轨道交通等重大交通基础设施项目42个，年度计划投资648.2亿元，占年度总投资的52.3%；安排物流、基础管网等重大项目10个，年度计划投资35.2亿元，占年度总投资的2.8%）。[①]

---

① 《甘肃省2018年省列重大项目一览 看看你家乡有几项》，甘肃省发改委网站，2018年2月23日。

（二）提高产品附加值和品牌效应，促进农村物流行业发展

一要定期开展调研，确立牛、羊、菜、果、薯、药等主导农牧产业。通过省内统筹、省外调入甚至国外进口等方式，确保品种优势。二要推动农业高质量发展，大力发展特色农业、戈壁农业、循环农业和品牌农业。目前，全省贫困地区特色农产品取得"绿色"、"有机"、"无公害"、"地理标志保护"和"甘肃名牌产品"认证等较少，标准化程度低，农产品网货知名品牌较少。三要加强产销对接，紧盯京津沪、粤港澳、东西部扶贫协作地区、周边区域大市场特别是成渝地区，以及省内大中城市。通过对口单位帮扶，拓宽销售渠道，促进产业规模优势。例如庆阳市的小米、荞麦面、胡麻油等小杂粮产业，在省地税局的帮助下走进兰州市场，为当地贫困群众拓宽增收渠道。

（三）推进物流配送体系建设，提升物流服务一体化、网络化水平

一要建设物流企业系统，推动物流企业向规模化、集约化发展。通过培育和引进，支持物流企业做大做强，在技术水平、业务能力、核心竞争力等方面取得突破；要鼓励运输、仓储等传统物流企业向上下游延伸服务，推进物流业与其他产业融合、协同发展；引导物流企业共同投资建设重要物流节点的仓储设施，合理布局物流园区（中心、基地），提高服务能力和集约化发展水平；[1] 鼓励商贸物流企业依托商业、邮政等网点，形成覆盖城乡的物流配送网络，不断提高配送的规模化和协同化水平。只有实现物流企业的规模化、集约化经营，才能提升物流服务的一体化、网络化水平。二要健全末端集配系统。积极在商贸企业、物流企业中推广统一配送、越库配送、共同配送和供应商管理库存等现代物流配送方式，鼓励连锁超市提高商品统一配送率；支持传统仓储企业和批发市场向现代物流配送中心转变，大力发展低

---

[1]《国务院关于印发物流业发展中长期规划（2014~2020年）的通知》，中国政府网，2014年10月4日。

温仓储、专业仓储和立体仓储；支持连锁餐饮企业发展现代化主食配送中心，提升餐饮企业服务品质，积极发展城际配送。① 三要建立完善市、县、乡农产品市场体系，发展冷链物流。甘肃农产品资源丰富，物流发展条件得天独厚。目前拥有冷藏库近 2000 座，冷库总容量约 450 万吨，万吨以上冷链流通企业 23 家。在此基础上应积极发展冷链物流，支持商贸物流企业在肉类、水产品等主产区和分销地市场建设预冷、运输、储存等冷链物流设施，提高冷链流通率。

（四）促进物流技术与装备革新，推动传统流通产业转型升级

一要加快建设物流公共信息服务平台。积极融入"一带一路"，以大数据、云平台为支撑，加快建设以丝绸之路信息港为代表的信息服务平台，为甘肃发展通道经济提供专业、特色的信息服务，实现国内外物流信息共享。二要不断提高物流信息化服务水平。运用信息技术促进物流配送等 APP 的开发使用，促进人员、货源、车源和物流服务等信息的高效匹配，有效降低货车空驶率，提高配送效率。在大数据、云计算、物联网等先进技术的支持下，通过构建智能仓储体系、优化物流运作流程等方式不断提高商贸物流的自动化、智能化水平和运转效率，② 最终形成物流上下游行业及金融信贷等服务行业协调联动的智慧物流体系。三要积极推进农村物流行业发展。真正发挥县、乡、村三级电商公共体系的作用，结合构建物流信息互联网络，不断深化物流行业与农村电商平台的合作。在提升快递物流行业发展水平方面，应加快实现城乡客运公交一体化全覆盖，不断整合资源，降低物流成本，提高物流效率。对于偏远地区可积极尝试、推广无人机等新型运输方式。

（五）完善政府评价监管机制，推动落实企业主体责任

一要充分发挥商务部门对市场秩序的监管职责，在服务规范和标准制

---

① 《力促物流业流光溢彩 打造内陆开放新高地》，《西部开发报》2016 年 11 月 9 日。
② 《国务院关于积极推进"互联网+"行动的指导意见》，全国工商联网站，2016 年 3 月 18 日。

定、公共物流服务定价、物流市场秩序维护、物流信息公开真实、物流服务负外部性等方面加强监管,完善相关市场监管政策。按照"政府引导、行业自律、公平公正、社会监督"的原则,按照《物流企业信用信息管理办法》建立物流企业信用制度,促进经济社会的健康发展。二要建立重点企业直报系统,确保重点企业物流信息及时统计汇总;定期开展物流企业典型抽样调查或物流企业普查,切实掌握市场动态;提高统计分析水平,及时发布统计信息,指导企业经营活动。

物流产业在国民经济中的作用越来越大,其发展程度逐渐成为衡量一个国家现代化程度和综合国力的重要标志之一。与发达省份相比,目前甘肃省物流行业还处在初步发展阶段,整体表现为总额逐渐增加、成本逐渐降低、效率不断提高等几个特点。近年来随着"一带一路""南向通道"等相关政策的稳步推进,甘肃省物流行业正处在多种政策机遇叠加、加速发展的黄金期,发展前景十分广阔。全省上下应抓紧机遇,全力建设外向型物流枢纽基地,助力国家提高进出口货物的集散能力,形成内外相同的基础设施网络和联通国际国内的物流大通道,增强物流行业对"一带一路"等的支撑作用。同时,从现代物流行业及供应链体系的发展前景来看,农村物流势必在农村经济发展中起到关键作用。农村物流市场很大,甚至可以说甘肃农村物流仍是未被开发的市场。新时期下,甘肃应在新模式的启发下寻求突破,想方设法推动农村物流从普及到高效的转型发展,早日实现农村物流的市场化、专业化和社会化。

B.13 乡村振兴战略下甘肃农村物流配送体系建设报告

胡圣方*

摘　要： 农村物流配送体系建设是农产品上行和工业品下行的关键环节，是实施乡村振兴战略的重要内容。当前，甘肃农村物流配送体系建设取得较大成效，农产品物流总额持续增长，农村物流市场体系加快建设，市、县、乡三级物流体系初步形成。但依然面临农村物流配送基础设施较为落后、农村物流配送信息化程度不高、农村物流配送专业人才较为缺乏等方面的挑战，应培育和壮大农村物流市场经营主体，不断提升农村物流配送信息化水平，大力推动产销衔接和农村电子商务发展。

关键词： 甘肃　乡村振兴战略　物流配送体系

农村物流配送体系建设是农产品上行和工业品下行的关键环节，是实施乡村振兴战略的重要内容。当前是甘肃着力发展通道物流产业和加快脱贫攻坚进程的关键时期，加强甘肃农村物流配送体系建设是推动通道物流产业发展和促进农民脱贫增收的现实路径和必然选择。因此探讨乡村振兴战略下甘肃农村物流配送体系建设具有重要的现实意义。

---

* 胡圣方，甘肃省社会科学院公共政策研究所副研究员，研究方向为电子商务。

一 乡村振兴战略下农村物流配送体系建设的重点内容

实施乡村振兴战略是党中央深刻把握现代化建设规律和城乡关系变化特征、顺应亿万农民对美好生活的向往、对"三农"工作做出的重大决策部署。农村物流配送体系建设是乡村振兴战略的重要内容,在乡村振兴战略下,其发展主要趋势体现在保障粮食安全、加强城乡融合、优化网络布局等方面。

(一)保障粮食安全

"中国粮食!中国饭碗!"2018年9月25日国家主席习近平在黑龙江建三江考察时意味深长地说道。农业兴则国家兴,保障国家粮食安全和重要农产品的有效供给,把中国人的饭碗牢牢端在自己手中,是时代发展的必然选择和国际形势变化的客观需要,也是乡村振兴战略的重点内容。保障粮食安全,必须加快农村物流体系建设,《乡村振兴战略规划(2018~2022年)》就明确提出:"要加快完善粮食现代物流体系,构建安全高效、一体化运作的粮食物流网络。"甘肃作为西北农牧交错区,农业颇具特色优势,但省内口粮长期短缺,而玉米、马铃薯、特色小杂粮等粮食又相对过剩,迫切需要深化粮食产销合作,进一步完善和优化粮食现代物流体系,加强仓储物流基地建设,提高粮食安全保障能力。

(二)加强城乡融合

城乡融合发展是区域发展的历史趋势和乡村振兴的战略选择。《乡村振兴战略规划(2018~2022年)》明确提出:"坚持城乡融合发展。推动城乡要素自由流动、平等交换,推动新型工业化、信息化、城镇化、农业现代化同步发展,加快形成工农互促、城乡互补、全面融合、共同繁荣的新型工农城乡关系。"城乡融合发展以城乡物流配送体系建设为前提,通过城乡物流配送体系的优化和完善促进农产品上行和工业品下行。如《乡村振兴战略规划（2018~2022年）》提出"加强农商互联，密切产销衔接，发展农超、农社、农企、农校等产销对接的新型流通业态"。在城乡交通融合上，要"推动城市公共交通线路向城市周边延伸，鼓励发展镇村公交，实现具备条件的建制村全部通客车。加大对革命老区、民族地区、边疆地区、贫困地区铁路公益性运输的支持力度，继续开好'慢火车'"。

（三）优化网络布局

近年来随着国家电子商务进农村综合示范工程的不断推进，我国农村电子商务快速发展。商务部数据显示，2017年全国农村实现网络零售额1.24万亿元，同比增长39.1%。截至2017年12月，农村网店达985.6万家，较2016年增加169.3万家，同比增长20.7%。其中，农村实物类产品网络零售额7826.6亿元，同比增长35.1%，占农村网络零售总额的62.9%。农村电子商务的蓬勃发展极大激发了农村消费市场和产业内生动力，推动了城乡产业和消费的互补和融合，构建了城乡市场的紧密联系。《乡村振兴战略规划（2018~2022年）》就明确提出："加快构建农村物流基础设施骨干网络，鼓励商贸、邮政、快递、供销、运输等企业加大在农村地区的设施网络布局。加快完善农村物流基础设施末端网络，鼓励有条件的地区建设面向农村地区的共同配送中心。"

二 甘肃农村物流配送体系建设的发展趋向

甘肃农村物流配送体系建设沿着农产品主产区、商贸物流企业、物流基地与节点、空港陆港大通道的区位优势逻辑布局，其发展趋向主要体现在三个方面，即政策环境极大改善、网络布局大幅优化、流通服务加快发展。

（一）政策环境极大改善

随着甘肃通道物流产业的加紧建设、脱贫攻坚的快速推进和乡村振兴战略的实施，甘肃农村物流配送体系建设的政策环境极大改善，2018年甘肃相继推出了《甘肃省关于加快发展现代商贸物流业的意见》《甘肃省通道物流产业发展专项行动计划》《甘肃省市县乡农产品物流体系建设实施方案》《甘肃省特色农产品冷链物流体系建设实施方案》等文件,随着这些政策的相继落实,甘肃农村物流配送体系建设必将得到快速推进和重大发展。

《甘肃省关于加快发展现代商贸物流业的意见》提出要着力健全城乡商贸物流配送体系,大力发展冷链物流,促进快递与相关行业联动发展,加快商贸物流标准化普及应用。同时《甘肃省通道物流产业发展专项行动计划》提出实施冷链物流建设计划,力争到2020年,全省各类冷链仓储静态库容由目前的500万吨提升到1000万吨。

《甘肃省市县乡农产品物流体系建设实施方案》提出12项重点任务,即全力推进大型商品交易市场建设、大力开展农产品产地批发市场建设、加快农贸市场建设、着力构建冷链物流体系、打通农产品物流"最初一公里"、积极建设商贸物流园区、推动中药材仓储物流基地建设、开展大宗农产品产销对接、完善农村物流服务体系、扩大特色产品网销规模、积极扩大农产品出口、打造全省农产品物流大数据平台等。

《甘肃省特色农产品冷链物流体系建设实施方案》提出10项重点任务,即支持建设产地预冷继配中心、支持建设产地低温加工仓储设施、支持建设冰鲜水产品综合冷库、支持建设田间地头小型冷库、支持建设冷链物流园区、支持发展冷链多式联运、支持开展与销地市场冷链合作、支持建设冷链物流监控平台、支持冷链企业开展共同配送、支持内外贸深度融合发展。

(二)网络布局大幅优化

随着甘肃深入实施"一带一路"建设和加大通道物流的战略布局,甘肃物流网络布局大幅优化,极大提升了甘肃物流中转能力和增强了甘肃的通道物流枢纽功能。在拓展方位上,沿陇海、兰新线的西向通道,沿兰渝线的南向通道,以及包兰、兰青、青藏线,构成了横贯东西、连接南北的商贸物流大通道。从节点城市看,兰州国家级流通节点城市,天水、酒泉区域级流通节点城市,以及甘肃的平(凉)庆(阳)、金(昌)武(威)、酒(泉)

嘉（峪关）等地区级流通节点，成为支撑甘肃商贸流通的骨干节点。从物流基地看，以发展绿色农产品冷链物流和国际物流为重点的张掖基地，发展有色金属、化工产品和居民消费品物流为重点的白银基地，发展马铃薯、中药材、工业原材料物流为重点的定西基地，发展特色农副产品加工、矿产品加工物流为重点的陇南基地，发展清真食品加工、民族用品、日用品销售物流为重点的临夏基地，发展农畜产业和产品物流为重点的甘南基地，构成商贸物流的市场支撑。

甘肃农业极具特色优势，草食畜、优质林果、高原夏菜、马铃薯、中药材、现代种业以及戈壁农业是甘肃农业的重要支撑，围绕农业增产增效、农民持续增收、居民消费升级、保障食品安全和脱贫攻坚，甘肃加快发展现代商务物流业，着力健全完善市县乡农产品物流体系。从市场建设看，加快中药材产地市场、蔬菜水果等农产品产地批发市场、农贸市场的建设，如《甘肃省市县乡农产品物流体系建设实施方案》提出，到2020年，建成20个农产品产地批发市场。从物流体系看，加强冷链物流、商贸园区建设，如《甘肃省市县乡农产品物流体系建设实施方案》提出，到2020年，每个市州完成一家大型商贸物流园区与三大国际陆港、三大国际空港、六大商贸物流基地以及国内商贸物流基地有效衔接。从物流配送看，重点开展农产品产销对接、推动农村物流配送资源整合，如"农超对接""农校对接""农企对接""农军对接""农餐对接"等。

（三）流通服务加快发展

随着"互联网+交通"的深入发展以及商贸流通网络布局的大幅优化，甘肃流通服务将呈现加快发展态势。从大数据看，商贸流通将和大数据结合，形成功能齐全、智慧互联的一站式商贸物流公共信息服务网络。从物联网看，商贸流通有望加快普及条形码、电子数据交换、全球定位系统、无线电射频、不停车电子收费系统等信息技术，促进从上游供应商到下游销售商的全流程信息共享。从电子商务看，物流配送将继续推进县级电子商务服务中心、乡级电子商务服务中心、村级电子商务服务中心三级公共服务体系建设，促进农产品网络营销和订单农业发展，提升快递物流配送能力。

物流配送服务的快速发展必然带动与之配套的管理体制的深刻变革，以使两者之间相互促进、良性互动。从农产品检验检测看，将加强第三方检测机构为农产品企业提供专业化服务能力，建立和完善政府部门监督抽检与第三方检测相配合的检验检测制度。从农产品质量安全管理看，将推进原产地追溯管理。从市场信用体系看，将推动农产品生产经营者信用记录建设，形成违法违规行为"黑名单"制度，实现信用信息共享机制。

三 甘肃农村物流配送体系建设的发展状况

随着乡村振兴战略的逐步实施，农业、农村和农民将发生巨大的改变，尤其是农业将可能迎来全面振兴。甘肃农产品具有特色优势，发挥甘肃农产品优势必须加强农村物流配送体系建设。当前甘肃农村物流配送体系建设主要体现在农产品物流总额持续增长、农村物流市场体系建设加快、县乡村三级物流体系初步形成等三个方面。

（一）农产品物流总额持续增长

近年来，随着人民生活水平提高和我国高质量发展推进，甘肃高原夏菜、优质苹果、中药材、清真食品等极大拓展了内外销渠道，增加了农民收入、满足了城市消费需求和促进了农产品外贸出口，农产品物流也呈现持续增长态势。甘肃省工业和信息化委员会数据显示，甘肃农产品物流总额从2014年的1618.8亿元上升至2017年的1865亿元，增长15.21%。但农产品物流总额的增长率从2014年的6.7%下滑到2017年的1.69%，这客观说明甘肃农产品具有较强的市场需求，但农产品物流体系建设还较为滞后（见图1）。

（二）农村物流市场体系建设加快

甘肃农村市场经济较为落后，农村市场建设相应滞后，甘肃省第三次全

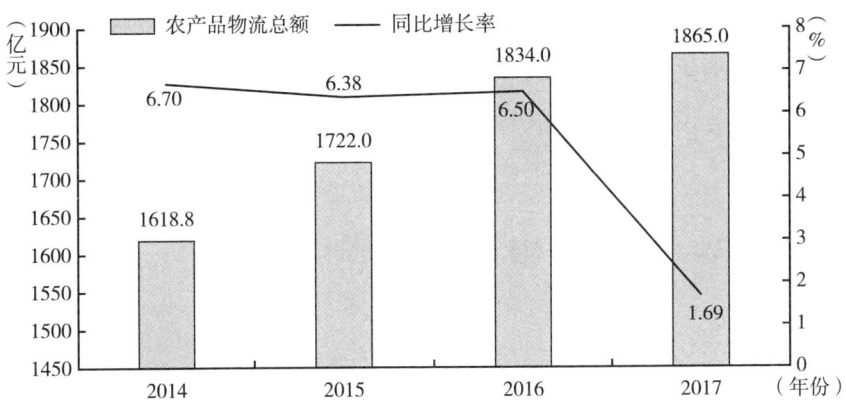

图 1　2014~2017 年甘肃农产品物流总额及增长率

国农业普查主要数据公报显示，2016 年末，甘肃 53.0% 的乡镇有商品交易市场，30.5% 的乡镇有以粮油、蔬菜、水果为主的专业市场，13.0% 的乡镇有以畜禽为主的专业市场，1.5% 的乡镇有以水产为主的专业市场。27.3% 的村有 50 平方米以上的综合商店或超市，4.4% 的村开展旅游接待服务，21.0% 的村有有营业执照的餐馆。

随着甘肃物流通道产业的深入实施、国内农产品消费市场扩大以及国际贸易形势的变化，甘肃加快建设农贸市场体系。推进大型商品交易市场市州全覆盖、农产品产地批发市场县区全覆盖、县乡便民市场重点乡镇全覆盖，加快构建覆盖城乡的市场流通网络。当前，中国西北三甲集皮毛交易中心、陇西首阳中药材产地交易市场、定西马铃薯综合交易中心、陇南特色农产品交易市场、张掖玉米种子暨农产品交易中心、静宁金果国际博览城、兰州国际高原夏菜副食品采购中心、甘肃巨龙农产品综合批发市场、白银市甘肃邦农现代农业物流园、武威昊天农产品交易暨仓储物流中心、武山洛门森源蔬菜果品市场等 11 个大市场累计投资 84 亿元。甘肃三个"全覆盖"工程的建设将极大带动特色农产品销售，促进农村物流体系的健康发展。

（三）市县乡三级物流体系初步形成

随着电子商务和快递业务的发展，单位与居民物品物流总额快速增长。

据甘肃省工业和信息化委员会数据，单位与居民物品物流总额从2014年的13.5亿元增长至2017年26.74亿元，并持续保持20%左右的增长速度（见图2），这充分说明甘肃要加快建设县乡村三级物流体系，促进农产品上行和工业品下行，满足农民生产生活需求。

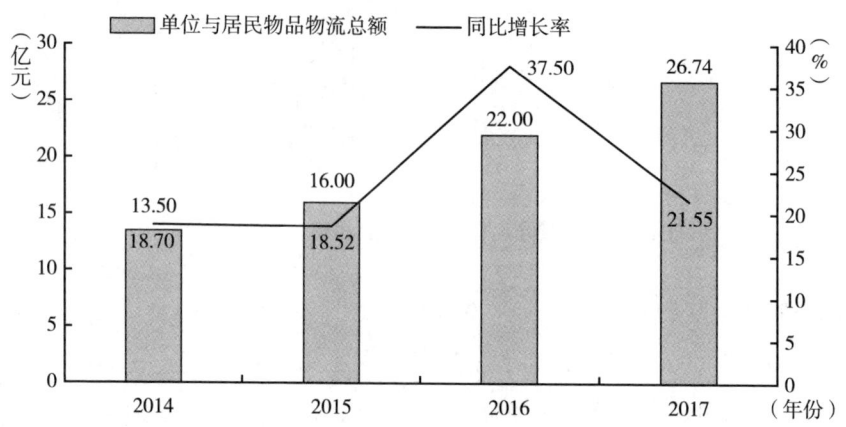

图2　2014~2017年甘肃单位与居民物品物流总额及增长率

从物流基础设施看，目前甘肃农村公路总里程达到11.39万公里，实现建制村通客车率达到97.96%，甘肃已经具备建立和完善县乡村三级物流体系的路网基础。

从电商服务网络看，在电商扶贫三级公共服务体系建设上，甘肃已建成75个县级电商服务中心，实现了贫困县全覆盖，占86个县区的87.21%。建成1159个乡级电商服务站，其中40个深度贫困乡建成33个。建成5375个村级电商服务点，覆盖了50%的贫困村。县乡村三级电商服务体系初步成型。

从农村物流体系看，甘肃正加快建设县级农村物流中心，升级改造建设乡镇农村物流服务站，打造上接县、下联村的农村物流中转节点，加强交通运输、商贸流通、供销、邮政等相关单位物流资源与电商、快递等企业的物流服务网络和设施共享衔接，逐步完善县乡村三级物流节点基础设施网络。因此总体来看，甘肃市县乡三级物流体系初步形成。

四 甘肃农村物流配送体系建设的主要挑战

甘肃农村物流配送体系建设受制于多方面因素的影响，其主要挑战体现在三个方面，即农村物流配送基础设施较为落后、农村物流配送信息化程度不高、农村物流配送专业人才较为缺乏。

（一）农村物流配送基础设施较为落后

农村物流配送基础设施关乎物流配送的成本。从农村公路看，近年来甘肃加大农村公路建设力度，2017年建成农村公路1.17万公里，全省具备条件的建制村全部通了沥青（水泥）路，乡镇和建制村通客车率分别达到100%和95.6%。但甘肃土地面积较大，地理环境较为复杂，农村人口居住较为分散，农村公路的规模总量、路网密度和路网效率对于满足农村人口出行和促进农产品输出都较为不足。从运输设备看，甘肃农村运输车辆以小货车、面包车、三轮车、摩托车、卡车为主，在一些偏远的农村地区甚至主要依靠驴车、马车作为农产品和农用物资的运输工具，由于农村缺乏大型冷库以及冷藏车辆，运输效力差，农产品损耗率高，物流成本高。从物流网点看，甘肃县乡村的物流配送中心、节点、服务点较少，造成物流配送效率低下。《甘肃省市县乡农产品物流体系建设实施方案》提出，用三年的时间，大力推动以县域物流配送中心、乡（镇）配送节点、村级公共服务点为支撑的农村配送网络建设，联合推动交通运输、商务、供销、邮政等农村物流资源整合，推动运邮合作先行先试，完善农产品储备、加工处理和冷藏储存设施，构建覆盖县、乡、村的物流配送网络，加快完善农村物流服务体系。随着该方案的深入实施，甘肃农村物流配送基础设施落后状况将彻底改变。

（二）农村物流配送信息化程度不高

随着我国向数字经济和智能制造转变，作为经济运行关键环节的物流的信息化乃至智能化是未来发展的必然方向。由于甘肃农村物流的企业规模普遍较小，物流资源较为分散，市场秩序尚未完全建立，服务水平整体不高，农村物流的规范化、集约化、信息化程度较低。即便是甘肃较为大型的物流企业，条形码技术、射频识别技术、电子数据交换技术、仓库管理系统、运输管理系统、供应链管理技术等信息化技术的应用率也不高，这说明加快物流信息化的发展不仅在于培育和壮大物流企业，也在于提高物流企业的信息化意识和能力。随着《甘肃省市县乡农产品物流体系建设实施方案》的落实，甘肃农村物流配送的信息化程度有望得到较大提升。该方案提出，要立足丝绸之路信息港及商贸物流数据交换平台，以农产品批发市场等物流资源和信息主要集中区为载体，搭建省农产品物流公共信息平台，打造功能齐全、智慧互联的一站式农产品物流公共信息服务网络，实现省内、国内、境外物流信息共享。

（三）农村物流配送专业人才较为缺乏

随着物流业向信息化和智能化方向的转变、农村电子商务的蓬勃发展，以及冷链物流建设的大力实施和农村县乡村物流服务体系的完善，农村物流配送将不仅是体力活，更多的是技术活，农村物流配送专业人才的需求将越来越大。由于甘肃农村市场经济不活跃，物流配送体系建设较为滞后，加之农村青壮劳力外出打工，地方政府对农村物流配送体系建设的不重视等多种因素，甘肃农村物流配送专业人才较为缺乏，迫切需要加强培养和培训体系的建设，加快培养能满足农村物流信息化发展需求的物流配送专业人才，夯实甘肃农村物流业的人才支撑基础，为甘肃脱贫攻坚战略和通道物流产业强基固本。

五 甘肃农村物流配送体系建设的对策建议

甘肃农村物流配送体系的建设完善，应重点从培育和壮大农村物流市场经营主体、不断提升农村物流配送信息化水平、大力推动产销衔接和农村电子商务发展方面着手，以推动乡村振兴战略的实施和促进甘肃通道物流产业的提升发展。

（一）培育和壮大农村物流市场经营主体

培育和壮大农村物流市场经营主体，是加快乡村振兴步伐、促进农产品内需和外贸发展的重要路径。农村物流市场经营主体过散、过弱、过小就会扰乱农村物流市场秩序，阻碍物流服务水平提升，导致农村物流成本居高不下。一是支持和引导农村物流企业做大做强，积极支持和引导农村物流企业与城市物流企业和新兴物流企业开展合作与资源共享，通过引进、重组和扶持等方式带动农村物流企业做大做强。二是鼓励农村物流企业兼并、加盟、整合农村小微物流经营户，促进规范化、专业化和信息化的物流经营方式发展。三是促进农村市场经营主体的集约化、规模化建设，着力优化农村物流供应主体的服务体系，加强农业合作社、家庭农场和农业生产企业的培育和扶持，通过壮大农业生产的集约化程度，改变农村过于分散、质量低下的种养结构，在源头上促进农村物流的壮大和发展。

（二）不断提升农村物流配送信息化水平

不断提升农村物流配送信息化水平，改变农村物流配送散、弱、小的局面，让信息和数字多跑路，让人员和车辆少跑路，不仅能有效降低物流空载率，延长农村公路使用寿命，也能缩短农产品的流通时间减少损耗率，促进物流经营主体之间的协同合作降低整体物流成本。一是加快县乡村三级物流配送服务体系建设，整合物流、电商、供销、邮政等多种资源，加强物流公共服务平台和管理信息系统的开发和建设，着力提升农村物流配送的信息化水平和降低农村物流配送的整体成本。二是积极支持和推动物流企业对物流网、冷链技术、电子数据交换技术、仓库运输产业链管理技术的应用，加强龙头物流企业对仓库、托盘、储运标准化的建设和应用，提高农村物流配送的标准化和信息化水平。三是做好物流企业、农村物流配送中心、大型农贸批发市场与大数据平台之间的信息共享和协同，使内贸、外贸相互补充，农产品生产和城市消费相互促进，构建起促进物流创新、协调、绿色、开放、共享发展的信息数据大网络。

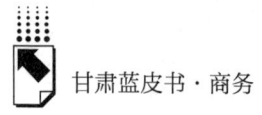

（三）大力推动产销衔接和农村电子商务发展

农产品产销衔接在促进农产品供需平衡、优化农业生产结构、提高农产品供给质量、增加农民受益方面发挥着重要的作用，是解决农产品虽产得出，但产不好、卖不掉、卖不好的有效途径。农村电子商务发展对于满足农村居民消费需求、实现农民收入更快增长、激活农村发展的内生动力、更好实施乡村振兴战略发挥着重要作用，促进农村电子商务与快递物流的协同发展能有效提升农村物流配送的水平和能力。一是大力发展农商互联，把农产品流通企业、新型农业经营主体通过订单农业、产销一体等创新方式有机联系起来，大力发展农批、农超、农社、农企、农餐等产销衔接模式，实现产品与需求、流通与销售的相互融合、相互促进。二是大力发展农村电子商务，通过电子商务大数据平台，精准分析农产品品种、质量和价格的地区需求，以市场需求来改变产业结构，实现农产品产销的精准对接，更好地优化农业的生产和流通的过程。同时加大农产品品牌培育，加大市场宣传，提升农产品附加值，促进农民收入增长。三是大力促进电子商务与快递物流协同发展，扶持贫困地区的特色优势农业发展，加大农产品加工企业的产品创新扶持力度，鼓励快递物流企业、农业合作社和电子商务平台合作，利用电子商务大数据优势，推动农产品供应链、物流服务链、城市需求端的有机结合、协同发展。

专题研究篇

Special Study Reports

B.14
甘肃中小微商贸流通企业融资问题调查分析报告

王军锋*

摘　要： 中小微企业融资问题是中国乃至世界各国都十分普遍而又长期存在的一个难题。本报告从相关理论研究和全国中小微企业融资状况入手，通过对若干企业访谈调查，梳理出甘肃中小微商贸流通企业融资政策环境趋于改善，但仍存在融资难、融资贵、融资慢、融资少、融资短等现状，并从企业经营者视角提出了相关对策建议。

关键词： 甘肃省　中小微企业　商贸流通业　融资问题

---

* 王军锋，甘肃省社会科学院杂志社副研究员，研究方向为对外贸易、区域经济、企业治理、民间金融。

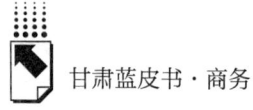

中小微企业融资问题是中国乃至世界各国都十分普遍而又长期存在的一个难题，从理论研究到社会实践都一直热衷于破解这一难题，效果总不甚显著，至今仍是一个理论探讨方面相对热点的问题。甘肃中小微企业也不例外，相对于同等规模的工矿企业、农牧企业、交通运输企业和建安企业，甘肃中小微商贸流通企业融资更难、融资更贵、融资更慢、融资更少、融资更短等问题还格外突出。

一 中小微企业融资理论研究状况简述

在解决中小微企业融资问题方面，中国各级政府部门以及中国人民银行、金融监管机构近些年采取了很多措施，也取得了长足进展。中国银行国际金融研究所所长陈卫东依据数据分析，认为2011～2017年，中小型企业的贷款增速一直领先大型企业贷款增速，有些年份领先10个百分点以上。[1] 但现实状况又反映出中国金融供给与金融需求还存在着很大落差，二者之间还极不匹配、极不协调。理论普遍认为中国中小微企业流动资金短缺是一个常态化问题，企业内源性融资腾挪空间有限，外源性融资成为主要方式，深化金融体制改革和金融运营方式创新始终是首要问题。

（一）国外理论研究简况

美国经济学家莫迪利亚尼和米勒（Modigliani and Miller）一文《资本成本、公司财务以及投资理论》（1958年）中提出存在着一个企业价值最大化的融资结构，即在一定的条件下，企业无论是以负债筹资还是以权益资本筹资都不影响企业的市场总价值，这就是著名的MM定律。当代金融发展理论奠基人、美国斯坦福大学教授罗纳德·麦金农是世界上最早重视和研究中小微企业融资问题的经济学家，首先提出了"金融结构"问题，[2] 并给出了金

---

[1] 陈卫东：《是什么让中小企业融资难融资贵》，https://finance.ifeng.com/a/20180710/16377350_0.shtm。

[2] 〔美〕罗纳德·麦金农：《经济发展中的货币和资本》，卢骢译，上海人民出版社，1997。

融自由化的政策顺序,① 分析"金融压抑"对经济发展构成严重障碍的代表作《经济发展中的货币和资本》（1973年）和《经济自由化的顺序——向市场经济转型中的金融控制》（1991年），成为研究中小微企业融资问题的开山之作和经典之作。梅叶斯（Myers）和梅吉拉夫（Majluf）认为由于内部人和外部投资者在关于企业现有资产和投资机会之间的信息不对称，可能造成企业选择融资方式时存在过度投资和投资不足问题（1984年），后来形成著名的Myers-Majluf模型。②

（二）国内理论研究重点

随着中国中小微企业的迅速发展和在国民经济、就业等方面发挥越来越重要的作用，围绕中小微企业融资难、融资贵等现象产生的原因以及解决这一问题的应用对策等方面，国内研究文献十分丰富，主要集中在三个方面。

1. 中小微企业银行贷款难的原因分析

林毅夫、李永军认为信息不对称、信息失真等因素，陈蕾、殷孟波认为中小微企业财务制度不健全、财务信息不规范等原因，从外部信贷供给和内在资金需求不匹配方面指出，中小微企业外银行之间彼此存在着道德风险和逆向选择问题，从而限制了中小微企业融资，成为中小微企业融资难的主要因素。

2. 中小微企业融资贵的原因探究

贺国华认为信息不对称导致风险大和交易成本高，刘可、张伟斌认为中小微企业固定资产规模小、无形资产和流动资产比重大，缺乏足够的抵押品，这些因素使银行贷款风险增加，为降低经营风险必然会导致交易成本居高不下。陈卫东从金融需求和金融供给两方面分析了中小微企业融资问题成因，认为需求层面的信用缺失是中小企业融资的重要制约因素，供给层面未

---

① 〔美〕罗纳德·麦金农：《经济自由化的顺序——向市场经济转型中的金融控制》，李若谷、吴红卫译，格致出版社，2014。
② 杨生祥：《中小商贸企业融资担保问题探讨》，《经济研究导刊》2015年第23期。

能形成适应中小企业发展特点的信贷体系。

3.应用对策研究

林毅夫、李永军认为应发展和扶持中小微金融机构，邓未冰、何妍认为应直接增加中小微企业融资规模，欧新黔认为应建立信贷风险补偿机制，完善中小微企业信用社会化平台，全面建成中小微企业信用担保体系等。

（三）理论研究简单述评

上述理论研究和对策建议共同从扩大信贷供给、提高信贷风险控制和建立中小微企业信贷体系和制度方面提出行之有效而后又被国家决策部门重视并逐步出台的一些文件政策、实施举措所涵盖，自2011年开始，以村镇银行、小额贷款公司为主体的中小微金融机构遍及全国各地，面向中小微企业的融资机构大规模增加；各级政府工信委所属的中小微企业信用担保体系和各类融资性担保公司的发展，促进了中小微企业信用担保体系的完善，以中国人民银行连续下调中小微企业银行贷款准备金和规定、考核各类金融主体中小微企业贷款指标为核心内容的具体举措，均在一定程度上缓解了中小微企业融资难问题。随着近年来降低金融杠杆等宏观政策的实施，银行坏账增加，银行信贷收紧，中小微企业融资又一次陷入难而贵、慢而少的新阶段。

但总体看，国内外相关文献多集中在一般中小企业融资问题的研究上，针对中小微商贸企业融资的研究文献资料少、个案分析也不多。

二 甘肃中小微商贸流通企业融资问题访谈调查

随着"大众创业、万众创新"的推进，新成立的中小微企业数量快速增长，日均新设企业由2012年5000多户增加到2017年的1.66万户，截至2018年4月，我国市场主体达到1亿户以上，其中99%以上为中小微企业。[①]

---

① 陈卫东：《是什么让中小企业融资难融资贵》，https：//finance.ifeng.com/a/20180710/16377350_0.shtm。

截至 2018 年 6 月，甘肃市场主体总数的 97.8%，即 148.03 万户为中小微企业。① 依据《甘肃发展年鉴 2017》，2016 年甘肃共有 144575 户企业，其中限额以上从事批发和零售、住宿和餐饮等商贸流通企业合计 2396 户，实现社会消费品零售总额 3184.39 亿元。②

（一）甘肃中小微企业融资环境变化和改善

从总体和宏观政策变化看，甘肃中小微企业融资环境一直在不断趋于改善状态，从企业运营层面看，伴随着银根松紧和监管宽严程度的不同而一直处于时好时坏的局面。

1. 宏观政策的实施和不断优化

自 2017 年 9 月《中华人民共和国中小企业促进法》正式颁布后，甘肃也出台了《甘肃省中小企业促进条例》，为更好地解决中小微企业融资难的问题，条例从安排扶持中小微企业发展专项资金和设立中小微企业发展基金到加大金融机构的信贷支持等方面都有具体规定和措施，旨在拓宽中小微企业的直接融资渠道、建立信用担保体系。

2. 地方政府的配套政策和特殊扶持办法的完善

2018 年 3 月甘肃省出台了《关于进一步支持非公有制经济发展的若干意见》，提出积极营造兴商、富商、安商、护商、亲商的良好环境，从拓展融资渠道、提升企业融资能力、将中小微企业互助担保贷款工作纳入非公有制经济发展工作年度考核等三个方面，破解中小微企业贷款难问题。

甘肃省工信委在《甘肃省小微企业信用融资贷款工作实施方案》《甘肃省小微企业贷款风险补偿资金管理办法》的基础上，又出台了《甘肃省 2018 年扶助小微企业专项行动实施方案》（甘工信发〔2018〕143 号），其中专门就"不断缓解中小微企业融资难融资贵问题"做了

---

① 严存义：《上半年甘肃非公经济主体逾 148 万户》，《甘肃日报》2018 年 8 月 15 日。
② 甘肃省发展年鉴编委会：《甘肃发展年鉴 2017》，中国统计出版社，2017。

具体安排,大力推动小微企业信用融资贷款工作,坚持政策引导发挥银行融资主渠道作用,上线运行"甘肃省小微企业产融信息对接服务平台"积极开展小微企业信用培育工作;努力推动应收账款融资工作取得突破;支持符合条件的企业上市融资、发行债券,提高企业直接融资比重,优化融资结构;开展小微企业金融知识普及教育;扩大小微企业发展基金规模。加大省级财政资金注资规模,以引导社会资本参股甘肃省基金,不断扩大小微企业发展基金规模,争取达到10亿元以上,基金投资目标由注重示范性、标杆性向普惠性、带动性转变,实现"质""量"并重。①

3. 甘肃省内各金融机构的努力和创新成效

据中国人民银行兰州中心支行统计,截至2017年底,甘肃省银行业金融机构对中小微企业的贷款余额为4203.63亿元,占各类贷款余额的35.44%,贷款余额较上年增长13.35%。② 目前,甘肃省各个银行金融机构创新推出的"助创贷""万企计划""税易融""流贷易"等多种金融产品,以贷款方式的便捷性、贷款范围的普惠性和融资成本的优惠性,顺应了全省中小微企业融资发展的需要。据调查,以浙商银行兰州分行、民生银行兰州分行、兴业银行兰州分行、光大银行兰州分行为主体的股份制银行和以兰州银行、甘肃银行、甘肃农村信用合作社及兰州农商行为主体的地方商业银行,在落实中央和地方有关支持甘肃省内中小微企业发展、积极开展中小微企业贷款方面做出了经验和成效,深受中小微企业的欢迎。

(二)甘肃中小微商贸流通企业又进入融资困难时期

从历史角度看,2011~2015年,随着各大中型金融机构推行的各种

---

① 甘肃省工信委:《甘肃省2018年扶助中小微企业专项行动实施方案》,甘肃省人民政府工信委网,2018。
② 严存义、曹立萍:《打通小微企业发展的金融"血脉"——我省金融部门改善营商环境支持小微企业发展纪实》,《甘肃日报》2018年5月7日。

"商贸贷"以及各市州民间金融机构的扩展和发展,甘肃中小微商贸流通企业迎来了发展的春天,银行贷款难度大幅度降低,民间借贷也有了平台、路径和办法。在"去产能"政策背景下,以"钢贸贷""供应链贷"为主体的建筑建材商贸行业、批发零售行业和住宿餐饮行业的贷款不良率大幅度提升,甘肃中小微商贸流通企业贷款急剧萎缩,贷款难和贷款贵等问题再次展现出来,并愈来愈严重。针对这一现象,我们走访了兰州市内二十多家小微商贸流通企业,并与企业负责人及财务主管座谈,归纳出其对当前融资问题的五点反映,既有共性和普遍性,也有个性及特殊性。

1. 对"融资难"的反映

多数经营者非常肯定和高度评价注册认缴制度,极大地方便了很多资金筹措不到位但能及时创办企业者,能够使企业早日步入运营状态,同时也带来一定的负面效应,绝大多数中小微商贸企业在创建初期都采用认缴制,运营资金不到位、资金短缺成为企业先天性的弊端,这些企业从创立和所有发展时期,融资成为生存和发展的头等大事,企业负责人80%以上的精力都放在融资上,对融资难问题吐槽最多。甘肃省审计厅于2017年组织人员,对132户小微企业进行了融资问题调查,这些企业资金需求总量达20.59亿元,仅有24.2%的企业,即32户企业的融资需求可以满足,其余75.8%的小微企业由于各种原因不能在银行取得贷款,一部分只能通过小贷公司等民间渠道获得高成本资金,还有一部分根本无法取得融资。[①]

一是难在能贷款的银行少。目前,兰州各种银行林立,从国有四大银行、政策性银行到股份制银行、地方商业银行都有(见表1),创立开户时,众多银行都上门找,承诺提供优质服务、可以申请贷款等,一旦企业需要贷款时,营业时间不足三年、自有资金比例低、银行贡献率达不到要求就常常成为无法逾越的高门槛。

---

① 杨祚龄:《甘肃小微企业融资调查报告》,《甘肃审计》2017年第6期。

表1 大中型银行在甘肃的营业机构分布状况

银行种类	银行名称	营业机构在甘肃的分布
政策性银行	中国进出口银行	无
	中国农业发展银行	全省各市州均有
	国家开发银行	只在兰州设有营业机构
大型商业银行	中国工商银行	全省各市州均有
	中国农业银行	全省各市州均有
	中国建设银行	全省各市州均有
	中国银行	全省各市州均有
	交通银行	全省各市州均有
股份制商业银行	中信银行	只在兰州设有营业机构
	恒丰银行	无
	广发银行	无
	深圳发展银行	无
	光大银行	只在兰州设有营业机构
	兴业银行	只在兰州设有营业机构
	民生银行	只在兰州设有营业机构
	华夏银行	只在兰州设有营业机构
	上海浦东银行	只在兰州设有营业机构
	浙商银行	在兰州设有6个分支机构,并在天水、酒泉设有营业机构
	渤海银行	无
	招商银行	原只在兰州设有营业机构,2014下半年开始在天水、庆阳、张掖、武威筹建分支机构,现市级机构已全部撤销
城市商业银行	兰州银行	全省各市州均有
	甘肃银行	全省各市州均有
信用社	农村信用联社、信合(包括兰州农商行)	全省各市州均有(兰州农商行只限于市内4区)
邮政储蓄银行	中国邮政储蓄银行	全省各市州均有
外资银行		无

资料来源:甘肃省银监局,截至2018年6月末。

二是难在银行拒贷理由过多。有些企业除了自身条件被银行拒贷外,诸如征信不良、涉诉、涉税、资产不足值等,这些企业也能坦然接受。还有来自银行内部的若干规定而拒贷,诸如建材、煤炭经销企业经常或被银行告知所从事的行业不属于国家和银监部门支持类,划归为落后产能范围内限制贷款;或被告知该行业价格波动过大、不适宜发放贷款等。有些新兴业态的企业包括电商,在政策支持范围内,也会出现诸如纳税票据无法支持财务报表经营额度、经营数据不真实、客户群不稳定等拒贷理由。

三是难在银行歧视性潜规则多。据银行内部人员透露和中小微商贸企业人员反映,由于2011年前后的"钢贸贷""订单贷""库存贷"造成大量坏账,四大国有银行及个别股份制银行内部,从2017年始就几乎不受理非国有中小微商贸企业贷款,宁可给国有企业高抵押率甚或无抵押有保证、低于基准利率放款,也不愿给民营商贸流通企业低抵押率、高利率放款,银行怕坏账不良,信贷人员怕担责。

四是难在民间金融担保机构正常运营的越来越少。几年前,除银行外民营融资担保机构也是中小微商贸流通企业融资的重要渠道。2011~2015年,甘肃民间金融机构大量诞生,仅2013年6月末就有小额贷款公司234家,发放贷款69.2亿元;融资性担保机构310家,在保余额230.2亿元,其中兰州市有109家。[1] 到目前,民营担保公司几乎全部停止营业,仅剩个别国有的政府部门或国有大型企业属下的小额贷款公司和担保公司尚在运营,业务范围大幅度收窄,发放贷款的门槛也越来越高,放款额度锐减。

2. 对"融资贵"的反映

全国企业融资差异化程度较高,不仅有地域差别,也有行业和规模差异。调查数据显示,在兰州中小企业的银行贷款年利率全部上浮,国有商业银行一般上浮20%~30%,地方性商业银行贷款利率一般上浮30%~50%,加上登记费、评估费、公证费、担保费等,中小企业的银行融资总成本达15%左右,比大中型国有企业的贷款成本高出数倍。[2]

一是贵在年利率上浮过大。通过走访的几户民营小微商贸企业了解到,

---

[1] 王军锋:《加快发展甘肃新型小微金融组织的对策建议》,《开发研究》2014年第6期。
[2] 杨祚龄:《甘肃小微企业融资调查报告》,《甘肃审计》2017年第6期。

股份制银行利率一般都上浮50%～70%，地方商业银行上浮70%～90%，远高于政府部门组团调查得出的数据。有些银行为规避检查，利率上浮不高，又另外以咨询费等名义加收费用，推高实际利率。

二是贵在中介环节费用过高。财务报表审计费约占资产总额的0.2%～0.5%，资产评估费约占资产总额的1%～3%，公证费约占贷款总额的0.1%～0.5%，第三方担保费约占贷款总额的3%～5%，综合保险费约占资产总额的0.05‰～0.1‰，林林总总，资产抵押类贷款中介环节费约占融资总额3%左右，第三方担保类贷款中介环节费约占融资总额8%左右。

三是贵在其他不合理搭售负担过重。有些银行放款时要求有15%～20%资金用于购买理财产品，有些银行贷后要求购买各种纪念币、邮票等，有些银行要求企业管理人员购买人身意外保险、车险等，不一而同均增加了中小微商贸企业融资成本，加重了企业经营负担。

四是贵在民营小额贷款公司利息高得离谱。据企业主反映，目前，兰州市民营小额贷款公司月息竟高达3分至1角，大多民营小额贷款公司还拒做三个月以上的短期流动性贷款，只是选择做银行贷款过桥、信用卡还款、增资验资等短期业务，一般限定在15日以内，按天计息，每天计息3‰～6‰，前提是需要办理抵押物登记，只是与银行比，一周内就能放款。

表2 不同行业融资成本差异

单位：%

行业	2011年	2012年	2013年	2014年	2015年
科技新兴型产业	7.26	7.45	7.20	7.25	6.37
批发零售业	7.84	7.30	7.20	7.17	5.89
现代服务业	7.85	7.69	7.35	7.28	6.50
制造业	7.40	7.43	7.20	7.20	6.00

资料来源：中国银行国际金融研究所。

表3　不同规模企业融资成本差异

单位：%

规模	2011年	2012年	2013年	2014年	2015年
大型企业	7.15	7.05	6.60	6.32	5.00
中型企业	7.70	7.50	7.20	7.20	6.26
小型企业	7.57	7.50	7.50	7.28	6.38
微型企业	8.00	7.00	7.10	6.85	6.46

资料来源：中国银行国际金融研究所。

3. 对"融资慢"的反映

调查显示，自2017年后半年开始，银行贷款审批周期拉长，审批流程增多，一般流动资金贷款常常需要3个月时间，有的长达半年或一年。

一是慢在银行调查审批环节过多。一般中小微企业贷款，大致要经过如下流程：要先找熟悉的信贷员，信贷员先考察，了解企业运营状况，查看企业经营年报或月报；经部门主管同意或再次多人考察同意；派人查看抵押物，了解抵押物所在城市或地段的市场价值；要求贷款申请人选择由银行指定范围内有资质的资产评估公司，进行抵押物评估并出具评估报告；企业提供近三年的财务审计报告；企业负责人和股东甚至配偶出具企业及个人征信报告；报银行评级授信部授信；报风险部进行风险评估；上审贷会签字通过；提出监管要求；等待放款额度等，多达十几个环节。

二是慢在贷款审批时间长。据企业财务负责人讲，一笔贷款从物色银行到贷款发放，通常快则三四个月，慢则长达七八个月或超过一年，许多商贸流通企业因此丧失了商机。

三是慢在一些资料的提供银行还要全程参与。比如，工商登记资料查询、他行银行流水打印，这些环节过去银行从不介入，企业提供原件即可，到目前，须与银行信贷人员约定时间，共同去查询或打印。

四是慢在增加了一些附带追责条款。有许多企业反映，过往贷款只查法定代表人和股东征信，现在还需法定代表人和股东配偶征信；过往贷款只是法定代表人和股东在贷款合同上签字按手印，现在还需法定代表人和股东配偶在贷款合同上签字按手印，遇上配偶不在本地或出外学习时就需要等待。

4. 对"融资少"的反映

调查反映，在同样的资产和同等规模经营收入下，所获贷款额度比前几年有较大幅度降低。

一是少在资产评估值大幅度缩水。有个经销净水用具的企业在市内有栋3000平方米的商业楼，2016年前，市场评估值在6000万元以上，现在评估公司只出具价值2500万元的评估报告，所获贷款也大幅度降低。

二是少在抵押率降低。大部分企业反映，无论是商业用途还是住宅性质的不动产抵押率都在下调，过去抵押率一般在60%~70%，现在商业不动产抵押率不超过50%，住宅不超过60%。

5. 对"融资短"的反映

这是一个长期问题，一般流动性贷款期限均在一年以内，但多数企业反映需要更长时间，提议最好是三年。

一是短在资金使用时间有限。一年期贷款到账后，期初，银行常常会要求在月末、季末大部分回到贷款户上，帮助银行完成存款任务，否则有提前收贷或下年度以贡献率低为由拒贷。贷款到期前一月或半月，银行要求归集资金到还款户。掐头去尾，一年期贷款，实际有效使用时间不足十个月。

二是短在资金使用额度有限。某个经营装饰材料的企业反映，在某地方银行贷款500万元，企业可支配资金只有425万元，其余75万元银行除作为每月扣除利息外，还有一部分风险保证金暂时冻结，不允许企业动用，网银支付不了，柜台也支付不了，一直反复找人、找依据，最终只能默默忍受。这虽是个例，但也反映出部分银行在放款操作层面还有一些"埋伏"。

三 化解甘肃中小微商贸流通企业融资问题的调查建议

甘肃经济发展水平长期处于全国落后地位，除了区位环境等因素外，大型企业实力不足和中小微企业运营活力不够也是重要原因。特别在"互联网+"时代，甘肃大部分中小微商贸流通企业正面临转型升级与快速发展时期，企业反映的资金缺、融资难、融资贵、融资慢、融资少、融资短等问题亟待解决。在此，只是从访谈调查层面提出具体建议。

（一）落实和完善相关的法律法规及政策制度，确立新的中小微商贸企业融资问题解决方式和方法

这几年，甘肃各有关部门推出许多支持中小微企业发展、解决中小微企业融资困难的政策文件，但调查中中小微企业运营者认为还停留在文件治理、会议解决层面，普惠性不足，务实性不强。

（1）在落实国家、省上有关扶持中小企业发展的文件政策上要下大功夫。每一项政策出台、每一个举措的实施都应该交由第三方进行调查和评估，提出进一步完善的建议和办法，以此对有关政策进行调整。

（2）经常性开展三方调查，准确把握企业融资需求和金融供给的矛盾焦点。每年要组织专业人员深入中小微商贸企业、金融机构和中小微企业发展好的省份进行三方调查，将调查报告汇总后交由有关决策部门参考、借鉴。

（二）坚定推进民营小型金融组织规范和可持续发展，积极拓宽和稳定维护中小微商贸企业融资渠道

改革开放四十年来，甘肃民间小型金融组织经历了艰难萌发、痛苦蛰伏到迅猛发展、快速跌落、有序发展等不同的发展时期，为全国民间小型金融组织的探索起步、治理整顿、规范运营积累了不少的经验教训和实践案例借鉴。在国家层面金融体制改革进程中，作为经济欠发达省份，现阶段，甘肃要坚定推进民营小型金融组织规范和可持续发展，积极拓宽和稳定维护中小微商贸企业融资渠道。

（1）甘肃民间小型金融组织生存和发展是市场经济发展的必然产物。巨大的市场需求、政策鼓励、监管宽松、资本冲动等方方面面的因素共同助推了甘肃民间小型金融组织的快速发展。

（2）甘肃民间小型金融组织起伏较大，外在环境和内在不足始终是其发展的主要抑制因素。甘肃民间小型金融组织始终受国家宏观政策调控、正

规金融机构（国有各类银行）和自身发展隐患的三重打击、制约、挤压，生存空间十分狭窄，发展环境日益恶化，成长动力受到抑制。

（3）甘肃民间小型金融组织表现出了一定的生存重要性、不可或缺性和发展的坚韧性、灵活性。甘肃民间小型金融组织与全国民间小型金融组织一样，表现了一定的生存的重要性、不可或缺性和发展的坚韧性、灵活性，仍有理论意义和实践必要，要在整顿治理、纳入金融监管范围内使其健康有序地发展。

（4）对甘肃民间小型金融组织的整治规范和促进可持续发展二者不可偏颇。近两三年来全国性的民间金融组织的"爆雷"对甘肃民间小型金融组织稳定发展带来了巨大的冲击，重点整治过程中出现的"因噎废食"行为使社会各界对民间小型金融组织产生了偏见、责难，甘肃民间小型金融组织进一步发展受到了一定程度的抑制。对甘肃民间小型金融组织的整治规范和促进可持续发展二者不可偏颇，要同时进行。

B.15
甘肃省构建"一带一路"南向通道研究

张晋平*

摘　要： 南向通道的建设刚刚迈开第一步，可以带动形成甘肃乃至更大区域开发开放发展新格局。南向通道不仅是通道物流的畅通，也是信息的搭建、产业的聚集、人文交流的联动，对甘肃经济发展具有重大意义。本报告就这一复合型通道建设情况进行了分析，从交通、物流、贸易再到产业、信息等深层次创新发展的过程进行分析。

关键词： 南向通道　建设　甘肃

由广西、贵州、重庆和甘肃积极共商共建的中国—新加坡互联互通"南向通道"，向南连接21世纪海上丝绸之路和中南半岛，向北连接丝绸之路经济带，形成"一带一路"经西部地区的完整环线，相互交织、相互影响，是极具开发意义的陆海贸易新通道。中国和新加坡两国都高度重视，合作前景广阔，也必然对甘肃经济发展产生深远的影响。

一　南向通道建设甘肃段进展

（一）南向通道的内涵

南向通道即"渝桂黔陇新"南向通道，是指在海上与东盟9个国家相

---

* 张晋平，甘肃省社会科学院决策咨询与政策研究所副研究员。研究方向为信息学。

连、在陆上与中南半岛的7个国家相连,这些国家与中国建设交通通道也有利于带动经济走廊建设。截至2018年9月底,南向通道开行近一年来,目的地已覆盖全球58个国家和地区的113个港口。

(二)南向通道甘肃段的建设定位

甘肃在推进南向通道建设中不遗余力,自2016年以来,甘肃省委、省政府制定了《省委省政府关于进一步扩大对外开放的意见》(甘发〔2016〕8号)、《甘肃省"十三五"开放型经济发展规划》(甘政办发〔2016〕141号)、《关于进一步加强招商引资促进外资增长若干措施的通知》(甘政发〔2017〕90号)、《关于加快发展现代商贸物流业的意见》(甘政发〔2018〕37号)、《通道物流产业发展专项行动计划》(甘政办发〔2018〕87号)、《特色农产品冷链物流体系建设实施方案》(甘政办发〔2018〕108号)、《甘肃省合作共建中新互联互通项目南向通道工作方案(2018~2020年)》(甘政办发〔2018〕30号)、《市县乡农产品物流体系建设实施方案》(甘政办发〔2018〕109号)等政策,为有力推进南向通道建设形成了较为完整的政策支撑体系。

《甘肃省合作共建中新互联互通项目南向通道工作方案(2018~2020年)》对南向通道的定位为:在中(国)新(加坡)互联互通项目框架下,以重庆为运营中心,以广西、贵州、甘肃为关键节点,利用铁路、公路、水运、航空等多种运输方式,由重庆向南经贵州等省,通过广西北部湾等沿海沿边口岸,通达新加坡及东盟主要物流节点,进而辐射南亚、中东、大洋洲等区域;向北与中欧(渝新欧、兰州号)班列连接,利用兰渝铁路及甘肃的主要物流节点,连通中亚、南亚、欧洲等地区,通过国际合作打造有机衔接"一带一路"的复合型国际贸易物流通道。①

(三)南向通道的交通路径

甘肃的重点工作是推动南向铁海联运通道建设,由此打开甘肃向南开放

---

① 甘肃省政府办公厅:《甘肃省合作共建中新互联互通项目南向通道工作方案(2018~2020年)》(甘政办发〔2018〕30号)。

的大门。将依托兰渝、陇海、兰新、包兰、青藏线等国家铁路及省内高速公路，建设完善兰州—重庆、兰州—成都、延安—平（凉）庆（阳）—天水—陇南—九寨沟和欧亚大陆桥通道，拓展提升甘肃省物流枢纽节点基础设施的服务功能，以及所需的公路、铁路、港口、冷链物流等基础设施。构建"一中心四枢纽五节点"的现代物流产业战略布局，即兰州物流中心，天水、平（凉）庆（阳）、金（昌）武（威）、酒（泉）嘉（峪关）物流枢纽，张掖、陇南、定西、临夏、甘南物流节点。① 2018年完成兰州新区国际通信专用通道建设工作，力争2020年国内互联网交换节点落户甘肃省。

1. 从兰州出发到达钦州港是南向通道主轴上的陆、海"双枢纽"

铁海联运最主要有三种方式：①经兰渝铁路运行的"兰州号"班列，时间缩短了，成本降低了，越来越多的企业看好这条大通道；②货物从兰州到达重庆后，对时效性要求不高的大宗工业产品，经果园港进入长江水道，顺江而下出海；③对时效性要求较高的农副产品，从甘肃（兰州）国际陆港经重庆西部物流园团结村站，一路南下，到达广西钦州港出海。

2. 南向通道建设基础是交通实现通达

目前有4条跨境公路运输线路和1条铁海联运线路。南向通道重点包括由铁海联运、跨境公路、国际铁路联运三种物流组织方式形成的三个类型通道。①南向铁海联运。目前主要由兰州—重庆—钦州港，再衔接海运至新加坡、东盟、中国香港等港口，进而联通国际海运网，把货物分流至印度洋、大西洋沿线国家。其中铁路运输距离2300公里，平均运行时限40小时以内，比经长江水运出海节约10天以上。②南向跨境公路。目前主要有重庆公运东盟国际物流有限公司运营的南向通道跨境公路班车，重庆市已拟定4条跨境公路运输线路。③南向国际铁路联运。目前主要由甘肃（兰州）国际陆港的兰渝班列及与向西的中欧班列和重庆渝新欧的南向通道国际铁路联运（重庆—越南河内）班列，形成以兰州为节点、重庆为

---

① 严存义、曹立萍：《甘肃省全力以赴融入"一带一路"大格局——加快实施"走出去、引进来"战略综述》，《甘肃日报》2018年4月24日。

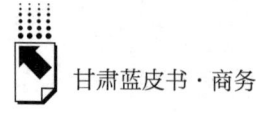

枢纽，高效联通中南半岛的南向国际铁路联运网络。以上三种物流组织方式各有优势，互为补充。

（四）南向通道贸易及市场

1. 农产品

甘肃先后开行中新南向通道货运班列和国际冷链测试班列，将甘肃的地产苹果、洋葱、有色金属产品、石棉、纯碱等出口到东南亚国家。甘肃地产苹果、洋葱等，分别出口至泰国、缅甸等国，是对全省特色农产品出口新路径的一次有益尝试。利用南向通道铁海联运，可以进一步拓展甘肃苹果、马铃薯、中药材等农产品和有色金属等工业品出口东南亚市场。同时，把越南等东南亚国家的时令新鲜水果、水海产品、大米等直接进口到甘肃及西北市场，增加进口，扩大社会消费。而广西、东南亚的热带水果、冰冻海鲜，甘肃的中药材、苹果、牛羊肉等，都可探讨合作。

2. 工业产品

截至2018年8月，经兰州局发往南宁局、成都局、昆明局的煤炭、石油、焦炭、钢铁、粮食、化肥农药、化工品等货物累计53234车、306万吨，有效满足了西南省份生产生活需要。南向通道连接着东南亚、南亚、中亚和西亚地区，区域内有农产品、能源资源、电子信息、机械制造、石油化工等丰富而具竞争力的产品。

3. 开拓南亚、东南亚等新兴国际市场

2017年甘肃省货物贸易总额4606亿元，增长41.2%，其中东向占比45%、南向占比28%；东向增长34%、南向增长61%。到位外资南向占比超过90%。[①] 截至2018年8月，中新南向通道国际货运班列共发运19列541组，货重1.67万吨，货值大约为2.1亿元。货物主要是苹果、洋葱和部分工业品；其中，回程班列1列25组、1200吨，货值大约为500万元，

[①] 于佳欣：《畅通互利共赢的开放之路——共建"一带一路"5年成果综述之三》，《甘肃日报》2018年8月22日。

货物以进口氧化铝、进口水果和冰冻产品为主。① 南向在甘肃省外贸中占比最大，也是与甘肃省长期合作且基础最好的区域，南向增速最快，是甘肃省未来贸易合作的最大潜力所在。南向国家（地区）有着 23 亿人口的大市场，东盟已成为甘肃主要贸易伙伴，仅次于美国，而增幅比美国高 20%，可以说市场巨大、潜力无限。事实上，近年来，甘肃与南向国家（地区）的经贸往来日益频繁，南向国家（地区）正在成为甘肃发展国际经贸关系的重要伙伴。整体来看，无论是货物贸易、服务贸易，还是双向投资，都还有巨大的潜力可挖，特别是在"一带一路"建设的大背景下，"潜力"更有想象空间。

4. 货运班列开行情况

自 2017 年 9 月 29 日兰渝铁路开通以来，甘肃省南向通道国际货运班列共发运 22 列（606 车），货重 1.92 万吨，货值 2.4 亿元人民币，货品主要有苹果、洋葱等农产品和石棉、纯碱、铝材等工业品，出口越南、印尼、泰国、缅甸、菲律宾等国和中国台湾地区。其中回程 1 列，货重 1200 吨，货值 500 万元，货物主要是进口水果、冰鲜水产品及氧化铝。南向通道内贸货源充足，主要以石油、钢铁、煤炭、化肥农药等商品为主。2017 年 9 月 29 日至 2018 年 10 月 31 日，累计发运南向通道班列 16 次 431 车，货值 2.26 亿元。②

二 南向通道在甘肃开放发展中的作用

（一）对接国家"一带一路"建设，开放发展甘肃新空间

1. 融入国家发展大战略

党的十九大描绘了"形成陆海内外联动、东西双向互济的开放格局"

---

① 严存义：《将通道优势转化为产业优势——我省抢抓机遇加快通道物流产业发展纪实》，《甘肃日报》2018 年 8 月 9 日。
② 沈丽莉：《动起来，活起来，亮起来——我省深入推进"一带一路"建设综述》，《甘肃日报》2018 年 11 月 12 日。

新蓝图。"优化区域开放布局，加大西部开放力度"。南向通道衔接中国西部和东盟两个极具经济增长潜力的区域，为甘肃发展和"走出去"提供更大平台载体，让甘肃的区位优势更加凸显。南向通道是汇集了经济走廊、铁路、港口、油气管线等形成的一个个交叉点，未来有可能成为世界的新交通枢纽、新产业中心、新金融中心。由此，甘肃进入了"南向、北联、东融、西进"的全方位开放新阶段。

2. 实现甘肃开放发展更大格局

从长远看，南向通道建设其实是推动西部地区运力资源内部结构整合，在"破局"和"开拓"这两个关键点上发挥了作用，重新焕发西部发展生机。因此，我们的思维不能因循守旧，甘肃不仅要专注向西，也要积极向南，两者能够有效互补，坚持更加开放的正确方向，借此不断壮大自己，使自己的发展脚步更加有力、持久。甘肃可借助自身"黄金段"定位以及敦煌文博会、兰洽会、药博会等重要展会节会金字招牌，进一步拓展自身的影响力。南向通道是甘肃经济发展过程中加入新要素的"结构"过程，为甘肃外贸进出口的发展开启了新市场，加大了供给响应方式，从而扩大出口新动能。

（二）推动甘肃形成陆海内外联动、东西双向互济的大开放格局

1. 开通新的出海口通道

从兰州出发，经南向通道至新加坡，比从传统路线（兰州—连云港—广州—新加坡）海运距至少缩短一半，南向通道运距缩短2100公里，运时减少20天以上。南向通道铁海联运向南连接了21世纪海上丝绸之路和中南半岛，向北连接了丝绸之路经济带，形成"一带一路"经西部地区的完整环线，中国西南地区的经济贸易体系将通过这条最新、最便利的交通脉络与东盟国家紧密相连，并借由广西向海经济之路走向了世界。曾经一度"陇货"下不了南洋，是甘肃物流缺乏出海口航运环节的无奈现状。甘肃乃至西北地区的企业想要向海"走出去"，更好地开拓东南亚市场，亟须开辟一条更方便快捷的贸易物流路线。兰州虽有黄河穿城而过，但因深处内陆，长

期以来有水无港。中新互联互通项目南向通道建设，让黄河之滨的兰州"无水港"，与长江沿岸的重庆果园港和濒临大海的广西钦州港紧密联系起来了，进一步形成"西进、南通、北扩、东展"战略大格局。

2. 提升甘肃黄金段通道作用

南向通道使黄河流域的甘肃与长江经济带连接起来、与成渝经济区连接起来，使甘肃的发展触角伸入长江经济带腹地。甘肃曾是历史上丝绸之路的交通通道，探索南向通道建设对于甘肃进一步推进"西部大开发"战略有着积极的影响。在过去，甘肃绝大多数贸易通道是以陇海线为主的东西通道，而"南向通道"是由兰州途经重庆、贵州等西部地区的叠加"一带一路"黄金段和"南向通道"的"富裕通道"。国家《中欧班列建设发展规划（2016~2020年）》已将兰州列入内陆主要货源地节点和主要铁路枢纽节点，由此形成资本、货物、科技、人才、信息这一重要通道的贯通，让甘肃"大通道"的区位优势更加凸显，进一步发挥好甘肃在"一带一路"倡议中的支点作用。

三 甘肃参与南向通道的进展

（一）通道基础设施建设基本完成

1. 甘肃（兰州）国际陆港

按照甘肃省搭建中新南向通道省级物流平台的要求，甘肃（兰州）国际陆港重点推进的五大核心功能项目建设：兰州铁路集装箱项目基本建成并投入运营；兰州铁路口岸建成并封闭运行；多式联运项目已经开工建设；保税物流中心（B型）项目基本完成；智慧陆港项目已经启动实施。进行多品种货源测试，掌握发运规律，实现关口畅通，共同推动中新南向通道国际班列常态化运营；甘肃省将充分发挥省级平台作用，带动全省陆港和空港联手打造特色农产品、有色金属、大宗商品物流网络及集散中心，形成加快全省对外开放的新合力；利用甘肃（兰州）国际陆港集散分拨、中转枢纽的功能和优势，发挥甘肃省南下东进、北上西出的通道优势，带动物流贸易产业，促进地区资源要素流动和融合协同发展，实现"一带"和"一路"的连通。

2. 兰州新区建成贸易服务中枢

建成中川国际航空港、兰州铁路口岸等开放平台，获批进境种苗、进口冰鲜水产品、进口热带水果等特殊指定口岸，建成运营进口肉类查验场、保税区及中川北站两个跨境电商监管中心，成功设立俄罗斯等海外保税仓；兰州至中亚、欧洲、南亚的国际货运班列实现常态化运营，着力打造面向中西亚、南亚，服务国家"一带一路"建设的国际物流中心和多式联运中心；20多家企业近60多种机械、建材、冶金、中医药、电子等产品出口美国、欧洲、中西亚、东盟等国家和地区，展示着兰州新区开放型经济的发展活力。

3. 木材、汽车进口分拨中心建成

建成西北地区最大的兰州新区进口商品批发中心，保税区进口汽车分拨中心运营步入正轨，正在加快推进空铁海陆多式联运示范工程。2016年，甘肃（武威）国际陆港进境木材检验检疫监管区获批，成为继江西赣州之后全国第二个内陆地区进境木材监管区，目前已经报请国家正式验收。投入运营后，主要将从俄罗斯进口白桦、落叶松、樟子松等木材进行加工销售。这里将实现年均加工销售木材400万立方米的规模，国内家具制造业将利用俄罗斯及欧洲的木材资源，拉动消费者对高品质木材制品需求；甘肃（武威）国际陆港规划范围内已经入驻了包括食品加工、生物医药、精细化工等领域在内的70多家企业，其中，规模以上企业近一半，逐渐培育出了以生产性服务业、进出口加工业、现代制造业为主的产业体系，成为拉动当地经济发展的新引擎。

4. 兰州新区中川北站进口粮食指定口岸

年粮食吞吐量100万吨的进境粮食指定口岸示范工程项目，加强与哈萨克斯坦合作，进口其大麦、小麦等农产品；推进"中亚粮油储运加工产业园"建设，开展系列食品深加工，开展肉类进口和深加工，打造西部进口粮油、肉类加工销售分拨中心，形成大宗粮油肉类等加工产业。

(二)国际物流大通道架构基本形成

甘肃"黄金段"作为中西商贸往来的洲际物流大通道,"南向通道"倡议提出以来,甘肃省积极打造内陆开放新高地,各地根据自身区位优势和发展需求,纷纷推出参与举措。发挥通道优势,正在南向拓展、向南集散、辐射周边的经济和文化,已经成为南北向运输通道枢纽。

(1)口岸是对外开放的门户,甘肃省口岸平台建设不断取得新突破,航空口岸、铁路口岸、指定口岸、海关特殊监管区等口岸对外开放平台渐成体系,为全省加快对外开放提供了强有力的基础支撑。

(2)建设酒泉、敦煌国家级综合交通枢纽,推进物流园和货运枢纽等项目建设,推进酒泉公铁联运集装箱中心站马鬃山口岸联运站、敦煌航空港联运工程。

(3)兰州—南宁再到北海的兰海高速公路,大部分已经建成通车。2018年争取开通兰州至巴基斯坦瓜达尔港的公铁联运班列。

(4)通关便利化等规则融入和对接正在稳步推进,其中正在谋划建设丝绸之路信息港和国际知识产权港,建设面向中西亚、南亚、东南亚、中东欧等"一带一路"相关国家和地区的通信枢纽、区域信息汇集中心和大数据服务输出地,实现"共建丝路信息港、共享陆海大数据"目标。

(三)各市州参与南向通道建设的主要举措

(1)兰州市。发挥兰州南向通道西北中心的优势区位作用,以物流平台、市场服务、交通枢纽为依托;以通道建设为基础,抢占通道和物流制高点;依托兰州白银国家自主创新示范区建设,抢占技术制高点;建设丝绸之路信息港,抢占信息制高点,以"一带一路"为统领,扎实推进南向通道建设。

(2)定西市。推进"一节点、二中心、二基地"战略,即丝绸之路经济带的重要节点、南向通道的区域性物流中心、大兰州经济区副中心、西北地区特色农产品育种—养殖—加工基地、西北地区重要的康养文化基地。

（3）甘南州。以肉食、乳制品、藏药研发和畜产品加工为重点，大力发展林产品加工、山野珍品开发利用，提升产业水平和产品档次。

（4）金昌市。支持金川集团、宇恒镍网公司等企业"走出去"，搭建金川集团境外项目投融资平台，抢抓国家推进国际产能向境外转移。

（5）嘉峪关市。实施"西进、北上、东接、南联"全方位开放发展战略。打通青藏川及川渝黔桂南下通道，联合开发青海、西藏矿产资源，积极开拓四川、云南、贵州、广西市场，主动联通海上通道。

（6）陇南市。打造甘陕川交通枢纽联结地和甘肃西南开放的桥头堡，充分发挥陇南位于关中经济区与川渝经济圈之间的区位优势，加快推进"内通外联"项目建设，着力谋划实施一批出口路、联网路等重点项目。

（7）平凉市。紧盯牛、果、菜等特色产业提质增效，加快集市场、信息、物流于一体的现代农产品集散中心建设，带动牛肉、苹果产业全产业链开放，做强做大"平凉金果""平凉红牛"品牌。

（8）庆阳市。加强与南向通道地区的沟通与衔接，积极开展能源领域纵向和横向投资合作，加快能源领域资源深度链式开放，提升集聚效应和辐射带动效应。

（9）临夏州。发挥面向甘南、青海、西藏等藏区的陆路交通区位优势和物流集散地优势，加快物流基础平台建设，推进民族食品生产和民族用品加工，开拓南向新市场。

（10）天水市。发挥甘肃东大门和陕、甘、川交通枢纽的区位优势，积极参与南向通道建设。打造陇东南现代冷链物流中心；融入南向通道重点项目建设；完善南向通道的开放平台体系建设；加快进出口贸易产业发展。

（11）武威市。逐步完善口岸功能，发挥好武威保税物流中心作用，支持在陆港设立粮食口岸，布局武威进境木材检疫监管区。

（12）张掖市。进一步开拓南向通道农产品市场，带动农业产业转型升级。尤其是加大对东南亚因气候制约的洋葱、大蒜、辣椒、马铃薯等的外调。扩大出口基地，培育壮大专业化外贸出口龙头企业和新生力量，推进出口由初级原料直供向深加工转变。

四 渝、黔、桂、陇南向通道建设成效

(一) 渝、黔、桂、陇南向通道的建设节点

南向通道连接甘肃、重庆、贵州、广西,并通过广西沿海沿边口岸直通东南亚国家,是一条开放之路,它联通铁路、公路、航运和海运,又是一条开放合作之路。目前,重庆、新加坡"双枢纽"建设加快推进;兰州国际港务区、重庆西部现代物流园区、贵州黔北物流新城等物流园区初具规模;渝黔桂新、陇桂新等南向通道班列实现常态化运行;海铁联运、跨境公路、跨境铁路运输等多条多式联运线路也已开通(见表1)。

表1 渝、黔、桂、陇南向通道的时间节点、具体举措、初步成效

	时间节点	具体举措	初步成效
重庆	2015年11月7日,中新双方签署"中新(重庆)战略性互联互通示范项目"框架协议	发力多式联运标准化体系建设,打通多种交通方式相互衔接的障碍,降低转运过程中的隐形成本	重庆一跃成为西部内陆地区面向东盟市场的运营中心和陆路交通枢纽节点
贵州	2018年4月20日,南向通道贵州段测试班列正式开通运行	推进黔北现代物流新城、改貌铁路枢纽等物流节点建设,补齐南向通道基础设施上的短板	吸引了知名大数据企业入驻,打造"信息化南向通道"。带动跨境电商等新兴业态发展
广西	2017年8月,渝、桂、黔、陇四地在南宁召开磋商会,签署了《关于合作共建中新互联互通项目南向通道的框架协议》	《2018年度中新互联互通南向通道广西重点基础设施项目计划》《广西加快推进中新互联互通南向通道建设工作方案(2018~2020年)》	北部湾港开行至重庆、兰州、贵阳、成都、昆明等地的班列已经拓展到8条,北部湾港至香港和至新加坡的班轮实现常态化运营
甘肃	2017年9月29日,兰渝铁路开通,南向班列开通	《甘肃省合作共建中新互联互通项目南向通道工作方案(2018~2020年)》	甘肃省南向通道国际货运班列发运不断增加,尤其对东盟贸易显著增加

南向通道建设已经取得了阶段性成效,得到了社会舆论的广泛肯定、国家的高度关注和企业商界普遍的好评。2018年4月,渝、黔、桂、陇四省

市邀请四川、内蒙古、云南、陕西、青海、新疆等省区加入,共同签署"重庆倡议",初步形成了"4+6"合作机制,加快形成"陆海内外联动、东西双向互济"的开放格局。对整合西部各省区位优势和资源要素、补齐基础设施短板、破解制约发展瓶颈,将"南向通道"打造成为跨区域合作的共建共享平台,助推构建西部地区联动发展新格局具有重要意义。

(二)渝、黔、桂、陇南向通道的建设层次

甘肃一直没有摆脱"有河无港"的尴尬历史,贵州、广西也曾有着"无江无港"或"有海无港"的无奈。南向通道应当根据西部地区情况,充分发挥渝、桂、黔、陇四省市的自然、经济、社会和文化资源优势,充分凸显其区域特色,选择和探索适合自己的通道经济模式,为物流现代化发展提供了一些有益的经验和启示(见表2)。

表2 渝、桂、黔、陇南向通道建设层次

地区	主要贸易产品	物流枢纽	参与层次
广西	新材料、机械设备	钦州港	出海口节点
重庆	小汽车、电子产品	西部物流园	陆路交通枢纽
贵州	机械设备、化工原料	黔北物流新城	西南交通节点
甘肃	农产品、中药材、通用装备	甘肃(兰州)国际陆港	西北及西亚通道节点

(1)资源禀赋与人力资源状况是选择本地区通道经济建设的基本依据。西部物流成本相对昂贵。因此,首先考虑的是如何打通最近距离出海通道,提高贸易效率,同时还要考虑多种运输路径的运用。"一带一路"贯通了甘肃东西出口,促使甘肃经济上了一个发展新台阶,南向通道的拓展则进一步驱动甘肃的全面发展。

(2)根据省情特点选择本地区基础设施建设。高效投入基础设施建设是最重要的特征,政府的有效投入,完全解决了企业的担忧及负担,政府通过制定并推行政策来引导经济发展起到了主导作用,引导企业及社会的介入。

(3)重视发展贸易可以弥补资源的缺陷。经济全球化代表了现代世界经济发展的方向,无论是发达的欧美国家,还是相对落后的亚洲国家和地区,都选择了适合自身发展的产业结构,以实现资源的优化配置,贸易则是实现这一配置的基本手段。

(三)南向通道的优劣势分析

这条跨行业、跨省、跨国的物流贸易大通道,需要各省携手共建,也需要与相关国家密切合作。任何单个西部省份的国际贸易和经济体量都不足以支撑通道的长期健康持续发展。因此,需要沿线各省区市思想上更解放、制度上更创新、行动上更务实,进一步理顺跨区域协调机制,优势互补、资源共享,共谋发展。南向通道的SWOT分析,显示优势大于劣势(见表3)。

表3 南向通道的SWOT分析

内部因素	S(优势):通道创新 (1)区位优势明显 (2)适合本地区经济发展需求 (3)物流运输针对性强 (4)贸易成本降低	W(劣势):行政分割 (1)利益博弈下的各方信息不对称 (2)行政手段的有效性不高 (3)通道优势转化为产业优势的不确定性 (4)能否提升对外开放水平面临的不确定性
外部因素	O(机会):资源整合 (1)西部经济通道延伸 (2)物流平台资源整合 (3)区域资源共建共享	T(威胁):协同程度低 (1)通道建设中产业的集聚与融合问题 (2)服务标准、后续管理及政策保障问题 (3)对外贸易依存度下降问题

注:S代表优势,W代表弱势,O代表机会,T代表威胁,其中,S、W是内部因素,O、T是外部因素。

南向通道的形成,主要受政府政策和市场动机影响。政府政策是以中央"一带一路"倡议和地方政府行为主导进行的,主要目的是为地方经济发展提供便利服务。政府通过建立完善公共基础设施,为企业提供物流储运、通关便利、信息数据等服务,并通过政策、立法来保证这些服务的真实可靠,市场动机是以市场利益为追求,也是南向通道市场主体参与建设的驱动力。

五 甘肃建设"南向通道"的政策建议

(一)积极推动南向通道建设上升为国家战略

南向通道建设主体为渝、黔、桂、陇四省区市,但沿途有8个主要省区市(广西、重庆、四川、贵州、云南、甘肃、陕西、青海)参与其中,建设南向通道对进一步实施好西部大开发战略极具战略价值。因此,应积极推动其上升为国家战略。一是加强在国家层面的响应。呼吁由国家部委牵头,提升战略定位、强化顶层推动。加快编制南向通道总体规划,形成相互衔接、有机统一的规划体系,从制度安排层面确立建设方向。同时,南向通道建设应该充分体现融入中国—东盟自由贸易区和融入粤港澳大湾区的理念。二是加强顶层设计。应由国家出台专项规划,形成互为补充的产业链。将兰州、西宁、银川建设成为高水平的深度合作示范区,将向西开放和南向通道建设成为21世纪丝绸之路重要黄金通道,将兰州新区、武威、张掖、嘉峪关建设成为物流枢纽和丝绸之路新一轮开放先行地,为"一带一路"构建开放型通道经济新体制探索新途径、积累新经验。"信息互换、监管互认、执法互助",让企业在甘肃"进来"安心、"出去"顺畅。

(二)构建甘肃综合物流大枢纽和综合贸易服务体系

南向通道的建设初期,仍需要通过改变物流通道的格局来带动西部地区主动铺轨国际供应链,从而改变中西部地区过去一味追求承接东部沿海地区加工贸易产业转移的发展方式。一是南向通道甘肃段的资源重叠于兰州,需要明确以兰州带动全省经济走廊和辐射区域,引导供应链布局,以及基于交通运输条件和物流集群来选择干线和支线、枢纽、节点和次节点。继续完善由高铁网、高密度公路网、新型航空港组成的甘肃省综合交通大枢纽,增强甘肃经济活力乃至汲取全球资源配置的能力。通过提高物流效率,打造枢纽经济,形成以兰州为中心的中转贸易和流通加工产业,为沿途县、市提供全新的发展机会和广阔的想象空间。二是加快建设"三大陆港"和"三大空港",将港务区打造成全市乃至全省对外开放的动力新引擎和新增长极。发挥肉类、水果、水产、木材等指定口岸功能,推进兰州国际港务区建设,拓展国际货运业务;加快完善兰州和敦煌空运口岸、兰州铁路口岸、兰州新区综合保税区、武威保税物流中心建设;加快甘肃(天水)国际陆港物流园项目进程;推进铁海联运、海陆联运,谋划建设丝绸之路经济带大数据信息港,畅通西向、南向物流贸易通道,提高对外贸易便利化水平。三是加快跨境电商平台建设,积极调整开拓国际市场方式,重点把握跨境电商进入红利快速释放期的历史机遇,注重培育壮大本土电商平台,加强与国内知名电商大平台合作;加快推动传统贸易模式与电子商务的融合与接轨。四是将发展通道经济作为甘肃省开放型经济发展的新增长点。加强与周边省区的物流网络协作,建设面向中东欧、中西亚、南亚和东南亚,以及连接西北西南地区的现代物流基地;运营好国际货运班列,建设中新南向通道,全力打造南下东进、北上西出的国际物流大通道。

(三)努力扩大甘肃与南向通道沿线省市的产业融合

充分发挥甘肃省区位优势,打好甘肃产业发展牌,推进甘肃工业优势产业、优势产能、优势产品"走出去",发挥甘肃工业比较优势,加强同渝桂黔及东盟国家的产业合作,促进甘肃经济持续快速发展。通过新旧动能转换,改造提升农业、能源、石化、冶金等传统出口能力,大力培育中医药、数字经济、工程承包、电子信息等新兴产业出口能力。一是主动"走出去、请进来"。与渝桂黔和东盟开展产业合作,有序推进冶金、石化、建材、电力、材料、新能源等行业的产业融合和国际产能合作,融入全球产业链和价值链。重庆的智能制造、信息产业,贵州的大数据产业、航空工业,广西的装备制造、新材料产业等优势产业蓬勃发展,甘肃可以在有色金属、食品、石油化工、装备制造、电子信息、新材料、新能源、节能与环保、医药等领域进行交流合作,合作潜力巨大。同时,紧盯沿线省市科技发展的前沿技术、领头企业、领军人物,实施精准对接,争取引进一批创新型企业,促成陇企与之战略合作。二是加强南向通道的国际科技合作。科技创新是一个地区经济兴旺发达的不竭动力，近年甘肃省的科技成果不断增加，科技水平成功跃升至全国第二梯队，应加快释放甘肃省的科技创新红利，以科技杠杆撬动经济发展。近年来，中国与东盟国家在双边和区域科技创新合作中取得积极进展，并提出了下一步加强科技创新合作、推动区域创新发展的举措和倡议。甘肃应积极"搭便车"，以科技合作与经济交流为基础，积极推进甘肃的陇药产业、新能源产业、民族用品进入东盟市场；结合甘肃省产业优势，支持大型骨干企业参与境外资源合作开发和优势产能输出，建设境外原料基地、境外经贸合作区，鼓励有条件的企业组成联合体或采用联盟方式组团"出海"。

社会科学文献出版社　　皮书系列

❖ 皮书起源 ❖

"皮书"起源于十七、十八世纪的英国，主要指官方或社会组织正式发表的重要文件或报告，多以"白皮书"命名。在中国，"皮书"这一概念被社会广泛接受，并被成功运作、发展成为一种全新的出版形态，则源于中国社会科学院社会科学文献出版社。

❖ 皮书定义 ❖

皮书是对中国与世界发展状况和热点问题进行年度监测，以专业的角度、专家的视野和实证研究方法，针对某一领域或区域现状与发展态势展开分析和预测，具备原创性、实证性、专业性、连续性、前沿性、时效性等特点的公开出版物，由一系列权威研究报告组成。

❖ 皮书作者 ❖

皮书系列的作者以中国社会科学院、著名高校、地方社会科学院的研究人员为主，多为国内一流研究机构的权威专家学者，他们的看法和观点代表了学界对中国与世界的现实和未来最高水平的解读与分析。

❖ 皮书荣誉 ❖

皮书系列已成为社会科学文献出版社的著名图书品牌和中国社会科学院的知名学术品牌。2016年，皮书系列正式列入"十三五"国家重点出版规划项目；2013~2019年，重点皮书列入中国社会科学院承担的国家哲学社会科学创新工程项目；2019年，64种院外皮书使用"中国社会科学院创新工程学术出版项目"标识。

中国皮书网

（网址：www.pishu.cn）

发布皮书研创资讯，传播皮书精彩内容
引领皮书出版潮流，打造皮书服务平台

栏目设置

关于皮书：何谓皮书、皮书分类、皮书大事记、皮书荣誉、
皮书出版第一人、皮书编辑部

最新资讯：通知公告、新闻动态、媒体聚焦、网站专题、视频直播、下载专区

皮书研创：皮书规范、皮书选题、皮书出版、皮书研究、研创团队

皮书评奖评价：指标体系、皮书评价、皮书评奖

互动专区：皮书说、社科数托邦、皮书微博、留言板

所获荣誉

2008年、2011年，中国皮书网均在全国新闻出版业网站荣誉评选中获得"最具商业价值网站"称号；

2012年，获得"出版业网站百强"称号。

网库合一

2014年，中国皮书网与皮书数据库端口合一，实现资源共享。

权威报告·一手数据·特色资源

皮书数据库
ANNUAL REPORT(YEARBOOK) DATABASE

当代中国经济与社会发展高端智库平台

所获荣誉

- 2016年,入选"'十三五'国家重点电子出版物出版规划骨干工程"
- 2015年,荣获"搜索中国正能量 点赞2015""创新中国科技创新奖"
- 2013年,荣获"中国出版政府奖·网络出版物奖"提名奖
- 连续多年荣获中国数字出版博览会"数字出版·优秀品牌"奖

成为会员

通过网址www.pishu.com.cn访问皮书数据库网站或下载皮书数据库APP,进行手机号码验证或邮箱验证即可成为皮书数据库会员。

会员福利

- 已注册用户购书后可免费获赠100元皮书数据库充值卡。刮开充值卡涂层获取充值密码,登录并进入"会员中心"—"在线充值"—"充值卡充值",充值成功即可购买和查看数据库内容。
- 会员福利最终解释权归社会科学文献出版社所有。

数据库服务热线:400-008-6695
数据库服务QQ:2475522410
数据库服务邮箱:database@ssap.cn
图书销售热线:010-59367070/7028
图书服务QQ:1265056568
图书服务邮箱:duzhe@ssap.cn

社会科学文献出版社 皮书系列
卡号:412462992246
密码:

基本子库
SUB DATABASE

中国社会发展数据库（下设12个子库）

全面整合国内外中国社会发展研究成果，汇聚独家统计数据、深度分析报告，涉及社会、人口、政治、教育、法律等12个领域，为了解中国社会发展动态、跟踪社会核心热点、分析社会发展趋势提供一站式资源搜索和数据分析与挖掘服务。

中国经济发展数据库（下设12个子库）

基于"皮书系列"中涉及中国经济发展的研究资料构建，内容涵盖宏观经济、农业经济、工业经济、产业经济等12个重点经济领域，为实时掌控经济运行态势、把握经济发展规律、洞察经济形势、进行经济决策提供参考和依据。

中国行业发展数据库（下设17个子库）

以中国国民经济行业分类为依据，覆盖金融业、旅游、医疗卫生、交通运输、能源矿产等100多个行业，跟踪分析国民经济相关行业市场运行状况和政策导向，汇集行业发展前沿资讯，为投资、从业及各种经济决策提供理论基础和实践指导。

中国区域发展数据库（下设6个子库）

对中国特定区域内的经济、社会、文化等领域现状与发展情况进行深度分析和预测，研究层级至县及县以下行政区，涉及地区、区域经济体、城市、农村等不同维度。为地方经济社会宏观态势研究、发展经验研究、案例分析提供数据服务。

中国文化传媒数据库（下设18个子库）

汇聚文化传媒领域专家观点、热点资讯，梳理国内外中国文化发展相关学术研究成果、一手统计数据，涵盖文化产业、新闻传播、电影娱乐、文学艺术、群众文化等18个重点研究领域。为文化传媒研究提供相关数据、研究报告和综合分析服务。

世界经济与国际关系数据库（下设6个子库）

立足"皮书系列"世界经济、国际关系相关学术资源，整合世界经济、国际政治、世界文化与科技、全球性问题、国际组织与国际法、区域研究6大领域研究成果，为世界经济与国际关系研究提供全方位数据分析，为决策和形势研判提供参考。

法律声明

"皮书系列"(含蓝皮书、绿皮书、黄皮书)之品牌由社会科学文献出版社最早使用并持续至今,现已被中国图书市场所熟知。"皮书系列"的相关商标已在中华人民共和国国家工商行政管理总局商标局注册,如LOGO( )、皮书、Pishu、经济蓝皮书、社会蓝皮书等。"皮书系列"图书的注册商标专用权及封面设计、版式设计的著作权均为社会科学文献出版社所有。未经社会科学文献出版社书面授权许可,任何使用与"皮书系列"图书注册商标、封面设计、版式设计相同或者近似的文字、图形或其组合的行为均系侵权行为。

经作者授权,本书的专有出版权及信息网络传播权等为社会科学文献出版社享有。未经社会科学文献出版社书面授权许可,任何就本书内容的复制、发行或以数字形式进行网络传播的行为均系侵权行为。

社会科学文献出版社将通过法律途径追究上述侵权行为的法律责任,维护自身合法权益。

欢迎社会各界人士对侵犯社会科学文献出版社上述权利的侵权行为进行举报。电话:010-59367121,电子邮箱:fawubu@ssap.cn。

社会科学文献出版社